权威·前沿·原创

皮书系列为
"十二五""十三五"国家重点图书出版规划项目

BLUE BOOK

智库成果出版与传播平台

山东蓝皮书
BLUE BOOK OF SHANDONG

山东省普惠金融发展报告（2020~2021）
ANNUAL REPORT ON THE DEVELOPMENT OF INCLUSIVE FINANCE IN SHANDONG (2020-2021)

鲁信发展研究院
山东省亚太资本市场研究院
主　编／孙国茂

社会科学文献出版社
SOCIAL SCIENCES ACADEMIC PRESS (CHINA)

图书在版编目(CIP)数据

山东省普惠金融发展报告.2020-2021/孙国茂主编
.--北京：社会科学文献出版社，2021.12
（山东蓝皮书）
ISBN 978-7-5201-9405-1

Ⅰ.①山… Ⅱ.①孙… Ⅲ.①地方金融事业－经济发展－研究报告－山东－2020－2021 Ⅳ.①F832.752

中国版本图书馆 CIP 数据核字（2021）第 238804 号

山东蓝皮书
山东省普惠金融发展报告（2020~2021）

主　　编／孙国茂

出　版　人／王利民
责任编辑／高　雁
责任印制／王京美

出　　版／社会科学文献出版社·经济与管理分社（010）59367226
　　　　　地址：北京市北三环中路甲 29 号院华龙大厦　邮编：100029
　　　　　网址：www.ssap.com.cn

发　　行／市场营销中心（010）59367081　59367083
印　　装／天津千鹤文化传播有限公司

规　　格／开　本：787mm×1092mm　1/16
　　　　　印　张：19.25　字　数：288 千字
版　　次／2021 年 12 月第 1 版　2021 年 12 月第 1 次印刷
书　　号／ISBN 978-7-5201-9405-1
定　　价／188.00 元

本书如有印装质量问题，请与读者服务中心（010-59367028）联系

▲ 版权所有 翻印必究

《山东省普惠金融发展报告（2020~2021）》
编 委 会

学术委员会　董龙训　胡汝银　张述存　袁红英　杨　东
　　　　　　张玉明　杨　涛　郑录军　李　菡　张　文
　　　　　　曾　刚　刘德军　郭田勇

编写组成员　孙国茂　李宗超　闫小敏　王大雷　郭文娟

主　　　编　孙国茂

支 持 单 位　山东省农村信用社联合社　威海商业银行
　　　　　　青岛银行　青岛农商银行　烟台市蓬莱区人民政府

机构介绍

山东省亚太资本市场研究院是一家致力于金融与资本市场研究的智库机构，拥有一支30多人的专业研究团队，主要从事政策研究、行业咨询、企业孵化、管理培训、市值管理、会议论坛、编辑出版和数据挖掘等业务，为政府提供决策咨询和研究服务，为企业提供实用、专业、权威和有价值的财富管理资讯服务，孵化和培育具有增长潜力的中小企业进入资本市场并提供市值管理和资本运营服务，为政府相关部门、大学及研究机构提供具有战略价值的产业发展、区域规划、数字经济、双碳经济、绿色金融等专项研究解决方案。

研究成果

山东省亚太资本市场研究院连续多年编写《山东上市公司经营绩效及市值管理研究报告》《山东省金融科技与数字经济发展报告》等5本年度研究报告。其中，《中国证券公司竞争力研究报告》《山东省普惠金融发展报告》《山东省民营及中小企业发展报告》3本年度报告被列入中国社会科学院蓝皮书系列。每年编写《山东省中小企业年鉴》，发布《山东省上市公司白皮书》《山东省区块链产业发展白皮书》等研究报告。

会议论坛

中国公司金融论坛自2012年创办以来已连续举办9届，每年根据国家宏观经济政策和国内外广受关注的金融经济热点问题确定论坛主旨。参加论坛的人员有政府部门和金融监管部门工作人员，金融、类金融和财富管理等机构的高管人员、金融从业人员，大学及研究院（所）的研究人员，以及海内外关注中国经济改革和金融改革的专家、学者。

专家团队

山东省亚太资本市场研究院特约李扬、夏斌、吴晓求、贾康、贺强、王忠民、刘尚希、韦森、胡汝银、巴曙松、姚洋、祁斌、王松奇、姚景源、张承惠、管涛、刘李胜、谭雅玲、徐洪才、马庆泉、马险峰、李迅雷、郭田勇、曾刚、王力、黄震、袁红英、张述存等近百名国内著名经济学家、金融学家和证券投资与研究专家，组成了在行业内享有盛誉的专家团队。

合作伙伴

山东省亚太资本市场研究院与中国社会科学院、北京大学、中国人民大学、中央财经大学、山东大学、山东社会科学院、青岛大学、济南大学、山东财经大学、山东工商学院、上海证券交易所、中国金融四十人论坛、中国上市公司市值管理研究中心、齐鲁股权交易中心、山东省小额贷款企业协会、山东省普惠金融研究院等近百家大学、研究机构、金融机构以及人民网、新华网、光明网、中国网、中国经济网、央视网、央广网、国际在线、中国社会科学网、山东电视台、山东广播经济频道、齐鲁网、《中国证券报》、《上海证券报》、《证券时报》、《金融时报》、《证券日报》和《经济日报》等近百家中央、地方专业媒体建立了良好的合作关系。

主编简介

孙国茂　山东省泰山产业领军人才，山东省金融高端人才，山东省人大常委会财经专家顾问，山东省政府研究室特邀研究员，青岛大学经济学院特聘教授、博士生导师，山东工商学院金融学院特聘教授、金融服务转型升级协同创新中心首席专家。先后担任济南大学公司金融研究中心主任、济南大学金融研究院院长、山东省资本市场创新发展协同创新中心主任、济南大学商学院教授等职。主要研究领域为公司金融、资本市场和制度经济学。出版《中国证券市场宏观审慎监管研究》《普惠金融组织与普惠金融发展研究》《制度、模式与中国投资银行发展》《公司价值与股票定价研究》等专著10部；在《管理世界》《中国工业经济》《经济学动态》等学术期刊以及《人民日报》《经济参考报》《中国证券报》等报纸上发表论文近200篇，其中40多篇被《新华文摘》和人大复印报刊资料转载；连续10年主编《中国证券公司竞争力研究报告》，连续8年主编《山东省上市公司经营绩效及市值管理研究报告》《山东省区块链与金融科技发展报告》。主持国家社科基金项目、省部级重大研究课题以及横向研究课题10多项，获得山东省社会科学一等奖、二等奖等奖项多次。作为省政府特邀研究员和金融专家，参加山东省"十二五""十三五""十四五"规划的编写和讨论。每年为省委、省政府撰写专题报告，获得包括省委、省政府主要领导在内的领导批示10余项。

摘　要

2020年是《推进普惠金融发展规划（2016—2020年）》收官之年，我国普惠金融服务重心继续下沉，产品创新更加活跃，供需对接更加有效，金融基础设施更加健全，数字普惠金融不断创新，国际交流合作不断深入，基本建成了与全面建成小康社会相适应的普惠金融服务体系。截至2020年末，山东省有民营经济市场主体近1200万户，民营经济作为宏观经济蓄水池、稳定器的作用凸显。以"四新"和"四化"为代表的产业集群再造和产业链重构，给中小企业带来前所未有的发展机会，金融服务实体经济不仅赋予普惠金融新的内涵，也使普惠金融发展具有特殊意义。

面对国内外经济金融运行的复杂局面，山东省银行业金融机构借助金融科技优势，充分发挥大数据在信贷支持实体经济发展中的作用，推动形成以普惠金融平台为主体、银行金融机构双循环相互促进的新发展格局。中小微企业是经济发展的生力军，为中小微企业提供精准高效的服务是普惠金融可持续发展的重要任务。为满足当前阶段中小企业的发展需求，山东省多家商业银行机构通过签署银政合作协议、推出专属普惠产品等形式加大对"专精特新"等重点客群融资支持，促进中小微企业和普惠金融的高效融合。国有大型商业银行、城市商业银行、农村商业银行、村镇银行已成为普惠金融服务主要供给方。截至2020年末，山东省村镇银行数量已连续6年位居全国第一。银行业金融机构持续推动金融供给侧结构性改革，推动普惠金融高质量发展。

本报告秉承及时有效、科学严谨、客观权威的理念，分为总报告、分报

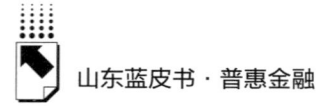

告、专题报告和案例研究四部分。总报告阐述了山东省金融业运行现状、普惠金融助力中小微企业发展、山东省普惠金融工作成就和山东省普惠金融体系高质量发展情况。分报告分别对山东省商业银行普惠金融发展情况、山东省村镇银行发展情况、山东省农村商业银行普惠金融发展情况进行总结和介绍。专题报告分别介绍了中小银行基于金融科技的普惠业务平台建设、山东省普惠金融发展指数、数字普惠金融与中小企业融资约束缓解和普惠小微信用贷款业务情况四个方面的内容，对山东省可持续性普惠金融发展情况进行了详细分析。其中，山东省普惠金融发展指数部分从可获得性、使用情况、服务质量三个维度选用 13 个指标测算普惠金融发展数据，结果发现 2020 年山东省普惠金融发展指数为 103.58，比 2019 年提高 3.58%。案例研究部分选取青岛银行股份有限公司和青岛农商银行股份有限公司两家银行，以及鲁信小贷公司展开分析。

关键词： 山东省　普惠金融　商业银行　数字普惠金融　村镇银行

建立以小微金融为主的普惠金融体系是
缓解中小微企业融资约束的关键

（代序）

孙国茂

党的十九届五中全会提出，要构建金融有效支持实体经济的体制机制，提升金融科技水平，增强金融普惠性。自党的十八届三中全会提出"发展普惠金融"以来，党中央、国务院出台了一系列政策和战略部署，推动普惠金融发展。习近平总书记近年来也多次指出：要增加中小金融机构数量和业务比重，改进中小微企业和"三农"金融服务。2020年中央经济工作会议进一步强调，要持续激发市场主体活力，完善减税降费政策，强化普惠金融服务，更大力度推进改革创新，让市场主体特别是中小微企业和个体工商户增加活力。现实表明，发展普惠金融不仅能促进金融供给侧结构性改革和消除融资约束问题，它也是我国实施创新驱动、构建双循环格局和实现高质量发展的关键因素。

山东省中小企业生存现实与融资约束

2020年11月到2021年3月，我和我的研究团队在全省12个城市进行了长达近5个月的民营及中小企业调研。调研发现，几乎每个企业都提到了融资难、融资贵问题。尽管企业规模和所属行业差异很大，但几乎所有企业都不同程度地被融资难、融资贵问题所困扰。企业普遍反映银行贷款额度

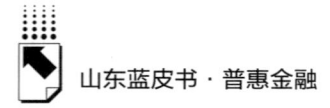

低、利率高，贷款产品少、渠道不宽，抵押担保条件苛刻、抵押物评估值过低等问题，不仅增加了企业的融资成本，而且大多数企业很难获得贷款。这些情况说明，山东省民营及中小企业融资难、融资贵问题未能得到有效缓解，企业普遍面临融资约束。过去几年，山东省民营及中小企业融资约束程度远远高于其他省份。统计数据显示，2018年以前，山东省民营及中小企业贷款占比远低于全国平均水平。虽然2019年民营及中小企业贷款占比这一指标有所改善，但是普遍存在的信贷需求使融资约束没有明显变化。一些中小微企业因为资金短缺而停产或倒闭，一些大型民营企业也因为银行停贷而陷入债务危机，如西王集团、大海集团、胜通集团、玉皇化工、中融新大等。近年来，山东省被公开报道的大型民营企业信用违约事件近百次，不仅使大型民营企业信誉受损，对广大中小企业生存和发展信心也造成巨大影响。根据央行统计数据，2019年山东省贷款余额为8.60万亿元，其中民营及中小企业贷款余额为3.27万亿元，占比为38.02%；浙江省贷款余额为12.18万亿元，其中民营及中小企业贷款余额为3.67万亿元，占比为30.13%；江苏省贷款余额为10.21万亿元，其中民营及中小企业贷款余额为3.3万亿元，占比为32.32%；广东省贷款余额为16.8万亿元，其中民营及中小企业贷款余额为4.56万亿元，占比为27.14%。尽管与广东、浙江和江苏三省比较，民营及中小企业贷款余额占比指标山东省最高，但从贷款余额上看，山东省却是最低的。尤其需要指出的是，从四个省的存款总量、贷款总量以及存贷款比等一系列反映深层次金融运行质量的指标看，山东省均远低于其他三省。这意味着，在金融支持实体经济的力度上，山东省与其他三省的差距较大。未来通过增加贷款总量缓解民营及中小企业融资约束的空间已经非常有限，这种状况令人担忧。民营及中小企业融资难、融资贵问题主要集中在四个方面。一是缺乏为民营及中小企业提供融资服务的普惠金融体系。在银行贷款难以满足资金需求的情况下，很多中小微企业转向非正规金融机构，通过影子银行或民间金融获取急需资金。国家开展互联网金融行业专项整治活动后，包括P2P网络借贷在内的非正规金融机构在短时间内消失殆尽，几乎所有借助互联网平台融资的民间金融渠道均被取缔。事实上，联合国倡导的普惠金融代表模式是小额贷款。但我国小额贷款行业经过十几年的发展，已经进入明显的衰落期，很多小贷公司名存实亡。二是已出台的相关政策可操作性不强，难以落地实施。近年来，为解决民营及中小微企业融资难问题，各级政府出台了一系列政策，目的是消除和化解民营及中小企业的融资约束。但现实中，这些政策实际效果大打折扣。比如，2018年国家就成立了旨在解决中小微企业融资难问题的国家融资担保基金；2019年，国务院办公厅又印发《关于有效发挥政府性融资担保基金作用 切实支持小微企业和"三农"发展的指导意见》；2020年7月，山东省政府办公厅下发《关于印发推动政府性融资担保机构支持小微企业和"三农"发展的实施意见》。但实际上，政府性融资担保政策在山东省扶持作用并不大。三是贷款过程中商业银行对民营和中小企业抵质押物要求普遍过高。抵质押物范围也很窄，仍以土地和房产等不动产为主。知识产权质押存在登记难、评估难和变现难等问题，绝大多数银行不愿接受此类抵质押物。抵质押物折扣率过低，住宅、土地抵押率不超过70%，厂房、公寓、商铺不超过50%。抵押物登记、评估手续烦琐，有时银行还要进行内部评估，银行之间尚未实现评估结果互认。四是金融体系的"敢贷愿贷"机制不健全。2021年初，刘鹤副总理在国务院促进中小企业发展工作领导小组会议上要求金融机构要不断提升能力，做到敢贷、愿贷、能贷、会贷。现实中，大多数金融机构并不具备"敢贷愿贷"机制。一方面，对银行分支机构和基层人员尽职免责落实不到位，尽管银行已出台尽职免责办法，但各家银行对"尽职"的界定标准不一，免责条件缺乏可操作性，部分银行还存在"过度追责"的情况。另一方面，对民营及中小企业信贷差异化考核和正向激励措施不到位，信贷人员权责利不对等，服务民营及中小企业的积极性不高。

建立以小微金融为主体的普惠金融体系是普惠金融发展的关键

2020年7月，习近平总书记在企业家座谈会上提出，要强化对市场主体的金融支持，发展普惠金融，有效缓解企业特别是中小微企业融资难融资贵问题。世界各国普惠金融实践以及联合国、世界银行、G20等关于普惠金融的指导性文件给我们两点启示：一是普惠金融主要是为中小微企业、"三农"和低收入群体提供信贷服务；二是建立以小微金融为主体的普惠金融体系是发展普惠金融的关键。统计表明，短期内扩大山东省贷款规模和民营及中小企业贷款占比的可能性不大，因此，山东省应充分发挥小微金融机构数量众多的优势，尽快建立普惠金融体系。具体地说，就是以小贷公司为突破口，建立以小微金融为主体的普惠金融体系，发挥小微金融机构服务中小企业的作用。截至2020年底，山东省共有小贷公司371家[①]。到2020年底，小贷行业资本金为543.24亿元，本年累计发放贷款507.92亿元，贷款余额555.50亿元，实现营业收入27.91亿元。其中，累计发放涉农贷款124.75亿元，小微企业贷款333.46亿元，分别占全部贷款的24.56%、65.65%。从贷款期限来看，1~12个月的贷款472.42亿元，占全部贷款的93.01%；12个月及以上的贷款35.50亿元，占全部贷款的6.99%。全省近400家小贷公司正常营业的不足100家，超过80%的小贷公司处于停业状态，成为"僵尸小贷"，凝固了几百亿元的资本金，造成大量信贷资源浪费。2021年2月24日，山东省地方金融监督管理局发布拟列入"失联"或"空壳"名单的小额贷款公司名单，显示共有76家小额贷款公司"失联"或成为"空壳"。《关于促进全省小额贷款公司持续健康发展的通知》（鲁金监发〔2019〕11号）提出，鼓励小贷公司通过增资扩股、并购重组、股权转让等方式，优化股权结构。建议省政府指定一家国有金融或类金融企业作为注资平台，选择约100家"僵尸小贷"企业，政府采用发行专项债券的方式募集150亿~200亿元资金，再通过国有平台对小贷公司进行注资，使每家小贷公司注册资本金达到3亿元以上。小贷公司增资扩股后，国有平台公司成为金融控股公司，专注于资源整合与风控管理。在统一后台技术系统、统一合规风控、统一数据与信息处理和统一人员培训的前提下，国有平台公司负

[①] 此为山东省地方金融监督管理局公布数据，中国人民银行网站公布数据为291家。

责与商业银行对接，为小贷公司解决融资问题（小贷公司同样面临融资难问题）；国有平台公司负责与国有担保公司对接，为小贷公司提供融资担保。同时，国有平台公司还负责与财政部门对接，落实各种优惠政策。按照对小贷公司贷款规模与资本金之比的监管规定，如果"僵尸小贷"注资成功，至少可以为全省中小企业增加1000亿元的信贷规模，如果其他小微金融机构也能增资并适当提高贷款比，中小企业信贷规模将增加2000亿~3000亿元。

建立以小微金融为主体的普惠金融体系的建议

普惠金融的本质是金融供给侧改革，传统金融体系中的普惠金融缺乏效率符合经济学逻辑。由于成本、风险、规模等的不匹配和信息不对称，传统金融机构永远无法覆盖金融消费中的长尾市场，采用行政力量推动金融机构开展普惠金融必然导致传统金融机构效率降低。在传统金融机构无法缓解金融约束问题时，政府应当把普惠金融的发展重点转向建立以小微金融为主体的普惠金融体系。一是进一步加大对小微金融机构的扶持力度。世界各国经验证明，以小微金融机构为主体的普惠金融体系是普惠金融发展的有效模式。政府应当以国有资本为依托，建立以小微金融为主的普惠金融体系，发挥小微金融机构服务中小企业的作用。尽管山东省小微金融机构数量众多，但是由于缺乏统筹规划，小微金融机构服务中小企业的作用尚未得到应有的发挥。就山东省中小企业发展现状而言，传统正规金融机构提供的信贷服务即使达到全国平均水平，也无法满足绝大多数中小企业融资需求，要增加中小企业融资供给，必须培育或者激活更多的小微金融机构，发挥小微金融机构的融资功能，为中小企业提供融资服务。

二是建立普惠金融基础设施和资金保障机制。首先，政府通过解决普惠金融体系建设所需资金问题，完成必要的普惠金融基础设施建设，使普惠金融发展具有可持续性。2019年初，《关于促进中小企业健康发展的指导意见》（以下简称《意见》）提出，依托国家企业信用信息公示系统和小微企业名录，建立完善小微企业数据库。目前，山东省已经有多家国有和非国有普惠金融信息平台，整合这些资源需要投入大量资金。其次，要创新投融资机制。按照《意见》要求，成立省级中小企业发展基金并进行市场化运作，引导商业性资金流向以小微金融为主体的普惠金融体系。商业性资金很难自发流向小微金融机构的原因是中小企业信用不匹配和信息不匹配给小微金融机构带来风险溢价；现行监管政策要求大型金融机构向中小企业提供金融服务有悖于市场规律和宏观审慎监管原则。要吸引社会资金向普惠金融体系流动，政府必须部分地承担风险溢价；否则，即使资金流向小微金融机构也不具有可持续性。

三是解决普惠金融发展的技术问题。中国人民银行出台的《金融科技（FinTech）发展规划（2019—2021年）》提出，通过金融科技不断缩小数字鸿沟，解决普惠金融发展面临的成本较高、收益不足、效率和安全难以兼顾等问题，助力金融机构降低服务门槛和成本，将金融服务融入民生应用场景。政府在促进普惠金融发展中的作用，除了财政支持，还体现在政府增信与政策赋能两个方面。随着数字中国、数字社会和数字政府建设的不断加快和建设规模的不断扩大，政府在数字基础设施建设中应考虑参与具有公共功能的普惠金融平台建设，或者在中小企业公共服务平台上加载普惠金融平台功能，逐步完善由单一企业搭建的普惠金融平台功能，不仅有助于实现"数字技术＋普惠金融"融合发展，还将整体提高普惠金融的交易效率和安全性；更重要的是，政府最终还将实现普惠金融数据公共化，避免由单一金融机构或数字平台形成的数据垄断或信息孤岛。

目 录

Ⅰ 总报告

B.1 山东省普惠金融发展综述（2020） ………… 孙国茂 姚丽婷 / 001
    一 山东省金融业运行现状 ……………………………… / 003
    二 普惠金融助力中小微企业发展 ……………………… / 015
    三 山东省普惠金融工作成就 …………………………… / 019
    四 山东省普惠金融体系高质量发展情况 ……………… / 023

Ⅱ 分报告

B.2 山东省商业银行普惠金融发展报告（2020） ………… 郭文娟 / 033
B.3 山东省村镇银行发展报告（2020） ………………… 李宗超 / 058
B.4 山东省农村商业银行普惠金融报告（2020）
    …………………………… 山东省农村信用社联合社 / 097

Ⅲ 专题报告

B.5 中小银行基于金融科技的普惠业务平台建设
    ………………………… 威海市商业银行股份有限公司 / 131

B.6 山东省普惠金融发展指数分析 …………………… 闫小敏　王大雷 / 162

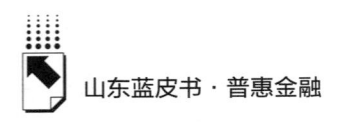

B.7 数字普惠金融与中小企业融资约束缓解
………………… 冯　梅　李永平　董丽娃　马　铭　王玲玲 / 176

B.8 外部赋能与内生动力：普惠小微信用贷款业务可持续性
……………………………………… 中国人民银行德州市中心支行 / 210

Ⅳ 案例研究

B.9 青岛银行惠农金融报告（2020）
………………………………………… 青岛银行股份有限公司 / 222

B.10 青岛农商银行普惠金融发展报告（2020）
……………………………………… 青岛农商银行股份有限公司 / 232

B.11 数字普惠金融与惠农小贷业务
——基于鲁信小贷公司的案例分析
………………… 苏文强　马庆超　李　宁　刘　昕　王大鹏 / 245

参考文献 ………………………………………………………………… / 260

Abstract ………………………………………………………………… / 269
Contents ………………………………………………………………… / 272

总报告
General Report

B.1
山东省普惠金融发展综述（2020）

孙国茂 姚丽婷*

摘　要： 2020年，山东省金融业稳定发展，金融业增加值占GDP的比重继续攀高。山东全面落实"两项直达实体经济的货币政策工具"等国家政策，精准"滴灌"普惠小微企业，延期还本付息"应延尽延"，普惠小微贷款持续增量扩面，普惠小微贷款余额和贷款户数均比上年大幅增加。中国人民银行济南分行在全省推行企业金融辅导员制度，在疫情防控和服务经济社会发展中发挥了较好的作用，为实体经济发展注入了"金融辅导"新动能。普惠金融改革取得新突破，临沂市成为全国首个普惠金融服务乡村振兴改革试验区。山东省正处于新旧动能转换关键时期，以"四新"

---

* 孙国茂，青岛大学经济学院特聘教授、博士生导师，山东省亚太资本市场研究院院长，研究领域为公司金融、资本市场、制度经济学；姚丽婷，西北民族大学区域经济学硕士，山东省亚太资本市场研究院高级研究员，研究领域为中小企业、公司金融、上市公司。

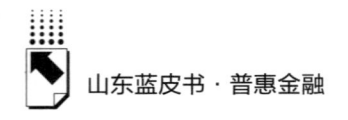

和"四化"为代表的产业集群再造和产业链重构，给中小企业带来前所未有的发展机会，金融服务实体经济不仅赋予普惠金融新的内涵，也使普惠金融发展具有特殊意义。

关键词： 山东省　金融业　普惠金融　普惠金融试验区

2020年，受新冠肺炎疫情影响，全球经济发展受阻，金融周期与经济周期协调难度逐渐增大。2020年5月14日，中央政治局常务委员会召开会议，首次提出了"加快构建以国内大循环为主体、国内国际双循环相互促进的新发展格局"。同月，习近平总书记在出席全国政协十三届三次会议经济界委员联组会时再次指出，要把满足国内需求作为发展的出发点和落脚点，逐步形成以国内大循环为主体、国内国际双循环相互促进的新发展格局。金融作为国民经济重要组成部分，在支持双循环发展过程中发挥着关键作用。山东省坚持以习近平新时代中国特色社会主义思想为指导，坚持稳中求进工作总基调，坚持新发展理念，深化供给侧结构性改革，创新实施"八大"发展战略，强力推进"九大"改革攻坚，统筹疫情防控和经济社会发展，扎实做好"六稳"工作、全面落实"六保"任务，疫情防控取得重大战略成果，经济运行全面恢复，经济质量稳步提升。

山东省金融部门认真贯彻"稳健的货币政策要更加注重灵活适度的要求"，围绕疫情防控和经济社会发展重点，着力优化服务、防控风险、深化改革，金融运行保持良好态势，社会融资规模和贷款增量均创历史新高，融资结构持续优化，融资成本整体下降，金融让利实体经济力度明显加大。社会融资规模余额15.2万亿元，同比增长14.5%，为全省疫情防控和经济发展营造了适宜的货币金融环境。中国人民银行济南分行积极落实执行中国人民银行、中国银保监会等部门出台的普惠金融定向降准、提供再贴现再贷款、"两项直达实体经济的货币政策工具"① 等一系列政策,开展"金融诊疗助企行动",深化"首贷培植行动",全省普遍实行金融辅导员制度,推动临沂市普惠金融服务乡村振兴改革试验区建设,全省普惠金融发展取得显著成绩。

一 山东省金融业运行现状

(一)山东金融业发展情况

1. 金融业整体表现

2020 年,山东金融业持续稳健发展,增加值从 2015 年的 2891 亿元提升至 2020 年的 4567 亿元,占地方生产总值的比重从 5.2% 上升至 6.2%。现代金融服务业作为全省新旧动能转换重点培植的"十强"产业之一,呈现出旺盛的发展活力,支柱产业地位进一步巩固。2020 年末,全省社会融资规模余额为 15.2 万亿元,较 2019 年增长 14.5%,高于全国 1.2 个百分点。贷款增速创近 8 年来新高;全省本外币贷款余额 9.8 万亿元,同比增加 1.16 万亿元,突破 1 万亿元大关,较 2019 年增长 13.4%,高于全国 0.9 个百分点。普惠小微贷款持续增量扩面,普惠小微贷款余额 8176.8 亿元,同比增长 40.1%;贷款户数全年增加 42.2 万户,是上年的 1.7 倍。存款增速创近 7 年来新高,2020 年末,全省本外币存款余额 11.8 万亿元,较 2019 年增长 13.0%,高于全国 2.8 个百分点。制造业的中长期贷款增量创近 10 年来新高,2020 年末余额为 2844.3 亿元,同比增加 537.5 亿元,较 2019 年增长 23.3%。债券直接融资创下历史新高,全年企业债券融资 3520.3 亿元,政府债券融资 3466.4 亿元,均为 2019 年的 1.9 倍,企业债券和政府债券融资合计占社会融资规模增量的 36.4%,比 2019 年大幅提高了 8.9 个百分点。

---

① "两项直达实体经济的货币政策工具"(以下简称"两项直达工具")是指普惠小微企业贷款延期还本付息政策和普惠小微企业信用贷款支持政策。

2020年，山东全面落实"两项直达实体经济的货币政策工具"等国家政策，精准"滴灌"小微企业，延期还本付息"应延尽延"，小微企业贷款余额同比增长40.1%，较各项贷款余额增速高26.7个百分点。规范资产管理业务成效显现，表外业务规范发展。在全国首创企业金融辅导员制度，初步建立省、市、县三级金融辅导体系，为1.4万余户企业解决融资3738.6亿元。持续推动无还本续贷、银税互动、应急转贷等政策落实，截至2020年末，小微企业无还本续贷余额1530.1亿元；"银税互动"融资服务平台贷款余额186.3亿元；全年共为6282家企业提供应急转贷资金785亿元。金融改革试验区创建取得突破，临沂市普惠金融服务乡村振兴改革试验区获国务院批准，成为全国首个金融支持乡村振兴试验区；济南市科创金融改革试验区申建工作进展顺利。机构引进培育取得重要进展，首家获得中国证监会期货牌照公司山东港信期货、山东省首家公募基金管理公司兴华基金以及长江以北地区首家城商行理财子公司青银理财等先后成立，东明石化集团财务公司获批筹建。

2. 金融业增加值持续增长

2020年，新《证券法》开始实施，数字人民币加速发展，金融科技监管持续创新，创业板改革试点注册制，中国金融业加速发展。全国金融业增加值为84070.00亿元，较2019年增长6993.00亿元，占GDP比重为8.27%，较2019年增长0.47个百分点。"十三五"期间，全国金融业发生巨大变化，金融要素市场化改革全面推进，货币政策和宏观审慎政策双支柱调控框架不断健全；金融监管体制改革持续深化，守住不发生系统性金融风险底线；不断增强金融配置资源能力，构建合理分工、相互补充、功能完善的现代金融体系；全面落实新发展理念，金融服务经济社会发展效率和水平稳步提升；稳步扩大金融业双向开放，高层次开放型金融体系初步形成；加强金融基础设施建设，金融服务便利性进一步提升。

结合各项数据来看，近年来山东金融市场运行环境逐渐改善，2019年、2020年金融业增加值占GDP比重均有所增加（见表1）。2020年山东金融业增加值为4567.00亿元，较2019年金融业增加值[①]增长183.08亿元，占全国金融业增加值的5.43%，占比降低了0.26个百分点。2010~2020年，从发展趋势来看，山东金融业增加值占GDP比重不断提升。从四省相比来看，2020年山东较广东、浙江、江苏分别低2.69个、2.40个、1.93个百分点，且低于全国2.02个百分点，金融业发展有待进一步深化。

表1 全国及广东、江苏、浙江、山东四省金融业增加值占GDP比重（2010~2020年）

单位：%

年份	全国	广东	江苏	浙江	山东
2010	6.22	5.78	5.08	8.39	3.48
2011	6.27	5.48	5.29	8.45	3.62
2012	6.51	5.56	5.80	7.97	3.87
2013	6.92	6.60	6.63	7.40	4.32
2014	7.25	6.56	7.26	6.89	4.56
2015	8.40	7.91	7.56	6.82	4.75
2016	8.22	7.58	7.77	6.46	4.95
2017	7.95	7.62	7.90	6.60	5.10
2018	7.68	7.50	8.06	7.00	5.14
2019	7.80	8.25	8.19	8.03	6.17
2020	8.27	8.94	8.18	8.65	6.25

资料来源：Wind、山东省亚太资本市场研究院。

2020年，全省制造业中长期、普惠口径小微、涉农等领域贷款分别同比多增665.8亿元、1153.6亿元、1795.9亿元。信用贷款增速明显加快，2020年末余额为1.4万亿元，全年增加2644.6亿元，是2019年增量的2.1倍，占企业贷款增量的49%。全省贷款市场报价利率（LPR）改革任务顺利完成，企业贷款利率明显降低。2020年12月，全省新发放企业贷款利率

[①] 山东省2019年金融业增加值在相关部门网站未查得，数据是根据山东省地方金融监督管理局副局长王继东发表讲话中的山东省前三季度金融业增加值加权平均计算得出，本报告涉及的所有山东省2019年金融业增加值均用此方法测算得出。

为4.67%，同比下降0.49个百分点，普惠小微企业融资成本下降最明显，利率为5.50%，同比下降0.93个百分点。

金融业增加值是金融业的相对规模，能够反映金融业在国民经济中的地位和金融业发育程度，金融业增加值占比越高，则说明该区域金融业发育程度越好，对经济发展的作用越大。2020年山东金融业增加值达到4567.00亿元，占GDP比重为6.25%，较2019年上涨0.08个百分点；占全国金融业增加值比重为5.43%，占比同比下滑0.26个百分点。相比较来看，山东金融业发展较为落后（见表2）。结合目前金融业发展情况来看，山东需要不断加大金融政策扶持力度，完善金融体系，提高上市公司质量，改善营商环境。

表2 广东、江苏、浙江、山东四省金融业增加值对比情况（2020年）

单位：亿元，%

省份	金融业增加值	占GDP比重
广东	9906.99	8.94
江苏	8405.79	8.18
浙江	5590.60	8.65
山东	4567.00	6.25

资料来源：Stopand、山东省亚太资本市场研究院。

3. 银行业资产质量提升

2020年，全省处置不良贷款2566.8亿元；"十三五"期间累计处置10987.67亿元；截至2020年末，全省不良贷款余额1986.18亿元，比年初下降511.79亿元；不良贷款率为2.03%，比年初下降0.86个百分点，连续两年实现"双降"。"金安工程"作用进一步显现。被监测机构扩充至109万家，累计研判金融信息60余万条，提示风险信息1800余条。非法金融活动得到有效遏制。实施非法集资陈案积案处置攻坚行动，陈案压降率达87.72%；2020年累计新发生非法集资案件数和涉案金额同比分别下降11%和28%。互联网金融整治基本完成，山东省纳入国家整治范围的242家网贷机构已全部退出网贷经营。

截至2020年末，山东银行业金融机构本外币资产总额149136.9亿元，较2019年增长17596.6亿元；负债总额143732.6亿元，较2019年增长16568.5亿元（见表3）。2010~2020年，山东银行业加速发展。相较2010年，2020年山东银行业金融机构本外币资产总额增幅为200.08%，负债总额增幅为198.28%。从增速角度来看，2009~2016年，银行业金融机构本外币资产及负债总额在2014年均下滑至10%以下，其余年份均保持10%以上增速，但2017年受中国银保监会实施多项监管政策，监管层持续推动金融去杠杆，银行业机构主动放缓业务扩张速度等因素影响，增速出现较大幅度的下滑，2018年、2019年再次呈现上涨态势，但增速均在10%以下，2020年受新冠肺炎疫情影响，信用支持力度较大，银行业规模有所扩大，增速均达到13%。

表3 山东省银行业金融机构本外币资产总额及负债总额（2010~2020年）

单位：亿元，%

年份	资产总额	资产增速	负债总额	负债增速
2009	42540.4	28.6	41319.0	28.8
2010	49698.4	16.8	48187.2	16.6
2011	57744.7	16.2	55860.8	15.9
2012	69196.3	19.8	66877.0	19.7
2013	79084.9	14.3	76370.6	14.2
2014	86763.1	9.7	83709.0	9.6
2015	97029.2	11.8	93686.8	11.9
2016	109923.6	13.3	106255.5	13.4
2017	114886.8	4.5	111078.0	4.5
2018	121665.1	5.9	117685.3	6.0
2019	131540.3	7.8	127164.1	8.1
2020	149136.9	13.4	143732.6	13.0

注：未获得2018年山东省数据，表内数据按照增速计算得出。
资料来源：中国银保监会山东监管局、山东省亚太资本市场研究院。

2020年,山东社会融资规模增量20108亿元,是2019年的1.5倍,增量创历史新高;年末金融机构本外币存款余额118349.4亿元,比2019年增长13.0%,比年初增加13610.5亿元(见图1)。年末金融机构本外币贷款余额97880.6亿元,增加11555.0亿元,增长13.4%。其中,涉农贷款余额29580.4亿元,增加2768.3亿元,增长10.3%;小微企业贷款余额17096.7亿元,增加1888.3亿元,增长12.4%,其中,普惠小微贷款余额8176.8亿元,增加2345.3亿元,增长40.2%。

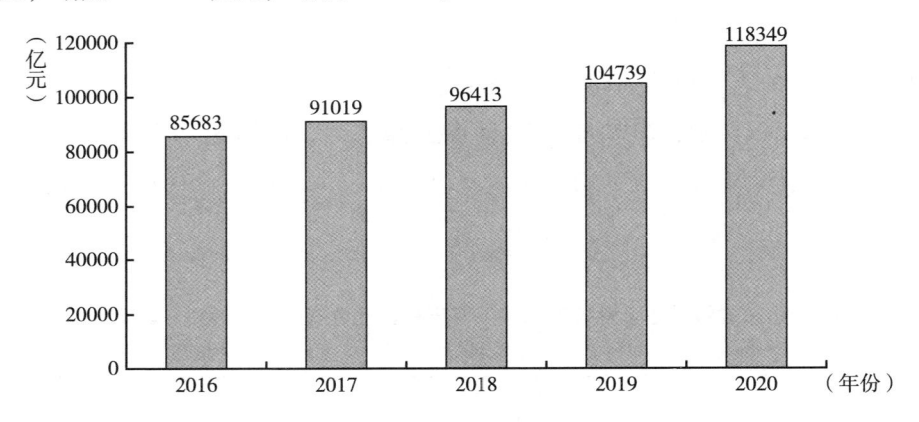

图1 山东金融机构本外币存款余额(2016~2020年)

资料来源:山东省统计局、山东省亚太资本市场研究院。

从近五年发展情况来看,山东金融机构本外币存款余额持续上涨,截至2020年底,达到118349亿元,较2019年增长13610亿元,增幅达13%;较2016年,增幅达到38.12%。山东金融机构本外币贷款余额也呈现持续上涨趋势,截至2020年底,达到97881亿元,较2019年增加11555亿元,增幅达13.39%;较2016年增长32637亿元,增幅达50.02%(见图2)。近年来,山东为社会发展提供物资数量逐渐增加,信贷投放规模有所扩大。

4. 保险业运行稳定

2020年,中国保险行业监管层针对财险、人身险以及互联网保险均做出了政策上的规范与调整,力争营造更加健康的行业环境,为保险业创新发展注入动力。5月,中国银保监会向各省监管局下发《2020年保险中介市

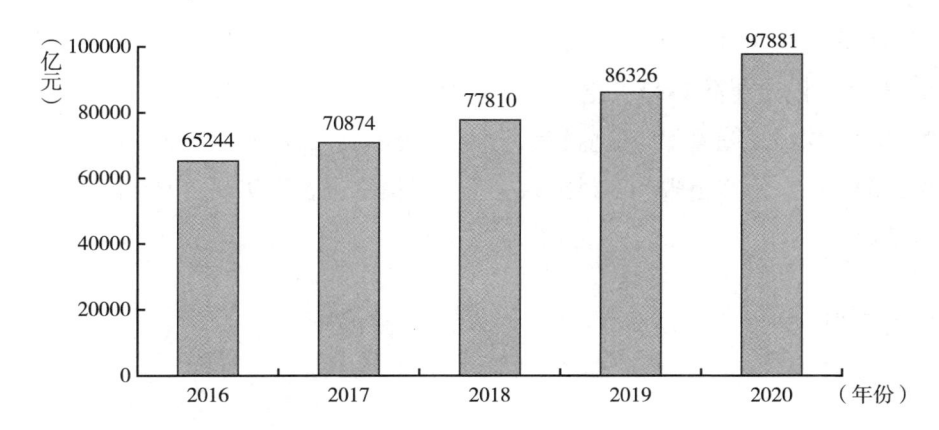

图 2　山东金融机构本外币贷款余额（2016～2020 年）

资料来源：山东省统计局、山东省亚太资本市场研究院。

场乱象整治工作方案》，意在规范治理保险中介市场。中国农业保险加速发展，国内首家农业再保险公司成立。

结合山东保险行业数据来看，截至 2020 年底，山东保险保费收入达3482.49 亿元，较 2019 年上涨 7.56%，财产险和人身险分别为 826.75 亿元、2655.74 亿元，均出现上涨，涨幅分别为 4.68%、8.48%。从保险赔付支出指标来看，支出总额达到 1036.48 亿元，较 2019 年上涨 14.80%；财产险、人身险对应赔付支出分别为 490.60 亿元、545.88 亿元；涨幅均超过10%，分别为 11.56%、17.88%（见表 4）。

表 4　2020 年山东保险业经营情况

单位：亿元，%

项目	金额	增幅
一　保险保费收入	3482.49	7.56
1. 财产险	826.75	4.68
2. 人身险	2655.74	8.48
二　保险赔付支出	1036.48	14.80
1. 财产险	490.60	11.56
2. 人身险	545.88	17.88

资料来源：中国银保监会山东监管局、中国银保监会青岛监管局、山东省亚太资本市场研究院。

结合图3来看，2010～2020年，山东保险业保持平稳增长态势，保费由1030.1亿元升至3482.5亿元，为企业发展、乡村振兴以及居民的身心健康提供了保障。随着保险业监管水平的不断提高，保险业也将实现高质量发展，助力山东海洋强省和乡村振兴等重大举措推进，为实现新旧动能转换奠定基础。

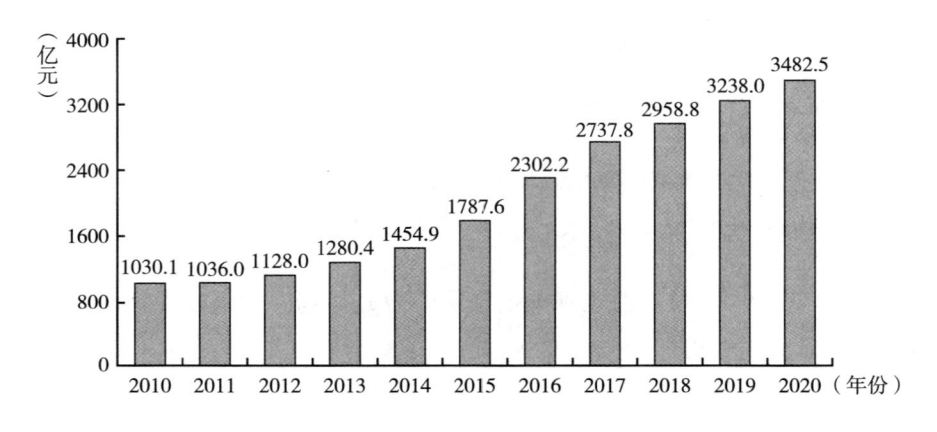

图3 山东保费收入情况（2010～2020年）

资料来源：中国银保监会山东监管局、中国银保监会青岛监管局、山东省亚太资本市场研究院。

2010～2020年，山东保险业收入显著增长，2020年已经达到2010年保费的338.07%，整体呈现增长态势。由图3可见，2020年山东省保费收入3482.5亿元，较2019年增长244.5亿元，增幅为7.6%，高于全国水平（6.1%）1.5个百分点。

2020年，山东16个城市平均保费收入217.66亿元，济南以595.09亿元居首位，青岛则以510.94亿元居第2位，另外，临沂、烟台、潍坊、济宁保费收入高于山东平均水平，山东各城市之间保险业发展程度不均衡，分化较为明显（见图5）。值得注意的是，青岛财产险保费收入高于济南，居全省首位。

从山东保险业来看，截至2020年底，保险业资产总额8072.06亿元，增速18.03%。实现原保险保费收入3482.49亿元，居全国第3位，较2019

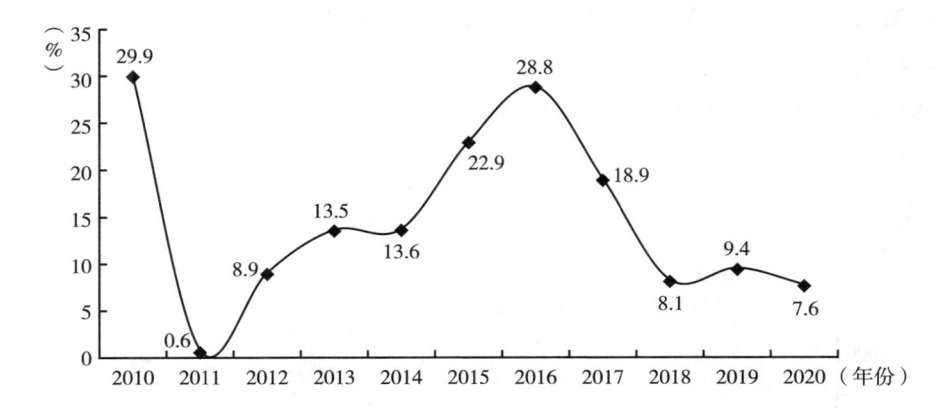

图4 山东保费收入增速（2010～2020年）

资料来源：中国银保监会山东监管局、中国银保监会青岛监管局、山东省亚太资本市场研究院。

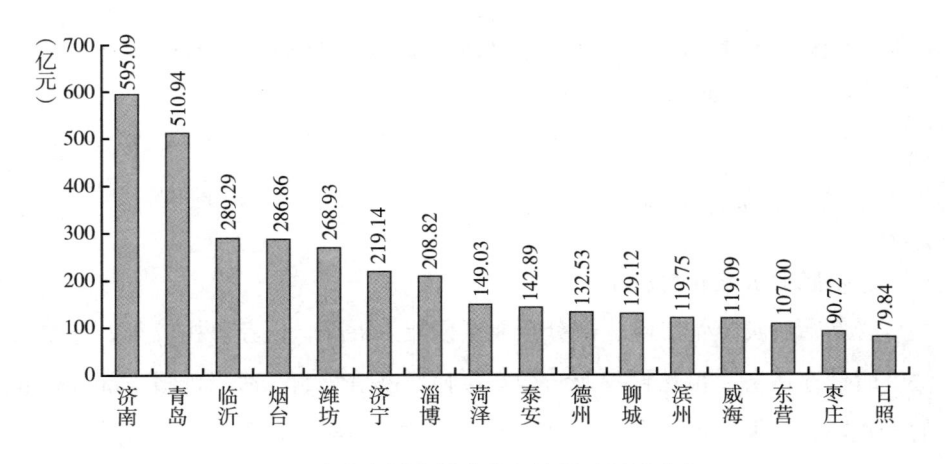

图5 山东各城市保费收入情况（2020年）

资料来源：中国银保监会山东监管局、中国银保监会青岛监管局、山东省亚太资本市场研究院。

年增长7.56%，高于全国1.43个百分点。非车险成为财产险公司业务增长的主要支撑力量，增速和占比较2019年分别提升2.52个和3.64个百分点。人身险公司保障程度较高的健康险、普通寿险保费同比增速分别达14.92%、20.45%。因为疫情影响，线上业务迎来新发展机遇，网销车险和网销人身险保费分别较 2019 年增长 61.22% 和 123.78%。按照保费总收入指标来看，山东 3482 亿元，居全国第 3 位，比广东低 2171 亿元，比江苏低 533 亿元，比浙江高 1005 亿元（见图 6）。

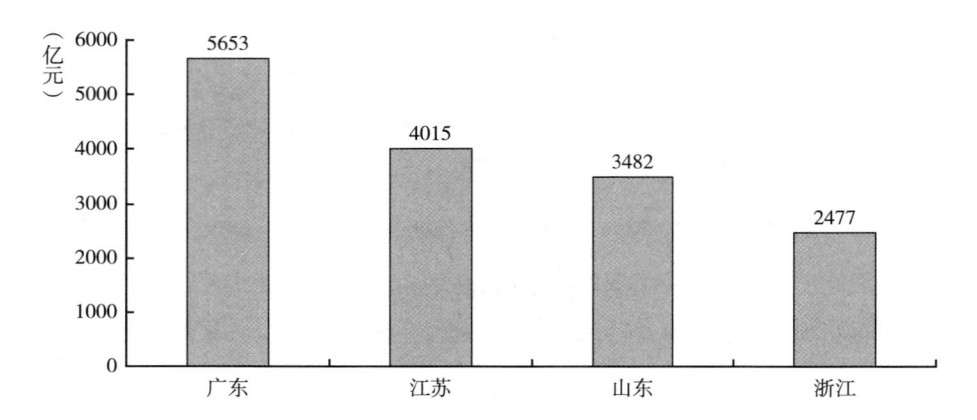

图 6　广东、江苏、浙江、山东四省原保险保费收入情况（2020 年）

资料来源：中国银保监会、山东省亚太资本市场研究院。

（二）山东金融业发展特点

1. 金融业贡献相对较小

受新冠肺炎疫情影响，部分企业偿债能力下降，债务负担较重，导致无法及时偿还债务。虽然银行业结合新冠肺炎疫情影响，适当延缓了部分企业的贷款还款日期，但部分企业仍然无法度过艰难期，呆账贷款、呆滞贷款和逾期贷款等均受到影响。从银行业不良贷款余额指标来看，山东达到 1986.17 亿元，仅次于广东的 2291.05 亿元，江苏、浙江则相差不大，分别为 1440.26 亿元、1401.98 亿元（见图 7）。相对来看，山东不良贷款余额较多，占全国不良贷款余额总数的比重为 5.71%，不良贷款率有待调整。

从存贷比情况来看，山东指标相对平缓，与全国差距逐渐缩小。截至 2020 年底，山东存贷比为 82.70%，全国为 81.68%，相差 1.02 个百分点（见图 8）。山东存贷比一直高于全国，说明银行资金得到了充足的运用，但

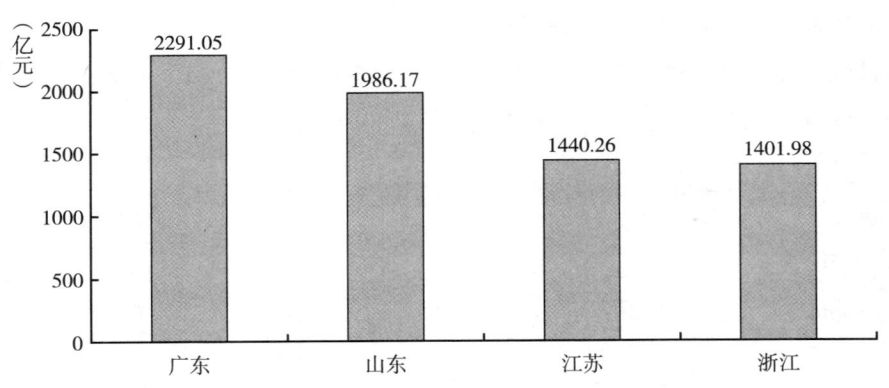

图 7 广东、江苏、浙江、山东四省金融机构不良贷款余额情况（2020 年）

资料来源：国家统计局、山东省亚太资本市场研究院。

同时也会面临较高的风险。从利益角度讲，商业银行会试图提高存贷比；从抵抗风险角度讲，存贷比不宜过高。

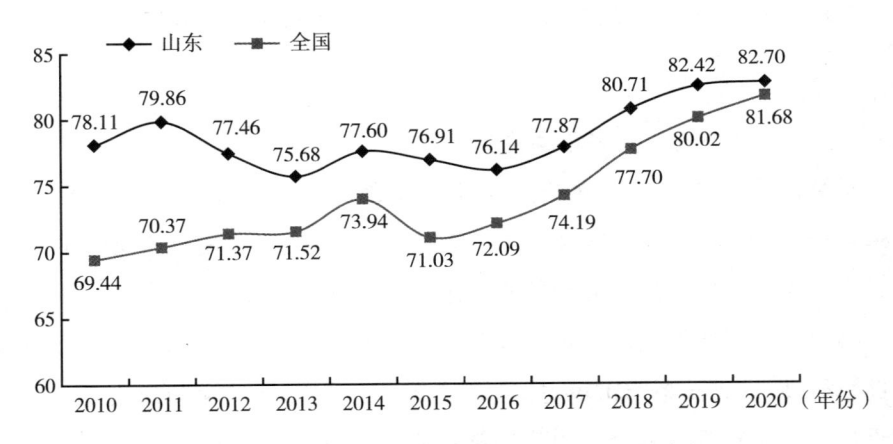

图 8 山东及全国存贷比情况（2010~2020 年）

资料来源：Wind、山东省亚太资本市场研究院。

单位 GDP 金融支持①指标能够反映金融业发展对当地区域经济的贡献，金融支持情况主要由社会融资增量和贷款余额组成。根据图 9，2015~2020

---

① "单位 GDP 金融支持"是用来衡量金融对 GDP 的贡献程度，计算公式为：单位 GDP 金融支持 = [（社会融资增量 + 贷款余额）/GDP] ×100%。

年，山东金融业贡献虽然平稳增长，但一直处于广东、江苏、浙江、山东四省低位。截至2020年底，山东单位GDP金融支持为161.41%，较浙江、广东、江苏分别低110.68个、51.94个、23.80个百分点。

图9 广东、江苏、浙江、山东四省单位GDP金融支持情况（2015～2020年）

资料来源：Wind、山东省亚太资本市场研究院。

2. 融资成本下降，融资结构优化

贷款保持较快增长，融资成本明显下降。全年山东本外币贷款余额97880.6亿元，同比增长13.4%，全年增加11555亿元，是上年增量的1.4倍，为全省经济快速恢复发展提供了有力的支撑。

融资结构不断优化，稳企业保就业工作质效持续提升。开展"金融诊疗助企行动"，帮扶各类市场主体7.3万家，给予资金支持3412亿元。"两项直达工具"精准"滴灌"普惠小微企业，延期还本付息"应延尽延"，普惠小微企业贷款余额同比增长40.1%，较各项贷款余额增速高26.7个百分点。规范资产管理业务成效显现，表外业务规范发展。

3. 深化金融改革，资本市场融资功能增强

金融改革创新持续深化，金融服务水平进一步提升。2020年3月，山东首家公募基金管理法人机构——兴华基金管理有限公司获中国证监会正式批复，落户青岛国际院士港。兴华基金管理有限公司的落户，填补了山东公募基金业的空白，完善了金融业发展业态，在山东金融发展史上具有里程碑意义。11月，青银理财有限责任公司获批筹建，由青岛银行全资发起设立，注册资本10亿元人民币，是首家获批的万亿元资产规模以下的银行理财子公司，也是长江以北地区首家、全国第六家获批的城商行理财子公司。9月，临沂市成为全国首个金融支持乡村振兴试验区。日韩短期入境游客境内移动支付便利化试点工作顺利开展。

资本市场融资功能继续增强，债务融资工具规模不断扩大。2020年，全省新增境内首发上市公司17家，融资154亿元；全年发行债务融资工具458单，共计融资3995.9亿元；10家地方法人金融机构发行永续债11单，共计融资355亿元，发行二级资本债3单，共计融资58亿元。

4. 保险业发展稳健，金融风控成效显著

保险业发展稳健，民生稳定器、经济助推器功能持续发挥。保费收入稳步增长，2020年实现原保险保费收入3482.5亿元，居全国第3位，同比增长7.56%，高于全国1.43个百分点。住房反向抵押养老保险落地实施，济南、淄博先后开展城市定制型惠民保险业务，大病保险实现全省城乡居民和城镇职工全覆盖。

金融风险防控工作取得积极成效，不良贷款连续两年"双降"。建立金融委办公室地方协调机制（山东省），多次召开会议研究处置风险议题，在推动辖区风险处置及经济金融健康发展等方面发挥了积极作用。2020年，金融机构处置不良贷款2566.8亿元，年末不良贷款余额1986.2亿元，较年初减少511.8亿元，不良率2.03%，较年初下降0.86个百分点。

二　普惠金融助力中小微企业发展

（一）普惠金融政策持续加码

2020年，受新冠肺炎疫情影响，中小微企业经营压力和资金周转压力较大，为此，国家出台了多项政策措施，引导金融机构加大对"三农"、中小微企业、民营企业的支持力度。中国人民银行、中国银保监会等部门相继出台一系列政策，包括普惠金融定向降准，提供再贴现再贷款，创新设立"两项直达工具"（普惠小微企业贷款延期支持工具和普惠小微企业信用贷款支持计划），等等。

定向降准释放长期资金。受新冠肺炎疫情影响，不少民营小微企业经营出现困难，亟须得到支持。为支持实体经济发展，降低社会融资实际成本，2020年3月，中国人民银行实施普惠金融定向降准，对达到考核标准的银行定向降准0.5~1个百分点。此外，对符合条件的股份制商业银行额外定向降准1个百分点，支持发放普惠金融领域贷款。此次定向降准共释放长期资金5500亿元。

下调存款准备金率。2020年4月，为加大对中小微企业的支持力度，降低社会融资实际成本，中国人民银行宣布对农村信用社、农村商业银行、农村合作银行、村镇银行和仅在省级行政区域内经营的城市商业银行定向下调存款准备金率1个百分点，确保中小银行将获得的全部资金以较低的利率投向中小微企业。两次降准共释放长期资金9500亿元。

增加再贷款再贴现额度。为支持中小企业复工复产，进一步支持实体经济发展，2020年4月，中国人民银行再次新增再贷款再贴现额度1万亿元，引导中小银行以5.5%左右的优惠利率向量大面广的中小微企业提供贷款，支持扩大对涉农、外贸和受疫情影响较重产业的信贷投放，资金支持力度更大、覆盖面更广、普惠性更强。

加大普惠金融考核力度。为促进金融机构更好地服务小微企业，2020年4月召开的国务院常务会议决定，将普惠金融在银行业金融机构分支行综合绩效考核指标中的权重提升至10%以上，鼓励加大小微信贷投放。这一政策有助于推动银行发挥考核指挥棒的导向作用，将发展普惠金融的政策在基层机构落实落细。

创新两项直达实体经济的货币政策工具。2020年6月初，中国人民银行、中国银保监会等多部门出台两项直达实体经济的货币政策工具，即进一步对中小微企业贷款实施阶段性进行延期还本付息和加大小微企业信用贷款支持力度。

普惠金融税收优惠延期。2020年4月，财政部、国家税务总局联合发布《关于延续实施普惠金融有关税收优惠政策的公告》，将相关政策中规定于2019年末执行到期的税收优惠政策，实施期限延长至2023年12月31日。此次延期的普惠金融税收优惠政策共9项，包括支持小微企业融资，对金融机构向农户、小型企业、微型企业及个体工商户发放小额贷款取得的利息收入免征增值税等。

（二）疫情加快数字普惠金融的发展

2020年，突袭而至的新冠肺炎疫情不仅给我国经济运行带来一定的影响，也使民众的生产生活节奏被打乱。全国上下积极开展的抗疫行动，为数字普惠金融的发展带来了新机遇。我国普惠金融的主力军是银行业，而银行业的数字化程度直接关系到国家发展数字普惠金融的整体能力。2020年1月，中国银保监会在《关于加强银行业保险业金融服务配合做好新型冠状病毒感染的肺炎疫情防控工作的通知》（银保监办发〔2020〕10号）中要求"加强线上业务服务，提升服务便捷性和可得性"；2月，中国银保监会《关于进一步做好疫情防控金融服务的通知》（银保监办发〔2020〕15号）强调"提高线上金融服务效率""优化丰富'非接触式服务'渠道"。根据中国银行业协会统计数据，疫情期间银行机构线上业务的服务替代率平均水平高达96%[①]，一些银行凭借自身线上业务的长期积累和组织机制优势，高效地实现了疫情期间的数字化转型。例如，网商银行依托庞大的数据资源不断优化"310"贷款模式，疫情期间联合同业机构发起"无接触贷款"助微计划，累计向14.6万家湖北小店、全国医药类小微商家发放贷款46.8亿元；光大银行深化"云缴费"服务，将各地分散的缴费业务集中接入云平台，2020年1月24日至3月末，完成湖北省线上缴费230多万笔，服务用

---

① https：//baijiahao.baidu.com/s? id =1658582500914101451&wfr =spider&for =pc.

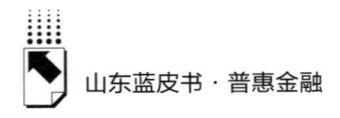

户124.3万户。① 与此同时，阿里、腾讯等金融科技公司则凭借其在网络、数据方面的优势，在疫情期间为企业及个人提供了优惠、便捷的信贷支持，还提供了许多数字生活服务。

（三）推行企业金融辅导员制度

为深化政银企合作，优化企业融资环境，切实提高民营经济和小微企业融资可获得性，2020年山东在全省推行企业金融辅导员制度，在疫情防控和服务经济社会发展中发挥了较好的作用，为实体经济发展注入了"金融辅导"新动能。

一是坚持服务民营小微和新动能培育的工作重点。精准进行辅导企业的筛选，一方面，重点进行纾困解难，聚焦金融服务需求最为迫切的民营、小微企业，并围绕支持疫情防控和复工复产，将受疫情影响较大的外资外贸、文旅等企业纳入辅导范围。在近3万家被辅导企业中，民营企业占90%以上，而其中小微企业的占比接近80%。另一方面，注重培育新动能，入选企业基本囊括了具有被辅导意愿的拟上市公司、瞪羚企业、独角兽企业、省级重大项目承担企业等。

二是实现金融服务的精准对接。全省8600余名金融辅导员和服务专员、1968支辅导队，逐户指导帮助近3万家企业制订融资方案，推动复工复产，全力协调满足企业续贷、增贷、降低利率等合理需求。截至2020年末，有融资需求的16026户辅导企业，已解决14383户，涉及融资3738.64亿元，有效融资需求满足率达89.75%。

三是解决融资难企业问题的攻坚破冰行动初见成效。针对有融资需求，但由于涉担保圈、存在信用瑕疵等原因，银行暂时无法放贷的企业，实施辅导攻坚行动，逐户分析症结、制订解决方案，实施台账管理，最大限度地满足企业合理化融资需求。2020年末，山东省纳入攻坚破冰行动的企业1876家，已解决融资需求804家，涉及融资153.47亿元。

---

① https：//www.fx361.com/page/2020/0603/6729949.shtml.

四是协同提供多元化的辅导服务。根据企业不同需求，银行辅导员与证券、保险、会计、法律等服务专员一同入企，为企业提供政策解读、事务咨询、规范改制、上市挂牌等全方位定制服务。2020年，已开展政策传导落实、金融策划协调、信用培育提升等入企服务7万多家次，在打通金融政策传导的"最后一公里"方面取得了明显成效。

三 山东省普惠金融工作成就

2017年，山东省人民政府印发《关于推进普惠金融发展的实施意见》（鲁政发〔2017〕14号，以下简称《意见》），以落实《推进普惠金融发展规划（2016—2020年）》，积极推进普惠金融发展，逐步建立与山东经济社会发展相适应的普惠金融服务体系，不断提高金融服务的覆盖率、可获得性和满意度。其中，《意见》明确到2020年，要建立与山东全面建成小康社会相适应的普惠金融组织机构体系、产品服务体系、扶持政策体系、消费者保护体系和协调保障体系，努力实现普惠金融服务能力和服务水平走在全国前列，使最广大人民群众公平分享金融改革发展的成果。回顾5年来山东省的普惠金融工作，发展成效良好，金融服务的覆盖率、可获得性和满意度稳步提升。

（一）"十三五"时期山东普惠金融工作取得的成就

基础金融服务基本实现全覆盖。根据中国人民银行济南分行统计数据，"十三五"时期山东设置银行卡助农取款服务点9.5万个，行政村覆盖率达100%，全面消除了农村金融服务空白。全省设立商业银行征信自助查询网点369个、布设自助查询设备534台，实现市、县两级全覆盖，建成主城区"3公里"查询圈。优化国库退库服务，推进"容时容差"机制，2020年1~2月，完成退库业务61423笔。

金融扶贫基本实现应贷尽贷。2016~2020年，全省金融机构累计发放精准扶贫贷款1546亿元，累计支持贫困人口156万人次，对有劳动能力、有致富愿望、有生产经营项目、有信贷需求并符合信贷条件的"四有"贫困人口,以及符合信贷条件的扶贫生产经营主体应贷尽贷。

薄弱环节融资支持更加有力。聚焦民营、小微、"三农"等领域融资难题,开展首贷培植、应收账款融资推广、金融顾问服务等特色工作,创新"央行资金产业扶贫贷",推动农村"两地"抵押贷款和集体资产股权质押贷款业务,组织开展全省"一县一品"特色贷款工作,创新推出大型农机具、农业生产设施抵押贷款等融资方式,促进涉农贷款、普惠小微贷款较快增长。2020年末,全省涉农贷款余额近3万亿元,是2016年初的1.3倍。

普惠金融改革创新取得突破。成功获批在临沂市创建国家级普惠金融服务乡村振兴改革试验区。推进县域普惠金融示范区建设试点,坚持动态管理,试点数量26个。推进"信用县"创建试点、农村现金服务示范区等建设,开展金融服务乡村振兴"一县一品"创建活动。

金融消费权益保护体系基本健全。建立山东省"12363"呼叫中心,投诉处理和纠纷化解办结率保持在90%以上。建成农村金融消费维权联络点4.3万个。成立山东省金融消费权益保护协会,完善金融消费权益保护诉调对接机制,实现省、市、县三级全覆盖。

普惠金融组织机制效能日益凸显。建立普惠金融联席会议制度;牵头成立了金融委办公室地方协调机制;参与制定全省推进普惠金融发展实施意见,协同落实全省普惠金融发展规划。使普惠金融、金融服务乡村振兴和金融精准扶贫同研究、同部署、同实施,通过整合各类优势资源,形成强大工作合力。

(二)支持实体经济能力增强

创新开展民营和小微企业首贷培植行动。中国人民银行济南分行按照总行金融服务民营和小微企业"几家抬""三支箭"的工作思路,出台《关于进一步强化山东省中小微企业金融服务的实施意见》,创新开展民营和小微企业首贷培植行动,主导搭建山东省融资服务平台,小微、乡村振兴等普惠金融领域服务成效突出。该行加强与职能部门的沟通协调,在科技成果转化贷款风险补偿、小微企业贷款风险补偿、应急转贷基金、无还本续贷、创业担保贷款等方面为企业营造良好的政策环境。2019年和2020年，分别有3.9万家和9万家企业获得首贷540亿元和942亿元。

支持新旧动能转换，提升绿色领域金融服务能力。中国人民银行济南分行把稳健货币政策的着力点放在优化信贷结构上，加大对全省"十强"优势产业集群特别是重大项目的金融支持力度。创新融资对接方式，实施项目"名单制"、对接"责任制"、问题"清单制"管理，组织金融机构按照一企一策制订融资支持方案，实现融资对接全覆盖，2019~2020年，累计向657个省级重大项目授信7068亿元、发放贷款1893亿元。大力发展绿色金融，出台《关于发展绿色金融服务生态文明建设和高质量绿色发展的实施意见》，创新再贴现"绿色票据直通车"操作模式，推动齐鲁银行发行绿色金融债券30亿元，绿色领域金融服务水平明显提升，2020年9月末山东省绿色贷款余额5246亿元，是2018年末的1.7倍。

推动债券产品创新，增强债券融资服务实体经济能力。2018年，中国人民银行济南分行出台《山东省直接债务融资引导奖励办法》，开展债券发行"双百攻坚行动"和地方法人银行"双债引导行动"，2020年末山东省债券融资余额1.6万亿元，是2015年末的2.2倍，其中，在银行间市场发行非金融企业债务融资工具余额6309亿元，是2015年末的1.4倍。推动债券产品创新，全国首单扶贫社会效应债券、全国首单新旧动能转换债券、民营企业债券融资支持工具等相继落地山东，金融债、永续债等发行规模不断壮大。2016~2020年，10家金融机构成功发行永续债355亿元，相关机构发行二级资本债42单、383亿元。票据融资服务实体经济能力增强，2020年末，票据融资余额4715亿元，是2015年末的1.7倍。

降低实体经济融资成本。"十三五"时期，中国人民银行济南分行还坚定落实利率市场化改革措施，落实贷款市场报价利率（LPR）改革要求，在政策传导、环境营造、培训辅导、考核督导等方面下功夫，督促LPR改革推广运用，促进降低实体经济融资成本。2020年第一季度，山东在全国率先完成"新发放贷款LPR应用率第一季度实现100%"。截至2020年7月末，地方法人金融机构存量浮动利率贷款转换比例全部达到100%。截至

2020年12月，全省新发放企业贷款利率和普惠小微企业贷款利率分别为4.7%和5.5%，较改革前的2019年7月分别下降0.76个和1.2个百分点。推动金融机构提升定价能力，组织金融机构定期报送利率数据以及落实利率市场化政策中发现的新情况，及时掌握金融机构FTP定价、贷款定价机制建设情况，引导其提升利率定价能力。

（三）新设临沂市普惠金融服务乡村振兴改革试验区

为深入贯彻落实党中央、国务院关于大力发展普惠金融和实施乡村振兴战略的重大部署，探索普惠金融助推革命老区振兴发展的有效路径，经国务院同意，2020年9月，中国人民银行联合国家发改委、工信部、财政部、农业部、银保监会和证监会等部门分别向江西省人民政府、山东省人民政府印发《江西省赣州市、吉安市普惠金融改革试验区总体方案》（以下简称《江西方案》）和《山东省临沂市普惠金融服务乡村振兴改革试验区总体方案》（以下简称《山东方案》）。《山东方案》提出推动农村金融服务下沉、完善县域抵押担保体系、拓宽涉农企业直接融资渠道、提升农村保险综合保障水平、加强乡村振兴重点领域金融支持和优化农村金融生态环境等7个方面26项任务措施，通过3年左右努力，打造普惠金融支持乡村振兴齐鲁样板的"沂蒙高地"。

为推动临沂市普惠金融服务乡村振兴改革试验区建设，山东建立了省、市政府改革试验区主体责任。省级层面，推动建立山东省政府统筹统揽、山东省地方金融监管局牵头组织协调的工作机制，研究制定《临沂市普惠金融服务乡村振兴改革试验区重点政策措施》和《临沂市普惠金融服务乡村振兴改革试点实施意见（征求意见稿）》等文件；市级层面，推动临沂在市农业农村局下设市普惠金融服务乡村振兴中心，协调推进试验区建设各项工作。

中国人民银行济南分行积极开展金融服务探索创新。一是推进金融服务直达下沉，农行临沂分行新设或迁址设立乡镇支行16家；建行在临沂市费县探沂镇设立全省建行系统首家普惠金融特色支行；指导银行机构完善助农取款点"线上+线下"双线服务，截至2020年末，临沂市共设立助农取款点8126个，实现行政村全覆盖。二是完善县域抵（质）押担保体系，创新推广不动产抵押登记"集成网办"模式，将不动产抵押登记服务延伸至银行网点，率先在全省实现市县两级银行机构全覆盖；推广"鲁担惠农贷"业务，实现业务县域全覆盖，截至2020年末，临沂市累计发放"鲁担惠农贷"4729户，金额25.5亿元，业务量居全省第2位。三是激活农村资产资源融资功能，在沂南县成立全国首家农地经营权收储公司，构建市场化兜底处置机制，推进农地经营权抵押贷款业务，累计发放贷款4647笔，金额21.49亿元；在沂水县探索开展农村集体资产股权质押贷款试点，发放贷款328笔，金额8784万元；在莒南县探索开展农村集体经营性建设用地使用权抵押贷款业务，贷款余额达3亿元。

中国人民银行济南分行探索普惠金融服务乡村振兴服务平台体系建设。推动临沂市引进第三方机构，建设临沂普惠金融服务平台，实现中小微企业信用信息、融资需求信息、金融产品信息一网查询，打造促进银企信息对称、金融信贷和融资需求对接网络化、一站式和公益性的普惠金融服务平台。开展农村特色信贷产品和服务创新，推动山东省联社临沂市审计中心开发"沂蒙云贷"平台。截至2020年末，累计受理贷款客户24.8万户，其中成功授信12万户，累计发放贷款28亿元。试点运行"乡振通"平台，探索建立"政府领导、人民银行主导、各部门参与"的农村信用体系，并选取兰陵县进行试点。截至2020年末，"乡振通"已整合兰陵县数据信息190万条，覆盖1.6万家企业、4万余户个体工商户，上线13家金融机构的110个金融产品，引导6288户经营主体在平台注册，发放贷款4671笔，金额34.71亿元，为金融机构提供信用报告2496份。

四 山东省普惠金融体系高质量发展情况

党的十八届三中全会提出"发展普惠金融"后，我国把发展普惠金融上升为国家战略，党中央、国务院出台了一系列政策推动普惠金融发展。

《推进普惠金融发展规划（2016—2020年）》明确，小微企业、农民、城镇低收入人群和贫困人群等特殊群体是当前我国普惠金融重点服务对象。党的十九大提出乡村振兴战略后，党中央把发展普惠金融提到前所未有的高度，连续两年的"一号文件"都把发展普惠金融作为重要内容。党的十九届四中全会要求："健全具有高度适应性、竞争力、普惠性的现代金融体系。"2019年中央经济工作会议再次强调，要深化金融供给侧结构性改革，疏通货币政策传导机制，增加制造业中长期融资，更好地缓解民营和中小微企业融资难、融资贵问题。世界各国经济发展经验和联合国人类可持续发展目标倡导表明，实施普惠金融不仅是欠发达国家摆脱贫困的有效途径，也是发展中国家和发达国家实现高质量发展的题中应有之义。

（一）普惠金融发展走在全国前列

根据连续多年出版的《山东省普惠金融发展报告》、《山东省民营及中小企业发展报告》和《山东省区块链与金融科技发展报告》等年度研究报告积累的数据和形成的研究成果，山东省普惠金融发展走在全国前列。2015年，国务院批准《山东省人民政府关于开展新型农村合作金融试点的请示》，山东省成为全国首家开展新型农村合作金融试点的省份。按照联合国对普惠金融的定义，农村合作金融其实是具有中国特色并符合中国国情的普惠金融形式。山东省政府出台的《山东省农民专业合作社信用互助业务试点方案》规定：开展农民专业合作社信用互助业务试点以促进农民增收、农村发展和新农村建设为目标，为"三农"提供最直接的金融服务。2016年，山东省成为全国最早进行地方性金融监管立法的省份，《山东省地方金融条例》对小额贷款公司、融资担保公司和民间融资机构等地方性小微金融机构进行规范。2017年，山东省在全国率先出台《关于推进普惠金融发展的实施意见》，提出普惠金融发展的具体目标。2018年，国务院批准的《山东新旧动能转换综合试验区建设总体方案》对发展普惠金融也做出明确要求：增强金融服务实体经济能力，加快发展普惠金融，规范发展小额贷款公司、融资担保公司、融资租赁公司，深入开展新型农村合作金融试点，支持按程序开展普惠金融改革,探索完善区域普惠金融服务体系。《山东省现代金融产业发展规划(2018—2022年)》把普惠金融作为现代金融产业发展的重要内容。青岛海洋大学、青岛大学和济南大学等多家高校成立了普惠金融研究机构,完成了一系列在国内具有影响的研究成果。山东省软科学重大项目"山东省普惠金融组织与普惠金融发展研究"是近年来的标志性成果之一,提出的主要观点被省委、省政府多个部门采纳。青岛大学连续多年编写的国内唯一省域普惠金融报告——《山东省普惠金融发展报告》编制和发布了山东省普惠金融发展指数。2020年9月,中国人民银行等六部门印发《山东省临沂市普惠金融服务乡村振兴改革试验区总体方案》,标志着临沂市普惠金融服务乡村振兴改革试验区正式获批,成为全国唯一的国家级普惠金融服务乡村振兴改革试验区。近年来,在传统金融相对落后的情况下,全省普惠金融在服务"三农"、支持民营及中小企业发展等方面发挥了重要作用。因此,无论是从省委、省政府出台的一系列普惠金融政策看,还是从普惠金融实施效果看,山东省普惠金融发展一直走在全国前列,并取得了明显成效。

(二)加快发展普惠金融的重要性和迫切性

习近平总书记在中共中央政治局第十三次集体学习时指出,深化金融供给侧结构性改革必须贯彻落实新发展理念,强化金融服务功能,找准金融服务重点,以服务实体经济、服务人民生活为本。增加中小金融机构数量和业务比重,改进小微企业和"三农"金融服务。当前,山东省新旧动能转换正处在关键时期,以"四新"和"四化"为代表的产业集群再造和产业链重构,给中小企业带来前所未有的发展机会,金融服务实体经济不仅赋予普惠金融新的内涵,也使普惠金融发展具有特殊意义。发展普惠金融不仅是落实金融供给侧结构性改革的创新实践,也是实现高质量发展的具体行动。具体地说,发展普惠金融的重要性和迫切性体现在以下几个方面。

1. 解决中小企业融资难、融资贵问题

改革开放以来,山东省在连续近30年的时间里GDP增幅一直高于全国平均水平,但近年来山东省GDP增幅明显放缓。2018年全国GDP增幅为

6.6%，山东由于调低GDP成为负增长；2019年全国GDP增幅为6.1%，山东为5.5%，低于全国0.6个百分点；2020年山东GDP为7.31万亿元，增速为3.6%，高出全国1.3个百分点（见图10）。统计数据表明，山东省以中小企业为主的民营经济对GDP的贡献率约为52%（2019年数据）。根据《山东省民营及中小企业发展报告》等积累的数据判断，山东省GDP增幅下降的主要原因是民营及中小企业发力不足。截至2019年末，山东规模以上工业企业达到27129家；截至2020年末，山东规模以上工业企业数量为16468家。图11列出了2010~2020年山东省规模以上工业企业数量变化情况。从图中可以看出，"十二五"期间山东省规模以上工业企业数量逐年增加，但是进入"十三五"后，规模以上工业企业数量逐年下降。2016年山东省规模以上工业企业数量为39567家，2017年为38147家。2018年比2017年减少了3159家，下降到34988家，下降幅度为8.28%。下降幅度最大的是2019年，与2018年相比，规模以上工业企业数量减少了7859家，下降幅度为22.46%（见图11）。

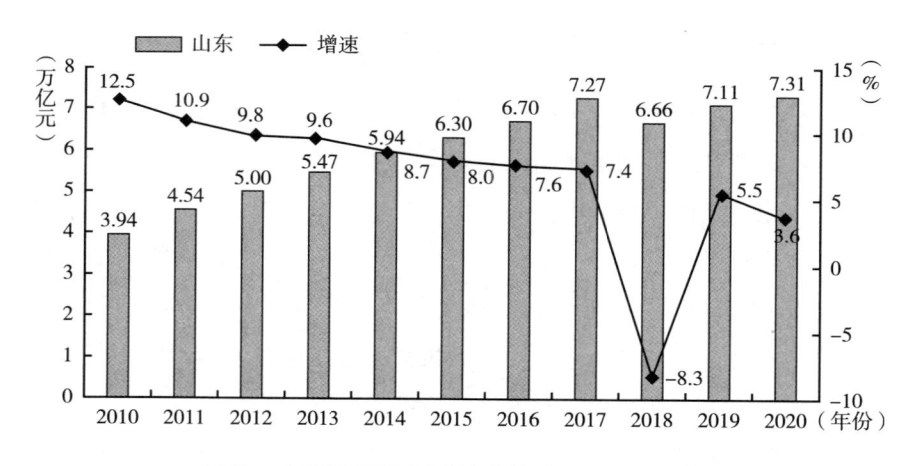

图10 山东省GDP及增速变化（2010~2020年）

资料来源：山东省统计局、山东省亚太资本市场研究院。

规模以上工业企业减少的原因是多方面的，既与经济环境有关，也与政策有关。企业界和学术界普遍认为，融资难、融资贵是中小企业成本大幅上

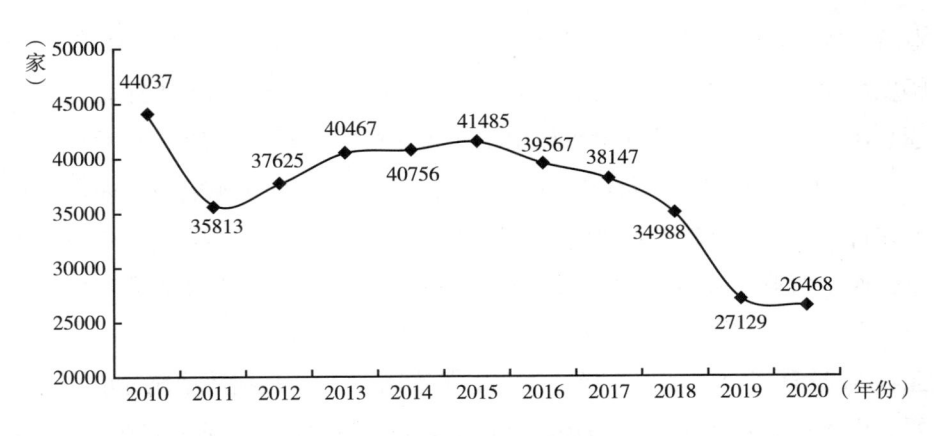

图11 山东省规模以上工业企业数量（2010～2020年）

资料来源：山东省统计局、历年《山东省统计年鉴》、山东省亚太资本市场研究院。

升而陷入经营困难的根本性原因。央行数据表明，2018年山东省金融机构贷款余额为7.78万亿元，小微企业贷款余额仅为1.54万亿元，小微企业贷款占比为19.79%，低于全国12.31个百分点（全国小微企业贷款占比为32.1%）。2019年山东省贷款余额为8.60万亿元，其中，中小企业贷款余额为3.27万亿元，比2018年大幅增加，贷款占比也大幅提高到38.02%。但是，与浙江（3.67万亿元）、广东（4.56万亿元）和江苏（3.3万亿元）相比仍有差距。重要的是，从上述四省的存款总量、贷款总量以及存贷款比等一系列反映深层次金融运行质量的指标看，山东均远低于其他三省。这意味着，从传统金融机构对实体经济的支持力度看，山东与浙江、广东和江苏三省的差距较大，通过传统金融机构增加贷款总量来扩展中小微企业融资额度的操作空间比较小。要改变这种情况，只有进行金融供给侧结构性改革，完善以小微金融机构为主体的普惠金融体系，增加山东省民营及中小企业贷款。

2. 实现中小企业高质量发展

根据连续多年出版的《山东省民营及中小企业发展报告》等积累的相关数据，截至2019年末，山东规模以上工业企业营业务收入合计为83162.3亿元。图12为2010～2019年山东省规模以上工业企业营业收入及利润总额情况。从图12可以看出，"十二五"期间山东省规模以上工业企业营业收入逐年增长，进入"十三五"后呈下降态势，其中，2018年下降幅度最大，下降40.06%。同样的情况也反映在全省规模以上工业企业的利润总额上。2019年，山东规模以上工业企业利润总额为3652.7亿元，相当于2016年的41.41%。营业收入反映了企业对GDP的贡献能力，而赢利状况在很大程度上反映了企业的宏观税收贡献能力和经济运行质量。经过对山东企业"营业收入/总资产"指标的研究发现，2009~2018年，全省国有企业"营业收入/总资产"大多为0.74~0.90，最高为1.02；民营企业"营业收入/总资产"大多为1.93~2.44，最高为2.72。这些数据充分说明，若要尽快遏制GDP增幅下滑态势，真正实现高质量发展和"走在前列"，解决中小企业融资难、融资贵问题是见效最快、成效最显著的办法。

图12　山东规模以上工业企业营业收入及利润总额统计（2010~2019年）

资料来源：山东省统计局、历年《山东省统计年鉴》、山东省亚太资本市场研究院。

3. 打造乡村振兴齐鲁样板

党的十九大之后，国家出台了乡村振兴战略规划。山东省委、省政府也制定了《山东省乡村振兴战略规划（2018—2022年）》，提出了山东乡村振兴目标：全力打造乡村振兴齐鲁样板，绘就多样化的"齐鲁风情画"，形成具有山东特色的现代版"富春山居图"。山东省委书记刘家义在《人民日报》撰文提出，围绕打造乡村振兴齐鲁样板，坚持对标发达国家、国内先进地区的成功模式，坚持高起点谋划，拿出符合山东实际的乡村振兴推进标准。无论从习近平总书记对山东乡村振兴的擘画还是从国家战略规划看，乡村振兴齐鲁样板都有着丰富而深刻的内涵。但是，针对乡村振兴齐鲁样板的本质特征以及实现路径等重大问题，可以说迄今为止尚未完全破题。

《山东省乡村振兴战略规划（2018—2022年）》提出，产业振兴是乡村振兴的物质基础。产业振兴也是"五大振兴"之首，但是产业振兴必须首先解决资金投入问题。一直以来，金融是山东发展的短板，区域经济增长受到明显的融资约束。根据央行数据，2018年山东单位GDP的社会融资额为1.02元，而广东为1.69元。目前，山东农业投入产出比仅为1.5，明显低于南方多数省份2.0的投入产出比。这意味着，在乡村振兴过程中，即使是同样的建设水平和建设规模，山东也需要投入比其他省份更多的资金。目前，山东全省共有10000个自然村、9600家规模以上龙头企业、19.2万个农民合作社、5.5万个家庭农场和20万个农业社会化服务组织，根据《山东省乡村振兴战略规划（2018—2022年）》目标，预估未来五年，全省用于乡村振兴的资金总规模为1.0万亿~1.5万亿元。2018年，山东地方一般公共预算收入为6485.4亿元，广东、江苏和浙江分别为12102.9亿元、8630.2亿元和6598.1亿元；从单位GDP财政收入贡献看，广东、江苏和浙江分别为0.125元、0.093元和0.117元，而山东仅为0.085元。这表明，如果不考虑中央财政转移支付，在乡村振兴财政保障方面，山东省与其他省相比差距明显。这势必要求山东省在社会资金方面下功夫，建立普惠金融体系，吸引更多社会资金投入山东乡村振兴工作中，将普惠金融打造成乡村振兴齐鲁样板的特色。只有建立完善的普惠金融体系，充分发挥普惠金融的作用，才能吸引足够的资金并保证产业振兴资金的商业可持续性。

（三）实施普惠金融发展新举措

在构建"以国内大循环为主体、国内国际双循环相互促进"的新发展格局、开启全面建设社会主义现代化国家新征程的战略大局下，金融机构应对发展普惠金融的重要性进行再认识，对普惠金融的内涵外延进行新厘清，对新阶段普惠金融发展任务进行新把握，对数字普惠金融面临的机遇挑战谋划新应对，对普惠金融发展思路措施展开新思考。在普惠金融基础设施建设方面，加快推进大数据共享平台建设，做好动产和权利担保统一登记，鼓励搭建农村要素产权流转体系平台；在普惠金融风险分散体系建设方面，围绕普惠金融风险分担，加强政策设计；在普惠金融服务方式创新方面，优化征信查询商业银行代理网点布局，提升农村支付服务点使用效率，探索更多的国库直通车服务。在普惠金融政策传导方面，创新"两项直达工具"等政策工具的运用方式，让政策效应释放得更加充分；在普惠金融改革试验区创建方面，把首个国家级普惠金融服务乡村振兴试验区建设好，高质量打造普惠金融支持乡村振兴的"沂蒙高地"。在"十四五"时期，金融机构应进一步结合辖区实际，做好普惠金融各项目标任务的统筹落实，发挥政府与市场间的桥梁纽带作用，主动回应各类弱势群体对普惠金融的需求，推动全省普惠金融向纵深发展，为全国加快发展普惠金融发展打造齐鲁样板。

参考文献

[1] 艾永梅：《农村合作金融的风险控制——以山东、浙江供销社资金互助为例》，《中国金融》2015年第14期。

[2] 巴曙松、刘少杰、杨倞：《2014年中国资产管理行业发展报告》，中国人民大学出版社，2014。

[3] 蔡洋萍、谢冰：《我国农村普惠金融内生化发展机理、障碍及对策研究》，《金融与经济》2016年第2期。

[4] 马向东：《金融科技提升普惠金融效率、服务和质量》，《中国保险报》2019年8月27日。

[5] 宋玉颖：《关于数字金融助推商业银行发展普惠金融的研究》，《农村金融研究》2019年第8期。

[6] 孙国茂、胡俞越：《政策漂移、猪肉价格波动与结构性通货膨胀研究——基于TVP-VAR模型》，《东方论坛》2020年第4期。

[7] 孙国茂、李猛：《宏观审慎监管下的证券公司系统重要性评价体系研究》，《山东大学学报》（哲学社会科学版）2020年第5期。

［8］孙国茂、李猛：《区块链信任机制与社会秩序——基于疫情隔离防控的分析》，《山东社会科学》2020 年第 4 期。

［9］孙国茂：《山东省互联网金融发展报告（2019）》，中国金融出版社，2019。

［10］孙国茂：《山东省上市公司经营绩效及市值管理评价报告（2018）》，中国金融出版社，2018。

［11］孙国茂：《山东省上市公司经营绩效及市值管理评价报告（2019）》，中国金融出版社，2019。

［12］孙国茂：《提高上市公司质量　赋能我省高质量发展》，《山东经济战略研究》2020 年 12 月。

［13］孙国茂、张辉、张运才：《宏观审慎监管与证券市场系统性风险测度研究》，《济南大学学报》2020 年第 6 期。

［14］孙国茂：《中国证券市场宏观审慎监管研究》，中国金融出版社，2020。

［15］孙国茂主编《山东省普惠金融发展报告（2019）》，社会科学文献出版社，2019。

［16］孙国茂主编《山东省普惠金融发展报告（2019）》，社会科学文献出版社，2019。

［17］孙国茂主编《中国证券公司竞争力研究报告（2018）》，社会科学文献出版社，2018。

［18］孙国茂主编《中国证券公司竞争力研究报告（2019）》，社会科学文献出版社，2019。

［19］孙国茂主编《中国证券公司竞争力研究报告（2020）》，社会科学文献出版社，2021。

［10］《2020 年普惠金融发展及 2021 年展望》，新华财经，2020 年 12 月。

［21］杨凯生：《金融科技怎样才能支持普惠金融》，《第一财经日报》2019 年 10 月 30 日。

［22］中国人民大学中国普惠金融研究院：《家庭微型经济融资与乡村振兴研究报告》，2020 年 9 月。

［23］中国人民大学中国普惠金融研究院：《数字普惠金融的中国经验》，2020 年 10 月。

［24］中国人民大学中国普惠金融研究院：《数字普惠金融助力县域产业发展》，2020 年 6 月。

［25］中国人民银行济南分行货币政策分析小组：《山东省金融运行报告（2021）》，2021 年 6 月。

［26］中国人民银行济南分行：《山东省金融运行报告（2021）》，2021 年 6 月。

［27］中国人民银行：《中国普惠金融指标分析报告（2020）》，2021 年 9 月。

［28］Anderson，"The Long Tail"，*Journal of Service Science and Management*，Vol. 7

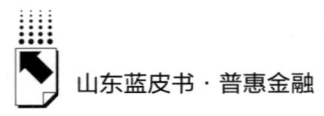

No. 2, April 23, 2004.

[29] Coase, R. H., "The Nature of the Firm Economic", *Journal of Monetary Economics*, 1937 (11): 39-45.

[30] Corrado, G., Corrado, L., "Inclusive Finance for Inclusive Growth and Development", *Current Opinion in Environmental Sustainability*, 2017, 24 (2): 19-23.

[31] Leyshon, A., Thrift, N., "The Restructuring of the UK Financial Services in the 1990s: A Reversal of Fortune", *Journal of Rural Studies*, 1993, 9 (3): 223-241.

分 报 告

Sup-reports

B.2
山东省商业银行普惠金融发展报告（2020）

郭文娟*

摘　要： 2020年初新冠肺炎疫情突袭而至，给经济社会带来一定的冲击，中国人民银行等金融监管部门坚持以习近平新时代中国特色社会主义思想为指导，督促金融支持政策的落地实施，有力地推进了普惠金融发展。中小微企业是经济发展的生力军、就业的主渠道、创新的重要源泉，促进中小微企业和小微经济可持续发展，事关经济社会发展全局。2020年9月，中国人民银行等六部门印发《山东省临沂市普惠金融服务乡村振兴改革试验区总体方案》，临沂市成为全国首个普惠金融服务乡村振兴改革试验区。山东多部门通过聚焦推动责任落实、重点改革任务、搭建服务平台等，推动普惠金融服务乡村振兴改革建设取得明显成效。中国银行济南分行以中国银

---

* 郭文娟，聊城大学经济学硕士，山东省亚太资本市场研究院高级研究员，研究领域为普惠金融、证券投资。

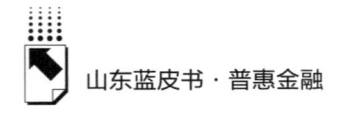

行"支持产业链供应链现代化水平提升的十五条措施"为行动纲领，聚焦山东省内优势产业领域，围绕产业链核心企业为上下游提供基于国内供应链、跨境供应链的多链条金融解决方案，支持山东省重点产业集群"延链""补链""强链""固链"。工商银行青岛分行围绕"增量、扩面、提质、降价"集中发力，致力于普惠金融业务高质量发展，以"主力军"的姿态助力青岛市经济高质量发展，全力打造"普惠金融综合服务标杆银行"。面对国内外经济金融运行的复杂局面，山东省银行业应借助金融科技优势，充分发挥大数据在信贷支持实体经济发展中的作用，推动形成以普惠金融平台为主体、银行金融机构双循环相互促进的新发展格局。

关键词： 山东省　商业银行　普惠金融

2020年，面对复杂严峻的国内外环境，特别是新冠肺炎疫情的冲击，商业银行普惠金融发展在金融科技和数字化转型方面面临诸多挑战。在产业供应链循环受阻与国际贸易投资萎缩及大宗商品市场动荡等国际经济背景之下，金融管理部门积极营造稳定和谐的金融市场发展环境，采取保持流动性合理充裕、引导市场利率下行、增加再贷款再贴现额度措施，出台中小微企业信用贷款支持计划，实施中小微企业贷款阶段性延期还本付息政策。金融支持统筹推进疫情防控和经济社会发展取得积极成效，2020年前三季度金融体系运行总体平稳，有力地支持了我国经济实现正增长，国民经济延续稳定恢复态势。

中小企业是推动经济社会发展的重要力量，银行保险机构是普惠金融发展的主力军。普惠金融能够让中小微和涉农企业、农户享受到现有的金融产品和金融服务，推进中小企业改革创新发展，提升普通人金融服务的可获得性。《中共中央关于制定国民经济和社会发展第十四个五年规划和二〇三五年远景目标的建议》指出："构建金融有效支持实体经济的体制机制，提升金融科技水平，增强金融普惠性。"《推进普惠金融发展规划（2016—2020年）》进一步强调，发展普惠金融应按照"健全机制、持续发展，机会平等、惠及民生，市场主导、政府引导，防范风险、推进创新"等原则，有效提高金融服务的覆盖率、可获得性和满意度，明显增强人民群众对金融服务的获得感。这为我国银行业提供更好的普惠金融服务，构建商业普惠金融新发展格局指明了方向。在对科技创新、小微企业、绿色发展实施金融支持的背景下，数字普惠金融已成为当前普惠金融发展的主流，非银行金融机构积极践行普惠金融战略，在发展普惠金融的过程中越来越重视金融消费者权益保护。

一　我国商业银行普惠金融稳定发展

"普惠金融"这一概念最早由联合国于2005年首次提出，我国在中共十八届三中全会上正式提出"发展普惠金融"，之后国内普惠金融事业进入快速发展期。2017年5月，中国银监会等11部门联合印发《大中型商业银行设立普惠金融事业部实施方案》，要求商业银行设立普惠金融事业部，工农中建交五大银行及兴业、民生、光大等股份银行纷纷设立普惠金融事业部，我国普惠金融发展进入全新阶段。我国普惠金融发展的主要驱动力来源于央行及银保监会政策层面。中国人民银行于2017年9月发布《中国人民银行关于对普惠金融实施定向降准的通知》，对普惠金融领域贷款达到一定标准的金融机构实施定向降准。2020年，我国普惠金融基础设施更加健全，基本建成与全面建成小康社会相适应的普惠金融服务体系。普惠金融服务重心更加下沉，数字普惠金融产品不断创新。银行业普惠贷款针对农业生产经营特点，根据客户小额、高频融资需求，设计移动端小额信用贷款，为客户提供生活缴费、理财等多元化金融服务。我国普惠金融发展经受住了疫情考验，满足了广大人民群众和市场主体的普惠金融需求，并不断取得新的进展、焕发出新的活力。

中国银保监会于2018年起实施"两增两控"的考核目标,"两增"即单户授信总额1000万元以下(含)小微企业贷款同比增速不低于各项贷款同比增速,有贷款余额的户数不低于上年同期水平;"两控"即合理控制小微企业贷款资产质量水平和贷款综合成本水平。数据显示,截至2020年末,普惠金融领域贷款增长迅速,银行业普惠贷款余额约15.27万亿元,六大行及农村金融机构成为支撑普惠金融发展的主要力量。大型商业银行普惠小微企业贷款余额持续增长,且随着制度性减税降费系列举措的推出,普惠金融服务力度进一步加大(见表1)。2020年,银行业金融机构结合企业受疫情影响情况和经营状况发放保障性安居工程贷款,其中大型商业银行保障性安居工程贷款金额第四季度达到10992亿元(见表2)。

表1 银行业普惠型小微企业贷款情况(2020年)

单位:亿元

类型	第一季度	第二季度	第三季度	第四季度
大型商业银行	37518	42617	47174	48328
股份制商业银行	22335	23759	25846	27660
城市商业银行	18401	20100	21362	22175
农村金融机构	45470	48659	50645	51782

资料来源:中国人民银行官网、山东省亚太资本市场研究院。

表2 银行业金融机构保障性安居工程贷款情况(2020年)

单位:亿元

类型	第一季度	第二季度	第三季度	第四季度
大型商业银行	11202	11249	11260	10992
股份制商业银行	5034	5051	5160	5107
城市商业银行	2896	3032	3075	2987
农村商业银行	748	751	750	744

资料来源:中国人民银行官网、山东省亚太资本市场研究院。

从普惠金融贷款余额来看，商业银行普惠金融发展较为平稳。截至2020年末，中国银行"两增两控"口径贷款6116.62亿元，较年初新增1987.14亿元，是2019年全年新增量规模的1.74倍，2020年增速48.12%。贷款户数48.40万户，较年初新增8.65万户，完成中国银保监会普惠金融"两增两控"监管要求。建设银行耗时6年建设了新一代核心系统，基于土地经营权流转和农业生产者补贴等数据，构建了"裕农快贷"涉农产品体系，将农业大数据与金融科技相融合，为农业经营主体发放信用贷款。2020年末建设银行普惠贷款余额1.45万亿元，比农业银行高出近5000亿元，占总贷款比重达8.67%；邮储普惠贷款占总贷款比重为六大行最高，达14.02%，但余额增速低于六大行平均增速的48.38%；建行、农行及邮储2020年普惠贷款客户数均突破150万户。城商行层面，江浙地区集中的态势显著，2020年城商行普惠贷款第四季度末余额达2.22万亿元，城商行普惠贷款余额占比低于股份制商业银行。

中小微企业是经济发展的生力军、就业的主渠道、创新的重要源泉，为中小微企业和民营经济提供精准高效的服务是普惠金融可持续发展的重要任务。2020年以来，银行业金融机构为减轻普惠型中小微企业贷款压力，将中小微企业贷款延期还本付息政策延长至2021年3月底。通过合理确定普惠型中小微企业贷款利率，进一步加大信贷投放，提升中小微企业信贷服务效率，运用数字技术扩大普惠金融服务覆盖面，提高精准度。为满足当前阶段中小企业的普惠发展需求，浙江、河南、江西、江苏、四川、广东等省份的多家银行分行通过签署银政合作协议、推出专属普惠产品等形式加大对"专精特新"等重点客群融资支持力度，加快中小微企业和普惠金融的高效融合。从普惠金融发展的组织架构来看，商业银行整合金融科技资源，促进线上渠道建设，加快商业银行普惠金融发展。金融产品与服务层面，建立专门的组织开展普惠金融相关业务，商业银行成立普惠金融部，以普惠金融客户、零售客户、中小微企业客户等为主要客群开展产品创新、业务营销及服务等工作；强化网点转型、优化网点布局及渠道创新，譬如开设社区银行网点，根据客户群体的特征设立主题银行等，丰富线上渠道建设，拓宽服务和应用场景，进一步提升服务长尾客户的能力，提升客户服务满意度和体验感，提高金融覆盖率和易获得性。客户层面，借助大数据、云计算等技术，丰富客户画像、营销模型及风控模型，实施数字普惠，提高获客率、转化率和价值客户精准识别率，进一步提升精准营销及风险管理水平，提升经营利润。专业人才方面，吸收和培养中小微及零售行业专业营销人才、科技人才、数据分析人才、风险管理人才等，支撑业务转型。

具体而言，中国银行通过推广普惠金融线上产品，加快了普惠金融业务数字化转型，持续完善普惠金融线上产品服务体系。据了解，2020年，中国银行为满足中小微企业多样化融资需求，进一步优化完善信贷工厂业务模式，贷款利率在上年的基础上继续保持平稳态势。而且，将普惠金融发展延伸到战略性新兴产业、民生消费领域，通过加强与工信等政府部门合作，拓展"专精特新"等优质企业与园区、产业链、供应链的小微客群，加大对拥有核心技术、市场前景较好的科技型中小微企业的资源倾斜。农业银行将农村用户金融需求特点和移动互联网结合，先后拓展了农村公用事业缴费、彩票资金收付、农村养老金缴纳等"民生代理项目"。农业银行加大金融产品的创新力度，推出"微捷贷"小额网络融资产品、"快捷贷"智能化融资产品和"链捷贷"线上供应链融资产品，构建"小微e贷"数字化产品体系。同时，商业银行整合金融科技资源，在云计算、分布式数据库等多个领域开展创新，有效加强与普惠金融对象的供需对接，推进金融科技在普惠金融领域的应用。例如，建设银行设立全资子公司建信金融科技有限责任公司，工商银行成立大数据、云计算等七大"创新实验室"，微众银行布局"5个生产数据中心+1个异地应用级容灾中心"。

二 山东省银行业普惠金融发展情况概述

中小微企业是普惠金融服务面向的对象，六大行和农村金融机构是我国普惠贷款的主力军，发展普惠金融能够帮助商业银行开辟市场空间、重构业务模式、提升赢利能力。截至2020年末，六大行和农村金融机构普惠贷款余额分别为4.83万亿元及5.18万亿元。根据银保监会统计数据，截至2020年末我国银行业金融机构普惠贷款余额为14.99万亿元，较2019年末增长30.64%。六大行普惠贷款余额增速最快，2020年增速达48.38%，高出全行业增速约18个百分点。农村金融机构普惠贷款余额增速呈放慢之势，全年平均增速仅18.74%。

2020年，中国人民银行联合多部门印发《山东省临沂市普惠金融服务乡村振兴改革试验区总体方案》，自此临沂市成为全国首个普惠金融服务乡村振兴改革试验区。在山东省多部门的配合下，中国人民银行济南分行以临沂市为抓手，通过聚焦重点改革任务与搭建服务平台，打造普惠金融服务乡村振兴新模式，推动临沂市普惠金融服务乡村振兴改革试验区建设取得明显成效。临沂市在政府和市场的双重驱动下，设立普惠金融服务乡村振兴中心，探索普惠金融服务乡村振兴服务平台体系建设，协调推进金融服务直达下沉。一方面，截至2020年末，农业银行临沂分行新设或迁址设立乡镇支行累计达到16家，建设银行在临沂市探沂镇设立全省建行系统首家普惠金融特色支行，银行机构完善助农取款点"线上+线下"双线服务，临沂市共设立助农取款点8126个，扩大金融服务的网点机构覆盖面，推动金融服务向县域乡村下沉。另一方面，在沂南县成立全国首家农地经营权收储公司，激活农村资产资源融资功能，构建市场化兜底处置机制，推进农地经营权抵押贷款业务，累计发放贷款21.49亿元；沂水县探索开展农村集体资产股权质押贷款试点，莒南县开展农村集体经营性建设用地使用权抵押贷款业务，"鲁担惠农贷"业务金额达25.5亿元，普惠小微贷款业务和规模快速增长。另外，以兰陵县为试点，探索建立"政府领导、人民银行主导、各部门参与"的农村信用体系。完善县域抵（质）押担保体系，创新推广不动产抵押登记"集成网办"模式，将不动产抵押登记服务延伸至银行网点，实现市、县两级银行机构全覆盖。

山东省银行业金融机构加快普惠金融服务乡村振兴服务平台体系建设，多措并举提升普惠金融发展质效。商业银行为普惠金融重点目标群体打造全方位的金融生态系统，注重信息技术开发和信息系统改造，将普惠金融发展放在将数字技术与生活场景、金融服务深度融合的层面，使金融服务融入各类生产生活场景。通过打造电子商务平台改善公共服务系统，促进金融产品创新升级，构建开放发展的数字生态系统，普惠金融服务的效率和质量明显提高。同时，基于先进的信息系统，商业银行获客的模式发生改变，借助指纹、声纹、人脸识别等远程身份识别技术，商业银行可远程完成金融业务，其对普惠金融目标群体的服务能力得以增强。例如，建设银行凭借专业化金融服务搭建电子商务扶贫平台"善融商务"，协助政府建立"移动政务服务平台"；围绕服务好工业品下乡、农产品进城，农业银行优化"惠农e商"电商服务平台，助力乡村振兴战略实施；建设银行、农业银行运用云计算、人工智能等技术实现系统化获客，建立了客户视角的多维度统一视图，为客户提供"安全、智能、精准"的服务。

（一）中国银行济南分行

为全面提升供应链金融服务能力，畅通国内国际双循环，助力实体经济发展贡献金融力量，中国银行济南分行搭建了多层级、多模式、多产品方案的供应链金融产品体系，以优质的金融服务支持山东省内循环体系建设。综合运用保理、票据、信用证等金融工具加大对核心企业上下游中小微企业的信贷支持力度，服务于省内高端装备制造产业链。借助科技赋能，为各方主体提供全流程线上融资支持。中国银行济南分行加大普惠金融线上产品推广力度，加快推进业务数字化转型，持续完善普惠金融线上产品服务体系，满足中小微企业多样化融资需求。进一步优化完善信贷工厂业务模式，提升业务效率。合理确定普惠型中小微企业贷款利率，进一步加大信贷投放，提升中小微企业信贷服务效率，运用数字技术扩大普惠金融服务覆盖面和提高其精准度。

为贯彻国家"提升产业链供应链现代化水平"部署，中国银行济南分行以"支持产业链供应链现代化水平提升的十五条措施"为行动纲领，聚焦山东省内优势产业领域，围绕产业链核心企业为上下游提供基于国内供应链、跨境供应链的多链条金融解决方案，支持山东省重点产业集群"延链"

"补链""强链""固链"。精准施策，定制方案助力优势产业链优化升级。结合山东新旧动能转换的产业转型升级要求，中国银行济南分行聚焦省内高端装备制造、现代医疗、精细化工等优势产业，精准施策，提供定制化供应链金融服务方案，同时，加大对产业链内中小微企业的综合信贷支持力度。聚焦省内现代医疗体系产业链，构建医疗供应链金融场景，打通医院—医药流通企业—制药企业全产业链；聚焦省内精细化工产业链，针对省内精细化工行业园区化、规模化、绿色化的发展趋势，定制差异化供应链金融服务方案，促进省内重点化工企业绿色、低碳转型发展。

中国银行济南分行充分发挥中银集团"一体两翼"综合经营优势，服务面向全球 61 个国家和地区的境外网络，为省内实体企业提供多维度的供应链金融服务支持。发挥中银集团综合化经营优势，联动中银保险有限公司，借助信保融资模式为省内外贸企业提供低成本跨境外币供应链融资。同时，配套汇率、利率、商品等领域的综合保值策略，帮助企业有效降低财务成本。

（二）工商银行青岛分行

为服务更多层级的中小微企业，工商银行利用区块链和大数据技术进行供应链融资，实现全链条授信融资，不断完善普惠金融机制体制建设。工商银行青岛分行（以下简称青岛工行）秉持"不发展普惠，就没有未来"的理念，围绕"增量、扩面、提质、降价"集中发力，致力于普惠金融业务高质量发展，以"主力军"的姿态助力青岛市经济高质量发展。青岛工行立足新发展阶段，坚持"五大理念"，全力打造"普惠金融综合服务标杆银行"。目前，青岛工行银保监和人行口径普惠贷款余额双双突破 100 亿元大关，年均增速超过 160%，普惠客户超 8100 户，位居系统内可比分行前列。目前，青岛工行新增普惠贷款已基本实现了线上化办理；"税务贷""跨境贷""用工贷"等信用类经营快贷场景融资余额占普惠贷款的 1/4；数字供应链融资余额突破 50 亿元，成为工行系统内的第一示范行。坚持让利实体理念，提升中小微企业获得感。青岛工行始终坚持与中小微企业同生共荣，在保障普惠贷款高质量稳定投放的同时,坚持"量""价"统筹,切实让利中小微企业。

坚持创新与开放的发展理念,构建普惠金融生态圈,进一步提升普惠金融服务质效,不断完善和创新普惠金融服务模式。以科技引领,依托"数据+模型"优势,持续加快产品创新和线上化布局,适应"场景化、智能化、集约化"的普惠发展趋势,逐步形成以信用类"经营快贷"、抵押类"e抵快贷"和数字供应链为主的三大普惠产品体系;同时以个人手机银行普惠专版、企业手机银行普惠专区、"工行普惠"微信小程序等多样化的线上接入渠道,持续延展服务触角,让融资服务更好地触达中小微客群,全方位满足中小微客户多样化的融资需求。青岛工行紧密结合青岛市的重点发展规划调整部署普惠金融的发展方向,为青岛市"项目落地年"、"世界工业互联网之都"建设和"十四五"规划等战略方针确定的重点产业链条上的中小微企业提供便利直达的金融服务,始终发挥金融支持中小微企业的"主力军"作用。

特别是2020年新冠肺炎疫情发生以来,青岛工行主动全线下调线上普惠产品价格,将普惠贷款整体利率保持在市场较低水平;严格执行中小微企业延期还本付息政策,全力支持中小微企业的资金持续使用需求,并保持利率水平不变,降低企业续贷转贷成本。同时,抓实合规经营,严守"两禁两限""七不准""四公开"等监管要求,确保减费让利政策落实到位,推动中小微企业综合融资成本进一步下降。青岛工行始终紧密结合青岛市政府营商环境改善战略,紧抓数字政府建设机遇,做好"三联动""三走进",联合各级政府机构,举办形式多样的普惠服务推介会;深入开展与金融监管部门联动的"贷动小微""千名专家进小微"等助企行动;加强与担保、保险公司的合作,拓宽中小微企业增信途径;持续开展"万家小微成长计划""普惠青年先锋行动"等惠企活动;搭建"环球撮合荟"跨境撮合平台,为中小微企业开辟新的业务渠道和商业空间,形成线上线下相结合、集"融资、融智、融商"为一体的普惠金融服务体系。通过加深与政府、企业、担保机构、媒体等社会各界的合作,实现优势资源互补，推动征信、融资担保、信用环境等基础设施建设，构建"共建、共享、共赢"的普惠金融生态圈。

（三）邮储银行菏泽分行

中国邮政储蓄银行（以下简称邮储银行）深入贯彻落实党中央、国务院决策部署和监管部门要求，持续加大对中小微企业的支持力度，通过全力保障中小微企业信贷支持，不断丰富数字化产品供给，积极加强与政府、担保公司、行业协会等多方合作，持续提升中小微金融服务质效。数据显示，截至2020年末，邮储银行普惠型中小微企业贷款余额8012.47亿元，在全行各项贷款余额中占比近15%，有贷款余额的户数较上年末增加9.45万户，普惠型中小微企业贷款客户数和余额占比居同业前列；线上化中小微贷款产品余额4570.70亿元，较上年末增加2520.52亿元，增长122.94%。

近年来，邮储银行菏泽分行积极落实惠企金融政策，大力支持民营经济，大幅增加中小微企业首贷和信用贷投放力度，强化"稳企业、保就业"的金融支持，帮助民营企业渡过资金"难关"，驶入发展"快车道"。针对民营企业经营环境、特征和需求，邮储银行菏泽分行积极构建民营企业金融服务体系，完善金融供给，实现金融资源精准投放，助力民营企业转型升级，支持菏泽民营经济健康发展。一直以来，邮储银行菏泽分行积极践行"普之城乡、惠之于民"的普惠金融理念，坚持以支持实体经济发展、履行社会责任为己任，始终把服务好民营中小微企业作为推动高质量发展、建设现代经济体系的重要抓手，以金融服务民营企业发展为基本导向，充分发挥品牌优势、渠道优势、资金优势，加大对重点领域和薄弱环节的支持力度，紧抓当前经济结构调整和转型升级重大机遇，将支持民营中小微企业作为政治任务、民生工程、发展机遇。

（四）德州银行

作为城市商业银行和地方法人银行，德州银行始终坚持"服务地方、服务小微、服务市民"的经营方针，把支小支微、服务民生作为重要政治使命,致力于打造普惠金融标杆银行。截至2020年末,普惠小微贷款余额31.25亿元,较年初增加6.33亿元,增速25.40%;小微贷款户数3186户,较年初增加645户。

落实政策支持复工复产。聚焦"六稳",支持"六保",充分运用两项直达货币信贷政策工具,全力支持中小微企业、个体工商户纾困解难和复工达产。依托创业贴息、科技成果转化、贷款风险补偿等,开发创业担保贷款、"德税易贷"、"税易贷"、科创成长信用贷等信用贷款产品。启动小微企业诚信客户"白名单"培植计划,扩大辖内优质诚信企业信用贷款覆盖规模。自2020年3月央行两项直达货币信贷政策工具实施以来,累计向140家中小微企业发放普惠信用贷款3.14亿元。同时,高站位、抓落实,确保抗疫政策连续、稳定,截至2020年末,共办理普惠型中小微企业延期还本付息45户,涉及贷款本金1.78亿元。

持续开展首贷培植行动。聚焦首贷难症结,强化政银信息共享和银企信任合作。自2019年以来,连续三年实施"种子工程",开展民营和中小微企业首贷培植行动。建立行级领导分片包干、条线部室督导落实、一线机构实地走访的工作机制,有效运用中小微企业融资服务平台和银税互动机制对接辅导,对符合条件的企业,做到应贷尽贷。2020年,支持"首贷"企业326户,发放贷款4.94亿元。

破解小微融资担保难题。突出政策性担保引导作用,努力优化信贷担保结构。积极与资信实力较强的担保公司开展业务合作,为小微融资广开门路。其中,与德州市投融资担保公司合作开展支持民营小微"二八分险"担保业务,与省农业发展担保有限公司合作开展"鲁担惠农贷"业务。截至2020年末,已与19家担保公司开展合作,为普惠小微企业累计发放担保贷款7777万元。积极与多家有政府背景的应急转贷基金公司建立业务合作关系,为贷款到期无法正常还款的普惠小微企业提供应急转贷资金支持,截至2020年末,共办理4笔应急转贷业务、金额2050万元。

有效降低企业融资成本。坚持降低小微企业融资成本的政策导向,面向普惠性需求,不断拓宽和丰富客户资源。利用央行再贷款政策,保持信贷投放流动性，针对普惠小微客户执行优惠利率，最低可至基础利率。将支持复工复产低利率贷款内部FTP资金成本降低50BP。自2020年初以来，累计为151户（5.79亿元）小微企业降低贷款利率，节省融资利息开支1020万元。普惠小微贷款加权平均利率长期稳定在6%左右，低于辖内法人银行平均利率水平。2020年，利用支小再贷款3.73亿元，支持普惠小微客户128户，平均贷款利率4.90%，低于全行普惠小微贷款平均水平116BP。

打造服务小微"拳头产品"。坚守本源，充分发挥地方性金融优势，因地制宜，因企施策，不断创新信贷产品和服务。针对资金流动性需求较高的制造、销售型企业，推出具有一次授信、循环使用功能的"快易贷"，支持信用、保证、抵质押获信，截至2020年末，总授信179户、11.59亿元，存量用信6.76亿元。与税务部门深化合作，实现银行信用与纳税信用的无缝对接，开发普惠小微"税信贷"产品体系，下设小微企业主"税易贷"和小微企业"德税易贷"两类子产品，截至2020年末，共发放"税信贷"54户、3140万元。同时，启动"一县一品""一行一策"创建计划，研发"管易融""科创企业成长贷"等新产品，有针对性地支持企业融资需求。

（五）东平农商银行

2020年以来，东平农商银行立足"政银合作"，推进社保卡创新服务，着力优化金融服务体系，不断提升普惠金融服务质效。构建"业务培训+厅堂导询+渠道分流+自助办理+客户建群+线上解答"六位一体的社保服务网络，树立"让客户少跑路、让服务变自助"的服务观念，提升员工业务能力和服务水平。配备14台即时制卡机，确保即时制卡业务覆盖全辖区，充分利用即时制卡机和柜面渠道帮助客户快速办理社保卡激活、挂失、解挂等业务，实现"当场申领、当场取卡、办卡不用等、换卡马上拿"。该行充分发挥"点多面广"的区域优势，成立移动智慧厅堂"三进"——进单位、进社区、进村庄——服务队，贯彻"客户吹哨、银行报到"的思想。对于行动不便的高龄老人和残疾人等困难人群，及时开展上门服务，满足各类群体的合理个性化需求，持续落实好社保卡各项利民惠民政策，真正做到

"想民之所想、急民之所急",将社保卡变成客户的"放心卡""明白卡""幸福卡"。在建设经营网点社保卡服务窗口的同时,按照"四个不出村"的要求,累计投放517个村级助农服务终端,使老百姓足不出村就能办理金融业务,切实打通普惠金融服务"最后一公里"。倾力打造"驻点式"服务。该行进驻东平县政务服务中心大厅开展社保卡延伸服务,在政务服务中心大厅开设专人专窗,梳理、整合社保卡开户和金融开户两套流程,缩短办理时长,最快达到10分钟办结业务,为客户提供"流程更优、环节更少、时间更短、服务更好"的驻点式服务。调整优化助农服务点,加强农金员业务培训,全面更新设备机具,改善受理环境,为农户提供居民医疗保险缴纳、小额汇款、小额支付等普惠金融服务,提高农户对金融服务的获得感和满意度。该行以"金融夜校送知识"的方式,持续加强社保卡场景化应用,利用下班时间在村委设立金融夜校宣传点,发放社会保障服务宣传手册,同时为客户开通电子社保卡、智e通、绑卡支付等"一揽子"便民服务,营造"社保惠农"场景。

三 山东省银行业普惠金融发展存在的问题

普惠金融服务地区和机构发展不均衡,金融资源向经济发达地区、城市地区集中的趋势明显,小微企业和弱势群体融资难、融资贵的问题突出,因而我国普惠金融发展仍然面临诸多问题与挑战。当前,金融科技正处于不断完善和发展的过程中,与传统银行业务相比,普惠金融数字化转型后所涵盖的目标客户群体更加广泛,金融行为模式更加复杂。数字化转型过程中可能导致信息安全、隐私保护等技术风险及法律合规风险。传统的银行普惠思维模式集中体现为坚持以价值链为本位,核心在于通过封闭的系统和模式防控风险。而数字化转型采用以客户为本位的互联网思维,运作模式具有开放与合作的突出特点,传统银行业务面临被互联网金融领域相关风险渗透的危机,对银行的风险防控能力构成更大的考验。如何运用金融科技防控金融风险,还存在诸多未知领域。

（一）金融供给不均衡，组织结构难以适应转型需要

山东全省地区经济发展水平差异较大，使金融基础制度存在差异，金融供给不均衡，银行业金融机构难以落实普惠金融政策，难以扩大金融服务覆盖面。普惠金融服务所面向的对象群体范围广，不同群体需求不同，因而要提供"以客户为中心"的营销服务，就需要掌握全面的客户信息，包括交易信息、社交信息、行为信息等，打造专业的风控能力和丰富的产品体系。然而，有效的客户服务就需要商业银行具备丰富的渠道平台及专业的服务队伍，为客户提供便利的服务入口。一方面，普惠金融数字化转型的核心是以客户为中心，满足客户对创新性产品、便捷性服务和灵活性系统的需求，这迫切需要大量既懂普惠金融业务又懂技术的复合型人才。但是，传统银行的人才结构以经济金融专业背景的人才为主，具有信息技术专业背景的人才占比较小，且参与业务经营工作机会较少，跨领域整合能力较弱。另一方面，由于传统银行的薪酬结构和薪酬体系与高度市场化的互联网机构存在较大差异，市场化选人用人机制和激励机制尚不健全，对于金融科技专业人才吸引力不足。并且，传统银行的科层制组织结构需要自下而上多个层级进行需求信息传递，极大地降低了决策效率和执行效果，普惠金融的产品和服务逐渐远离客户需要，严重制约着普惠金融数字化转型发展。

（二）农村金融基础设施建设有待加强

包括城商行、农商行、农村信用社、农村合作银行、村镇银行在内的各类金融机构，是农村金融的主力军和联系农民的重要金融纽带，也是农村金融体系的重要组成部分。近年来，中国银行业机构积极借助互联网、大数据、人工智能等技术不断改善服务，综合运用新兴技术提供金融服务，数字普惠金融逐步向农村区域渗透。但在乡村地区，农村金融仍是我国金融体系中最薄弱的环节，市场小、地域偏、信息不对称、成本高等问题普遍存在，打通服务"最后一公里"尤为困难。多年来，农村直接融资市场发展相对滞后，政策性金融机构功能未完全发挥，供给与需求存在一定程度的失衡，

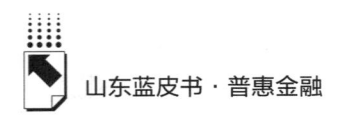

这与农村地区网点相对较少、开展信贷业务成本高等客观因素相关。农村金融基础设施建设有待加强，普惠金融的商业可持续性有待提高。

（三）未建立起统一标准的普惠金融评价体系

联合国早在"2005国际小额信贷年"便提出了"普惠金融体系"概念，旨在构建一个可持续发展的体系，在这个体系中所有普惠金融服务对象都可以平等地以合理的价格获得包括储蓄、贷款、支付、保险、汇兑等在内的全面的金融服务。自2018年起，央行采取正向激励的方式，进一步调低六大行、股份制银行、城商行等银行机构贷款的基准利率，以定向降准为奖励内容鼓励各家银行机构加大普惠领域贷款的投放力度。按照普惠金融领域贷款增量占全部新增贷款的比例或普惠金融领域贷款余额占全部贷款余额比例是否达到1.5%或10%，对达到1.5%挡位的机构定向降准0.5个百分点，对达到10%挡位的机构定向降准1.5个百分点。除了定向降准外，我国仍然未建立起统一标准的普惠金融评价体系用来评估政策的执行效果。

同时，商业银行普惠金融评价体系的建立还存在很多难题。普惠金融有"普"和"惠"的特点，商业银行是商业性组织，需要持续的利润创造。可持续的内生动力是支撑商业银行普惠金融持续发展的基本保障。因而，普惠金融评价体系要考虑到商业银行在社会责任和商业利益之间的平衡关系，还要兼顾商业银行自身股东、员工的利益。从普惠金融的性质来看，普惠金融评价体系实施效果的好坏，还与政策、金融环境、金融基础设施建设等紧密相关。所以，确定商业银行普惠金融评价体系还要考虑政策的引导和监管的驱动，从而促使各商业银行积极推行普惠金融。大行具备产品体系丰富、获客渠道广泛、科技力量强大、抗风险能力强大、资金实力雄厚等优势，广大中小商业银行人力资源和人才分配不均，并非单一部门能够解决，需要联动相关部门共同完善信息系统的建设。信息不对称，成为商业银行普惠金融评价体系难以实施的主要原因。因此，政府可以尝试结合监管指标、信贷投放、贷款服务方式、资金募集、资本监管、尽职免责及不良贷款容忍度等多个维度制定合理的考核标准，联动相关部门，建立健全普惠金融发展的有效评价指标和体系。有效的评价体系需要有一套全面完整的体系，支撑内生动力的打造。它对商业银行的客户挖潜、风险识别、客户管理、数据分析能力提出了更高的要求，有利于激发商业银行普惠金融服务的内生动力。

四 山东省银行业普惠金融高质量发展路径

面对国内外经济金融运行的复杂局面，山东省银行业借助金融科技优势，充分发挥大数据在信贷支持实体经济发展中的作用，推动普惠金融体系更好地服务经济社会发展大局。近两年，中国银保监会山东监管局指导山东辖区地方银行机构通过完善制度政策、活用信息数据、加强业务合作、创新信贷产品、推广智能服务等方式，切实将金融科技与信贷融资有效结合，精准支持实体经济发展取得明显成效。推广智能服务，提升服务质效，支持形成以普惠金融平台为主体、银行金融机构双循环相互促进的新发展格局。搭建线上服务平台，推进网点智能化服务，提高服务质效；建设地方普惠金融服务平台，开发专属App、上线特色功能，拓宽便民服务渠道。处置重点领域风险，补齐监管制度短板，有效防范化解重大金融风险。

（一）形成普惠金融平台与银行金融机构相互促进的发展格局

数字化转型对传统银行普惠金融业务的思维模式构成挑战。传统银行普惠金融的核心竞争能力在于风险定价、风险管理和信用分析，而数字化转型对客户开发、产品设计、服务提供和风险防控提出了新要求。数字普惠金融业务的发展是商业银行可持续发展的必然路径，因此商业银行需要将其作为"战略"规划内容进行顶层设计。在理念方面，需要结合普惠金融理念，突出普惠金融的战略定位，客户"小而散"、业务"普及惠"的特点。在平台建设方面，推动引进第三方机构，建设地方普惠金融服务平台，开展农村特色信贷产品和服务创新，实现中小微企业信用信息、融资需求信息、金融产品信息一网查询，打造促进银企信息对称、金融信贷和融资需求对接网络化、一站式和公益性的普惠金融服务平台。在制度体系建设方面，结合普惠金融实施的组织、人员架构体系、整体考核体系及普惠金融架构体系，确定普惠金融条线考核体系，明确组织流程、职责分工等，实施全流程绩效管理，为策略实施改进提供依据，并对相应的绩效管理系统进行更新完善，支撑考核措施的有效落地。

为落实"六稳"工作和"六保"任务，帮助中小微企业渡过难关，金融机构合理让利中小微企业，在宏观调控跨周期设计和调节之下，加大货币金融政策支持实体经济力度，持续扩大普惠金融服务的覆盖面和提高可获得性。通过打造风险管理制度与大数据智慧风控相结合的风险管理体系，强化合规性管理，以高质量风控保障高质量业务发展。例如，青岛工行与青岛市工商联签订"工商联、联工商"品牌共建协议，仅一个月就对接民营企业超300家，持续扩大普惠金融服务的覆盖面和提高可获得性。青岛工行始终坚持协调发展理念，打造普惠可持续发展模式，坚守"真做小微、做真小微"的普惠持续发展理念，努力实现普惠金融"发展快、结构优、能力强、风控好"。重点从规范营销行为、严格准入调查、加强支付管理、强化用途监控等方面做好合规性管理，严防虚构小微企业贷款用途"套利"，防止贷款资金违规流入房地产、资本市场等禁止性领域。农行滨州分行课题组借助相关系统，以非现场检查和现场检查相结合的方式，对全行数字化普惠金融拓展重点区域、重点产品进行调查与实证分析，基本摸清产品现状及风险特质，促进经济和金融良性循环、健康发展。

此外，客户的培育及业务的可持续发展都是一个长周期的过程，具体实施需要短中长期相结合，对各个阶段的目标导向予以明确，并系统性规划好绩效管理与计划预算管理、人力资源管理、营销管理等，确保完成银保监会普惠金融业务发展目标，确保新发放的普惠型小微企业贷款利率在上年基础上继续保持平稳态势，严格执行小微企业收费减免，持续加大小微企业首贷、续贷、信用贷款投放力度。优化地区结构和业务发展结构，引导信贷资金向落后地区倾斜投放，加大对个人普惠客户的服务力度，实现普惠业务均衡发展。

(二)加快科技金融发展与产业转型升级

依托数据信息技术,搭建融资平台。充分整合社会信用信息及内部信息资源,建设风险识别控制平台,实现风险可控、快捷便利的信贷投放模式。部分地方法人机构加强与企业互通合作,结合行内信贷产品,搭建覆盖面广、产品丰富的服务平台,拓宽普惠金融覆盖面。如齐鲁银行综合运用移动互联技术、大数据风控技术构建全线上的智能审贷平台——齐鲁普惠微平台,基于征信数据、银行内部数据及纳税数据等,将大数据建模和风控技术运用于小微信贷业务准入、反欺诈、额度测算、贷后预警等环节,实现了精确完整的"企业画像",有效缓解了银企之间的信息不对称问题,解决了诚信纳税小微客户群体融资难题。齐商银行搭建"在线供应链金融平台",将平台、产品及账户体系深度融合,结合"应收账款质押""保兑仓""网络循环贷"等多款产品,形成了与行业龙头企业、电商平台的合作,打造提供多种供应链综合金融服务的运作模式。创新信贷产品,融资提速扩面。运用大数据创新线上信用贷款产品,加大对民营小微企业、"三农"等重点领域支持力度,贷款投放提速增效,切实提高企业信贷获得感。如齐鲁银行推出线上"税融e贷"产品,打造"大数据+税务+金融"线上融资新模式,开展电子渠道申请、自动审批、自助放款、贷后自动化监控预警管理模式的线上信贷业务,惠及批发零售业、制造业、科学研究和技术服务业等民生领域众多小微客户。济宁银行创新推出"济时雨e贷",综合运用信息数据评估客户信用状况,打造3分钟申请、1分钟审批、最快1分钟到账的高效审批流程,让守信者享受更优惠的贷款利率和更快捷的贷款审批通道。淄博全市农商银行针对市财政局纾困企业名单,定向推出"纾困e贷",可为小微企业主提供1万~3万元1年期的全线上、纯信用的全额贴息融资服务。

加强科技金融与中小微企业的结合,推动科技创新与金融服务深度融合,带动山东金融科技迅速发展。银行业金融机构在金融科技与中小微企业融合中起到关键桥梁作用,能全面提升网点服务供给能力,构建"技术驱动+服务协同+场景链接"智慧服务体系。例如,2017年底,微众银行充分发挥互联网银行的优势，推出线上无抵押的企业流动资金贷款产品——微业贷，截至2020年12月底，微众银行微业贷共发放超过4000亿元贷款（数据由微众银行提供）。在供应链金融服务领域，微众银行继续沿袭"微业贷模式"的成功路径，打造了差异化特色金融服务。微众银行微业贷供应链金融产品主要以供应商、经销商主体信用数据、交易数据、债项数据、物流数据等数据为载体，助力广大中小微供应商解决周转资金短缺问题。2020年，微众银行微业贷供应商贷款产品已为多地小微供应商提供金融服务，助力优化营商环境。

（三）完善商业银行的绩效激励体系

完善的绩效考核机制能够支撑商业银行打造可持续普惠金融服务，为商业银行普惠金融的实施落地指明方向，推动商业银行普惠金融实施的持续改进和优化。现阶段，我国商业银行在实施普惠金融的过程中，政策驱动因素大于市场驱动因素。商业银行作为市场经济的重要主体之一，在对普惠金融的绩效考核体系设计中，考核导向需要按照政策及监管要求，从而使银行的整体发展享受到相应的政策红利，获得更多的政府资源和社会资源的支持。考核导向还对接自身的发展战略，有重点、系统性地布局，保障自身的可持续发展。由于普惠金融业务具有小而散和周期性的特征，因此可以依托金融科技支撑，系统梳理业务重点、难点和关键事项，加快流程银行平台建设，实现精准化营销、流程化运作、实时化审批、集中化管理，不断提升普惠金融服务水平。借助移动终端实行移动化营销，有效解决客户等待时间长、需求响应慢的问题，持续改善客户体验。同时，从商业银行角度出发制定激励体系，平衡新技术应用与风险防范之间的关系。相较于传统的银行业务，小微、零售等普惠业务业务量大、额度低。银行需要在商业性、市场性与政策性之间进行有效平衡，在扎实落实普惠金融政策的同时，保障自身赢利的稳定性。在利率市场化不断推进使得利差持续收窄的情况下，商业银行需要通过提升产品的定价能力、风控能力，提高整体的资源利用率、运营效率，保障赢利能力。在对普惠金融的考核导向中，需要平衡好"规模"与"效益"

的关系。在规模与效益之间找到合理平衡点的同时，需要进行系统性规划。在客户维度，纳入对客户的产品覆盖率、价值客户占比、客户结构等指标的考核；在产品维度，考核产品创新数量、产品结构、产品的价值贡献等指标；在评价标准维度，引入与行业、标杆银行的对比等方式，以更有效地评估普惠金融业务的效益。

激励体系要坚持公平性，兼顾工作量与效益，进一步激发商业银行开展普惠金融业务的积极性。首先，小微企业具有数量多、区域广、所涉行业多的特点，有利于缓释集中性风险。其次，小微企业资金需求具有"短平快"的特点，融资以短期为主，且议价能力较弱，银行可以利用优势地位提高贷款定价，扩大赢利空间。小微企业资金流动和回笼速度快，能够缓解银行流动性压力。小微企业上下游企业不乏规模型企业，通过融资切入小微企业上下游服产业链，能够较为便捷地发掘潜在客户和优质客户，降低结算成本，提高贷款收益率。小微企业融资渠道窄，直接融资市场进入门槛高，对银行产品依赖度高，对银行的一揽子金融服务方案，如网银业务、融资业务、结算服务等需求量大，凸显小微企业长尾特点。另外，在考核中需对不同的部门、岗位、产品匹配不同的考核指标和评价标准。同时，完善小微企业授信尽职免责制度条款，明确将授信尽职免责与小微企业不良贷款容忍度政策相结合，在不良容忍度内，对未违反法律法规和监管规范性文件规定的业务部门、分支机构和人员减轻或免予追责。

（四）加大对普惠金融客户的深度挖掘力度

依托移动互联网、大数据、云计算技术，不少商业银行推出手机银行、直销银行等，实现了普惠金融业务的线上申请、审批和放贷，突破传统金融服务网点局限，扩大了普惠金融服务群体的覆盖面。庞大的客户基础和良性的客户结构是提高普惠金融覆盖率的重要要求。基于客户结构进行分层分类管理，实施精准营销，要求持续对客户进行挖潜，提升客户价值，实现客户管理、营销管理的精细化，提升资源配置效率。基础客群、潜在价值客群以数量规模为导向，优质客户以进一步提升质量为导向，高价值客户则以综合效益为导向。随着移动互联的发展和不断渗透，消费者已经培养了良好的移动终端使用习惯，对于商业银行而言，提高客户的满意度、服务的可获得性，需要线上线下渠道齐建设，拓展获客渠道、丰富服务场景。在金融科技不断发展、数字化转型背景下，尤其要着力关注线上渠道，同时从客户需求的角度出发，关注线上、线下渠道的有效融合。数字技术不仅可以促进支付、咨询、理财、保险等业务的发展，还能完善产品服务体系和提升场景化产品方案设计能力，打造涵盖金融、公共、生产、生活服务等全场景的金融服务载体。互联网金融平台将储蓄、理财、个人贷款、小额支付等业务资源整合进行线上推介，将普惠服务嵌入网上用户服务场景，有利于形成新的核心竞争力。利用互联网平台进行客户信息审核、产品定价、资金供给等，可以降低资金供求匹配和运营成本，促进普惠金融稳定发展。

商业银行的利基客户群是普惠金融的需求方。充分挖掘长尾利基客户群的金融需求，为其提供合适的金融产品和金融服务，既是经济新常态下商业银行实现精准市场定位和获得利润增长点的新突破，也是深入、系统地推进普惠金融发展、实现经济效益和社会责任双重提升的必然选择。充分挖掘长尾利基客户群，还要加强与政府部门及行业管理部门的合作，拓宽业务渠道。获取客户信息，精准化提供金融服务；与网商银行等互联网金融机构合作，拓宽客户来源；与华为、阿里等第三方平台合作，共创数字金融新模式。如招商银行济南分行积极对接济南海关，协助其成功上线智慧海关系统，在全国银行业范围内率先实现了通关企业云端融资，开启办理通关的全新业务模式，将企业通关时间减至1小时。威海商业银行与网商银行合作推出网商贷，依托淘宝、天猫等阿里巴巴平台体系，面向符合特定准入标准的小微企业、个人经营者，提供用于日常生产经营的信贷产品。潍坊银行与华为公司签署全面合作协议，围绕金融业务、金融科技、人才培养等领域开展深入合作，着力完善金融信息基础设施建设，与阿里云签署共建"数字金融联合创新实验室"合作协议，围绕产业金融、普惠金融、生态运营等探索创新务实的金融解决方案。

（五）优化普惠金融发展的外部环境

加大对机构法人在县域、业务在县域的金融机构的支持力度，引导鼓励相关金融机构发展。现阶段，为激活农村资产资源融资功能，统筹业务拓展与风险防控，沂南县成立了全国首家农地经营权收储公司，构建市场化兜底处置机制，推进农地经营权抵押贷款业务。在沂水县探索开展农村集体资产股权质押贷款试点，发放贷款328笔，金额8784万元；在莒南县探索开展农村集体经营性建设用地使用权抵押贷款业务，贷款余额达3亿元。稳妥规范开展农民合作社内部信用合作试点，保持农村信用合作社等县域农村金融机构法人地位和数量总体稳定。尤其在县域的金融机构，运用支农支小再贷款、再贴现等政策工具，实施最优惠的存款准备金率，引导鼓励相关金融机构发展；进一步完善农业担保机构、保险机构、新型农村金融机构等多层次支持体系，加强对农业信贷担保放大倍数的量化考核，扩大农业信贷担保规模，形成完备的农村金融组织体系，使乡村振兴拥有发达"根系"，将信贷资金输向乡村"毛细血管"。

完善普惠金融的顶层设计和制度安排，打好防范化解重大金融风险攻坚战。首先，通过制定科技发展规划，出台政策制度办法，加大资金、人力等资源投入，切实为发展普惠金融提供支持和保障。中央银行等通过降准、再贷款、再贴现等货币政策工具，加大对普惠金融流动性的定向支持力度，降低金融服务成本，对积极开展普惠金融服务的金融机构给予一定税收优惠；探索建立政府主导的小微信贷担保体系，改善普惠金融风险补偿环境。其次，借助数字技术的深度应用和创新，进一步提高风控精准度，为商业银行普惠金融提供良好的外部发展环境。在普惠金融领域，切实运用好线上普惠金融产品，提高客户群体覆盖率，进一步分散风险。把握数字化金融产品的特质，适应线上业务风险关口前移的趋势，控制好信用风险，确保资金监控渠道畅通，提高预防和化解风险能力。目前，一些地方已在尝试建立普惠金融信用信息体系，推动户籍居住地、违法犯罪记录、税收登记等各类政府信息与金融信息的互联互通，健全信用体系建设。例如，邮储银行菏泽分行作为国有大型商业银行，通过金融支持和扶持政策，解决民营企业实际问题，切实推动经济运行平稳提升，加大普惠金融服务力度，助推普惠小微企业持续健康稳定发展，为菏泽市普惠金融发展贡献力量。

同时，建立金融机构、金融控股公司、金融基础设施等统筹监管框架，扎实有效控制中国金融体系重点领域的增量风险，逐步化解存量风险，有力地推进防范化解金融风险制度。不断完善普惠金融机制体制，通过大幅提高普惠考核权重、全力保障普惠专项规模、全面传导普惠专项激励和优惠政策，做实"敢贷愿贷"机制体制；通过完善"数字普惠"智能化经营管理体系、强化普惠队伍建设等措施，提升"能贷会贷"专业能力，更好地为小微企业提供全方位的普惠金融服务。商业银行应该抓好业务策略实施，资金供给及需求两端的业务拓展需要"两手抓，两手都要硬"，做好资产负债配置组合，既有效地促进业务发展及良性循环，获得持续的利润，也能使普惠贷款不良率和不良额始终维持在同业和系统内较低水平。遏制宏观杠杆率过快上升势头，有序处置高风险金融机构的风险，妥善应对企业债务违约风险。推动银行业金融机构持续加大不良贷款处置力度，不断完善债券违约处置机制。

参考文献

[1] 博鳌亚洲论坛：《亚洲金融发展报告——普惠金融篇》，2020年7月。
[2] 曹凤岐：《建立多层次农村普惠金融体系》，《农村金融研究》2010年第10期。
[3] 陈华、李国峰：《互联网金融：现状、存在问题及应对策略》，《金融发展研究》2014年第5期。
[4] 陈莎、周立：《中国农村金融地理排斥的空间差异——基于"金融密度"衡量指标体系的研究》，《银行家》2012年第7期。
[5] 董晓林、徐虹：《我国农村金融排斥影响因素的实证分析——基于县域金融机构网点分布的视角》，《金融研究》2012年第9期。
[6] 顾玲玲：《商业银行普惠金融考核实施建议》，2021年8月。
[7] 郭田勇、丁潇：《普惠金融的国际比较研究——基于银行服务的视角》，《国际

金融研究》2015 年第 2 期。

[8] 焦瑾璞、陈瑾：《建设中国普惠金融体系》，中国金融出版社，2009。

[9] 焦瑾璞、黄亭亭、汪天都等：《中国普惠金融发展进程及实证研究》，《上海金融》2015 年第 4 期。

[10] 焦瑾璞：《微型金融学》，中国金融出版社，2013。

[11] 李爱君：《互联网金融法律与实务》，机械工业出版社，2015。

[12] 孙国茂、安强身：《普惠金融组织与普惠金融发展研究——来自山东省的经验与案例》，中国金融出版社，2017。

[13] J. E. Stiglitz and Andrew Weiss, "Credit Rationing in Markets with Imperfect Information", *The American Economic Review*, 1981, 71 (3): 393 – 410.

[14] Kapoor, A., "Financial Inclusion and the Future of the Indian Economy", *Futures*, 2017 (10): 35 – 42.

[15] Kempson, E. and Whyley, C., "Understanding and Combating Financial Exclusion", *Insurance Trends*, 1999b, pp. 18 – 22.

[16] Ross Levine, "Finance and Growth: Theory and Evidence", *Social Science Electronic Publishing*. 2004, 1 (5): 37 – 40.

[17] Wibella, Nevvi, Idqan Fahmi, and Imam Teguh Saptono, "Factors Affecting Consumer Acceptance of Digital Financial Inclusion – An Anecdotal Evidence from Bogor City", *Independent Journal of Management & Production*, 2018: 1338 – 1357.

B.3
山东省村镇银行发展报告（2020）

李宗超[*]

摘　要： 2020年是全面建成小康社会目标实现之年，是全面打赢脱贫攻坚战收官之年。金融机构在乡村振兴中起到了重要作用。村镇银行作为定位于"支农支小"的新型农村金融机构，是提供普惠金融服务的重要构成部分。截至2020年末，我国村镇银行数量达1600余家，贷款余额突破1万亿元，其中贷款资金的九成投向了农户和小微企业，村镇银行已成为发展普惠金融的生力军。山东村镇银行数量为126家，连续6年居全国各省份第一，其中农商银行是发起设立村镇银行的主力机构。与全国优秀村镇银行相比，山东省村镇银行整体规模偏弱，经营存在不稳定性、个体之间经营差距较大，青岛农商银行和齐鲁银行旗下村镇银行已成为山东省村镇银行的优秀代表。目前，村镇银行被公众认可的程度依然不高，且还存在管理能力不足、经营效率低下、参与金融科技力度较小等问题，因此，村镇银行在宣传、合规管理、因地制宜经营、借力金融科技等方面有待进一步加强。

关键词： 山东省　村镇银行　普惠金融

金融对于乡村振兴至关重要。2019年中央经济工作会议提出要坚决打

---

[*] 李宗超，山东省亚太资本市场研究院高级研究员，研究领域为资本市场、商业银行。

好三大攻坚战，集中兵力打好深度贫困歼灭战，政策、资金重点向"三区三州"等深度贫困地区倾斜。2020年是全面建成小康社会目标实现之年，是全面打赢脱贫攻坚战收官之年，要完成两大目标任务，"三农"领域突出短板必须补上。脱贫攻坚、乡村振兴等工作需要大量的资金支持，广大县域及农村地区是脱贫攻坚的主战场，也是金融服务的薄弱地区。2020年中央"一号文件"提出扩大农村普惠金融改革试点，鼓励地方政府开展县域农户、中小企业信用等级评价，加快构建线上线下相结合、"银保担"风险共担的普惠金融服务体系，推出更多免抵押、免担保、低利率、可持续的普惠金融产品。

村镇银行作为定位于"支农支小"的新型农村金融机构，是提供普惠金融服务的重要构成部分。村镇银行拥有独立法人地位，具备管理半径小、决策路径短、服务效率高等特点，能够将金融资源有效精准地配置到"三农"和小微企业等经济社会发展的薄弱环节，更好地满足弱势群体差异化、个性化的金融服务需求。自2006年启动培育试点工作以来，经过15年的发展，村镇银行已成为机构数量最多、单体规模最小、服务客户最基层、支农支小特色最突出的"微小银行"。根据中国银行业协会公布的数据，截至2019年末，全国已建立村镇银行1637家，覆盖全国31个省份的1306个县（市、旗），县域覆盖率达70%。[1] 由于2020年两家村镇银行被吸收合并，截至2020年末，全国共有村镇银行1635家。[2] 村镇银行在丰富金融机构体系、协助"三农"和小微企业金融服务方面发挥了不可替代的积极作用，已成为发展普惠金融的生力军。

近年来，山东不断加大"三农"投入力度，统筹资金支持乡村振兴。同时，把乡村振兴与脱贫攻坚、美丽乡村建设融合在一起，政策资金项目优先向农村，尤其是向贫困村倾斜。为发挥金融支撑作用，山东大力发展普惠金融，鼓励金融机构服务下沉，构建多层次、广覆盖、可持续的普惠金融服

---

[1] 中国银行业协会：《中国村镇银行行业发展报告2019-2020》，https：//www.china-cba.net/Index/show/catid/14/id/38346.html。

[2] https：//www.sohu.com/a/481337457_121195466.

务体系，不断扩大金融服务"三农"、小微企业的覆盖面，提升农村金融服务水平。村镇银行是贴近"三农"的银行业金融机构，自2016年至2020年末，山东省村镇银行数量已连续5年稳定在126家，居全国之首，成为金融支撑打造乡村振兴齐鲁样板的重要构成部分。

一 村镇银行发展历程

（一）村镇银行的产生及发展

2006年12月，中国银监会发布《关于调整放宽农村地区银行业金融机构准入政策更好支持社会主义新农村建设的若干意见》（银监发〔2006〕90号），选择在四川、青海等6省份开展试点，引导资本到广大农村地区设立村镇银行、农村资金互助社等新型农村金融机构，鼓励银行到农村地区设立分支机构，我国农村金融政策实现突破。2007年3月，四川仪陇惠民村镇银行成立开业，成为我国第一家村镇银行。此后，吉林东丰诚信村镇银行、吉林磐石融丰村镇银行、甘肃庆阳市西峰瑞信村镇银行、甘肃泾川国开村镇银行等金融机构也相继成立并开业。2007年，村镇银行作为新生事物登上我国农村金融历史舞台，截至年末，全国共组建19家村镇银行。

2007年，中国银监会放宽农村地区银行机构准入试点范围，从之前的6个省份扩大到全国31个省份。2008年，中国农业银行在湖北、内蒙古分别成立汉川农银村镇银行和克什克腾农银村镇银行，开了国有商业银行发起设立村镇银行的先河，标志着中国农业银行多渠道服务"三农"迈出了重要步伐。2009年，中国银监会准许小额贷款公司在规定的条件下转化为村镇银行，使村镇银行的设立核准规则更加灵活变通。2010年，为鼓励和引导民间投资健康发展，国务院文件明确指出要大力引导并支持民间资本投资或参与设立村镇银行，放宽持股比例限制，引导村镇银行股本结构向多元化发展。2010年至2014年，我国村镇银行进入高速发展期，其间共组建村镇银行1085家，仅2011年就新设377家，资产规模也随着设立数量的增加迅速扩大。根据中国银行业协会数据，截至2014年末，全国共组建村镇银行1233家，各项贷款余额4862亿元，比上年增长1234亿元，其中农户贷款达到2111亿元，小微企业贷款2405亿元，两项贷款占比之和达到92.9%；各项存款余额5808亿元，比上年增长1176亿元；资产总额7973亿元，比上年增长1685亿元。村镇银行的迅速发展有效丰富了农村金融市场的主体结构，成为服务"三农"、支持小微企业的金融生力军。

2015年，国家把普惠金融列为国家发展战略，鼓励全国性股份制商业银行、城市商业银行和民营银行为小微企业、"三农"和城镇居民提供更有针对性、更加便利的金融服务，加快在县（市、旗）集约化发起设立村镇银行步伐，并在中西部和老少边穷地区、粮食主产区、小微企业聚集地区重点布局。截至2015年末，我国村镇银行数量达到1311家，资产总额达到10015亿元，存款余额和贷款余额分别为7480亿元和5880亿元，其中有92.98%的贷款用于满足小微企业和农户的资金需求。村镇银行在"支农支小"上发挥着越来越大的作用。2016年，我国村镇银行的发展经历了第一个10年。在政策引导、严格监管和相关方的积极支持配合下，村镇银行在服务县域经济过程中实现了稳健发展。2016年全国新组建208家村镇银行，年末累计数量达1519家，其中中西部地区数量占村镇银行总数的64.5%，辽宁、湖北、贵州等10个省份实现省内全覆盖，安徽、浙江县域覆盖率已超过90%。2016年，资产规模达到12377亿元，各项贷款余额7021亿元，农户及小微企业贷款合计6526亿元，占各项贷款余额的93%；500万元及以下贷款占80%，户均贷款41万元，"支农支小"特色显著。村镇银行在激活农村金融市场、健全农村金融体系、发展普惠金融和支持农村社会经济发展等方面发挥了重要作用。

近年来，随着移动互联网和智能手机在农村地区的普及，商业银行积极发展线上服务，这使银行服务无处不在，金融科技的发展大大减少了银行物理网点的设置。2017年至2019年，全国村镇银行数量增速放缓，其中2017年新增43家，2018年增加54家，2019年新增21家。2020年，由于重庆万州中银富登村镇银行吸收合并重庆万州滨江中银富登村镇银行，宁海中银富登村镇银行吸收合并宁波宁海西店中银富登村镇银行,村镇银行数量减少2家,这也是自2007年以来村镇银行数量首次出现减少(见图1)。村镇银行在中国经过15年的发展,逐渐形成了多元化农村金融服务供给体系,创新了普惠金融产品和服务模式,增大了实体经济信贷投放力度,有效扩大了广大农村地区基础金融服务覆盖面。

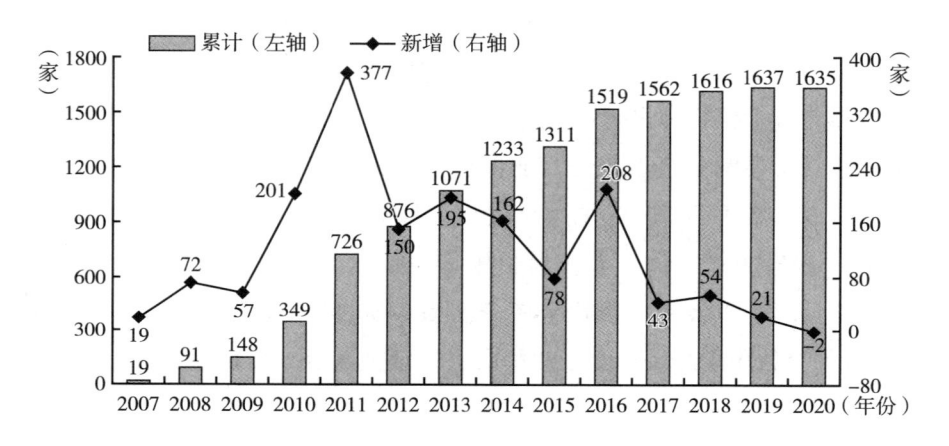

图1 全国村镇银行组建数量(2007~2020年)

资料来源:中国银保监会、山东省亚太资本市场研究院。

(二)村镇银行各发展阶段的主要政策

1. 探索发展阶段

2005年为国际小额贷款年。联合国希望通过开展"国际小额贷款年"活动,促进"新千年发展目标"的实现,即使世界赤贫人口到2015年减少一半。早在20世纪90年代,我国就认识到小额信贷在扶贫中的有效作用,探索把部分扶贫资金以小额信贷的方式投放给贫困农户。

2006年12月,中国银监会发布《关于调整放宽农村地区银行业金融机构准入政策更好支持社会主义新农村建设的若干意见》(银监发〔2006〕90号),在四川、青海等6省份的农村地区开展试点。此次农村银行业金融机构准入政策的调整主要表现在六个方面:准入资本范围,注册资本和营运资金限制，投资人资格和持股比例，业务准入条件与范围，管理人员准入资格，新设机构的审批权限。

2007年1月，中国银监会发布《村镇银行管理暂行规定》（银监发〔2007〕5号）、《村镇银行组建审批工作指引》（银监发〔2007〕8号）。首次指出村镇银行是主要为当地农民、农业和农村经济发展提供金融服务的银行业金融机构。这为村镇银行的发起设立和经营管理提供了制度保障，同时加强了对其监督管理，规范其组织和行为，试点范围也扩大至全国。5月，中国银监会发布《关于加强村镇银行监管的意见》（银监发〔2007〕46号）。各地银行业监管机构应结合当地经济金融发展环境、农村金融服务状况和金融监管资源配置情况，合理确定村镇银行设立地域和数量的计划，确保按照商业可持续原则有序推进村镇银行组建工作。

2008年4月，中国人民银行和中国银监会联合发布《关于村镇银行、贷款公司、农村资金互助社、小额贷款公司有关政策的通知》（银发〔2008〕137号），明确了四类新型机构的经营管理和风险监管政策，在存款准备金管理、存贷款利率管理等方面进行了规定。6月，中国银监会发布《中国银行业监督管理委员会农村中小金融机构行政许可事项实施办法》（中国银监会2008年第3号令），其中对村镇银行的设立、发起人或出资人、筹建开业流程等进行了明确规定。10月，中国共产党第十七届中央委员会第三次全体会议审议通过《中共中央关于推进农村改革发展若干重大问题的决定》，对进一步推进农村改革发展做出了全面部署。会议要求"建立现代农村金融制度。农村金融是现代农村经济的核心。创新农村金融体制，放宽农村金融准入政策，加快建立商业性金融、合作性金融、政策性金融相结合，资本充足、功能健全、服务完善、运行安全的农村金融体系。加大对农村金融政策支持力度，拓宽融资渠道，综合运用财税杠杆和货币政策工具，定向实行税收减免和费用补贴，引导更多信贷资金和社会资金投向农村"。

2009年5月，财政部印发《中央财政新型农村金融机构定向费用补贴资金管理暂行办法》（财金〔2009〕31号），在补贴条件和标准中，提出

"财政部对上年贷款平均余额同比增长,且达到银监会监管指标要求的贷款公司和农村资金互助社,上年贷款平均余额同比增长、上年末存贷比高于50%且达到银监会监管指标要求的村镇银行,按其上年贷款平均余额的2%给予补贴"。6月,中国银监会发布《小额贷款公司改制设立村镇银行暂行规定》(银发〔2009〕48号),允许符合条件的小额贷款公司转为村镇银行。7月,为推动新型农村金融机构快速发展,中国银监会编制《新型农村金融机构2009年—2011年总体工作安排》(银监发〔2009〕72号),提出到2011年末在全国设立村镇银行1027家、贷款公司106家、农村资金互助社161家。

2. 加快发展阶段

2010年4月,中国银监会印发《关于加快发展新型农村金融机构有关事宜的通知》(银监发〔2010〕27号),激励国有商业银行、政策性银行等机构发起和设立新型农村金融机构,确保完成三年规划。5月,国务院发布《关于鼓励和引导民间投资健康发展的若干意见》(国发〔2010〕13号),其中提到鼓励民间资本发起或参与设立村镇银行、贷款公司、农村资金互助社等金融机构,放宽村镇银行或社区银行中法人银行最低出资比例的限制。6月,财政部发布《中央财政农村金融机构定向费用补贴资金管理暂行办法》(财金〔2010〕42号),其中提出新型农村金融机构的补贴资金申请书及相关材料应当反映当年贷款发放额、当年贷款平均余额、同比增幅、申请补贴资金金额、村镇银行年末存贷比等数据,并对自身是否达到银监会监管要求等情况进行说明。

2012年5月,中国银监会发布《关于鼓励和引导民间资本进入银行业的实施意见》(银监发〔2012〕27号),提出支持民营企业参与村镇银行发起设立或增资扩股。村镇银行主发起行的最低持股比例由20%降低为15%。

2013年5月16日,中国银监会发布《关于农村商业银行差异化监管的意见》(银监办发〔2013〕136号),提出鼓励监管评级2级(含)以上且具备条件的农商银行集约化设立村镇银行,并购重组高风险机构,加大对外战略投资,向省内农村服务不充分地区延伸分支机构,开展金融创新先行先试，探索建立专营机构。支持监管评级3级和4级的农商银行健全机构布局，完善服务网络，围绕服务当地经济的主线开办成熟金融业务。监管评级5级及以下的农商银行原则上不得新设分支机构，从严控制开办新业务。

2013年11月，中国共产党第十八届中央委员会第三次全体会议通过《中共中央关于全面深化改革若干重大问题的决定》，正式提出"发展普惠金融。鼓励金融创新，丰富金融市场层次和产品"。普惠金融是指能有效、全方位为社会所有阶层和群体提供服务的金融体系，实际上就是让所有老百姓享受更多的金融服务，更好地支持实体经济发展。

2014年12月，中国银监会发布《关于进一步促进村镇银行健康发展的指导意见》（银监发〔2014〕46号），要求重点布局中西部和老少边穷地区、粮食主产区和小微企业聚集地区，稳步扩大县（市、旗）村镇银行的覆盖面；鼓励国有商业银行和股份制商业银行主要在中西部地区发起设立村镇银行，支持其在未设立分支机构的县（市、旗）发起设立村镇银行。

3. 善恶金融发展阶段

2015年，国务院印发《推进普惠金融发展规划（2016—2020年）》，将普惠金融列为国家发展战略，鼓励大型银行加快建设小微企业专营机构。继续完善农业银行"三农金融事业部"管理体制和运行机制，进一步提升"三农"金融服务水平。加快在县（市、旗）集约化发起设立村镇银行步伐，重点布局中西部和老少边穷地区、粮食主产区、小微企业聚集地区。

2017年4月7日，中国银监会发布《关于提升银行业服务实体经济质效的指导意见》（银监发〔2017〕4号），提出有序推进民营银行设立工作，落实民营银行监管指导意见。继续支持符合条件的民间资本发起设立消费金融公司、金融租赁公司、企业集团财务公司、汽车金融公司和参与发起设立村镇银行。推动完善银行业金融机构股东管理制度，加强控股股东行为约束和关联交易监管，严禁控股股东不当干预银行业金融机构正常经营管理。

2018年1月，中国银监会发布《关于开展投资管理型村镇银行和"多县一行"制村镇银行试点工作的通知》（银监发〔2018〕3号），提出支持各类合格银行机构发起设立村镇银行和优化完善挂钩政策等措施，引导把更

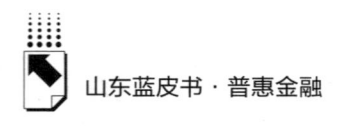

多金融资源配置到农村地区。

2019年12月，中国银保监会印发《关于推动村镇银行坚守定位 提升服务乡村振兴战略能力的通知》（银保监办发〔2019〕233号），提出"支农支小"是村镇银行的培育目标和市场定位。随后发布修订后的《中国银保监会农村中小银行机构行政许可事项实施办法》（中国银保监会2019年第9号），结合监管实际对部分行政许可事项审批条件予以优化调整，进一步提升准入监管质效。

4. 稳定发展阶段

2020年受新冠肺炎疫情影响，中国人民银行、中国银保监会等多个部门发布多个关于支持抗击新冠肺炎疫情、加快复工复产、支持中小微企业发展、服务乡村振兴等方面的政策。例如，《关于加大小微企业信用贷款支持力度的通知》（银发〔2020〕123号）、《关于进一步对中小微企业贷款实施阶段性延期还本付息的通知》（银发〔2020〕122号）、《金融机构服务乡村振兴考核评估办法（征求意见稿）》、《关于进一步加大"三区三州"深度贫困地区银行业保险业扶贫工作力度的通知》、中国银保监会办公厅《关于做好2020年银行业保险业服务"三农"领域重点工作的通知》（银保监办发〔2020〕31号）等。

（三）山东村镇银行发展

与全国相比，山东村镇银行设立稍晚。2008年11月，由北京农商银行发起设立，山东省第一家村镇银行青岛即墨京都村镇银行成立开业，丰富了山东农村金融体系。同年11月，江苏省张家港农商银行在潍坊成立了寿光张农商村镇银行。同年12月，山东省首家城商行潍坊市商业银行试水农村金融市场，发起成立了青岛胶南海汇村镇银行，也由此成为山东省内银行发起设立的第一家村镇银行。

2010年至2012年，山东省积极推进村镇银行设立工作，努力为"三农"和中小微企业发展拓宽融资渠道，这一时期村镇银行数量小幅增长，由2010年初的3家增至2012年末的57家。其间省外银行在山东发起成立村镇银行44家，占其间全省村镇银行总量的77.19%，成为组建村镇银行的主力。其中，上海农商银行、中国银行、广州农商银行和中国建设银行在山东分别开设了10家、6家、5家和4家村镇银行，成为开设数量较多的发起行。此外，2011年7月，山东荣成汇丰村镇银行有限责任公司正式开业，成为山东首家由外资银行发起设立的村镇银行。外资银行设立村镇银行，可以推广其在个人和中小微企业服务领域的经验和做法，从而为山东省"三农"和中小微企业发展增加外部资金供给，增强农村地区金融服务活力，提高金融服务质量，进一步完善省内农村地区金融服务体系。

2013年至2016年，山东省村镇银行数量迅速增加，由2013年初的57家增至2016年末的126家，其间新组建村镇银行69家，平均每年新增17家。截至2016年末，山东省村镇银行数量增至全国之首，占全国总量的8.29%。这一时期山东省内银行作为主发起行共开设52家村镇银行，占全省村镇银行新增数量的75.36%，成为组建村镇银行的主力。其中，莱州农商银行、龙口农商银行和青州农商银行开设数量较多，分别开设了10家、7家和6家村镇银行。在此期间，发起行主要是胶东地区的农商银行，彰显了拓展农村金融市场的竞争意识。

随着山东省数字乡村的建设，农村地区基础设施不断完善，移动互联网络、智能手机等现代信息工具逐渐得到普及，农村居民获取金融服务越来越方便，这在一定程度上延缓了村镇银行数量的增长。2016年至2020年山东省村镇银行数量保持稳定（见图2）。

二　山东村镇银行发展现状

（一）农商系成发起主力

农村商业银行主要面向广大农村地区提供金融服务，经过近20年的发展积累了丰富的经验，已成为服务"三农""支农支小"的主力军。自村镇银行诞生以来，农村商业银行便成为其主发起行的重要组成部分，在人才培

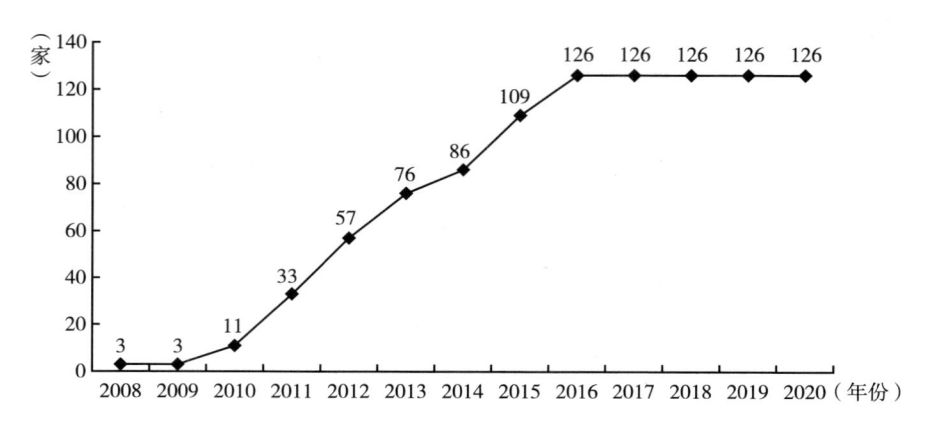

图 2　山东村镇银行组建数量（2008~2020 年）

资料来源：中国银保监会、山东省亚太资本市场研究院。

养、科技支持、风险管控和品牌引入等方面为村镇银行提供了全方位指导和帮助。2009 年至 2014 年是全国农商系村镇银行快速增长时期，其中仅 2014 年就新成立 152 家。自 2016 年之后农商系村镇银行开设速度逐渐放缓，一方面优质县域已基本覆盖完毕，另一方面村镇银行赢利能力的下滑缓释了农商行新设村镇银行的内在动能。目前，规模较大的农商银行已成为村镇银行系列发展的平台，全国来看主要有上海农商银行、广州农商银行等农商银行。

在山东省村镇银行开设过程中，农村商业银行同样发挥着重要作用。截至 2020 年末，27 家农商银行[①]在山东开设了 94 家村镇银行，占全省数量的 74.60%，农商银行在村镇银行的组建中起到了主力军的作用。其中，13 家省外农商银行组建 36 家村镇银行，14 家省内农商银行组建 58 家村镇银行。从数量上看，上海农商银行和莱州农商银行在全省均设立了 10 家村镇银行，并列成为设立村镇银行最多的农商银行，两者在山东省设立的村镇银行数量仅次于中国银行；青州农商银行和龙口农商银行在省内均发起设立了 7 家村镇银行，并且两家农商银行组建了各自的村镇银行平台，青州农商银行设立了青隆系村镇银行，龙口农商银行设立了胶东系村镇银行；四川成都农商银行、

---

① 临沂兰山农村合作银行归入农商银行。

寿光农商银行和临淄农商银行，均在省内发起设立了6家村镇银行（见图3和图4）。省内的烟台和潍坊两市的农商银行共设立了37家村镇银行，占全省总量的29.37%，但和规模较大的上海农商银行、广州农商银行等相比存在较大差距，从农村金融市场竞争的角度看，做大做强省内农商银行有待发力。

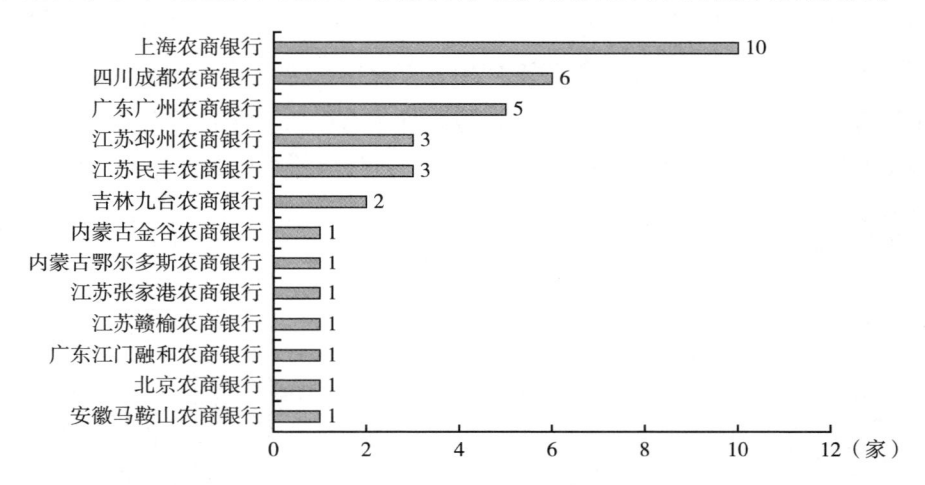

农商银行	数量（家）
上海农商银行	10
四川成都农商银行	6
广东广州农商银行	5
江苏邳州农商银行	3
江苏民丰农商银行	3
吉林九台农商银行	2
内蒙古金谷农商银行	1
内蒙古鄂尔多斯农商银行	1
江苏张家港农商银行	1
江苏赣榆农商银行	1
广东江门融和农商银行	1
北京农商银行	1
安徽马鞍山农商银行	1

图3 山东省外农商银行设立村镇银行数量（2020年）

资料来源：村银网、山东省亚太资本市场研究院。

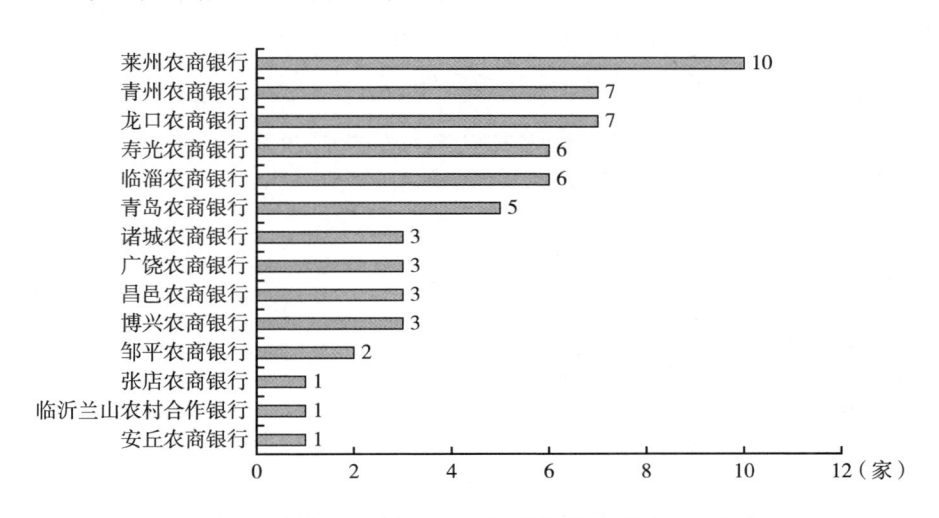

农商银行	数量（家）
莱州农商银行	10
青州农商银行	7
龙口农商银行	7
寿光农商银行	6
临淄农商银行	6
青岛农商银行	5
诸城农商银行	3
广饶农商银行	3
昌邑农商银行	3
博兴农商银行	3
邹平农商银行	2
张店农商银行	1
临沂兰山农村合作银行	1
安丘农商银行	1

图4 山东省内农商银行设立村镇银行数量（2020年）

资料来源：村银网、山东省亚太资本市场研究院。

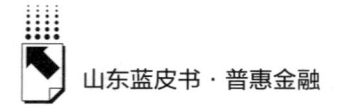

（二）数量稳居全国首位

在经历第一个十年高速增长后，村镇银行进入了稳定发展阶段。从地理分布上看，我国村镇银行主要集中于东部沿海地区和中西部地区的省份（见图5），而新疆、西藏等省份数量较少。山东省内村镇银行经历了从无到有、从少到多不断壮大的过程。自2008年山东首家村镇银行成立开业以来，经过8年的发展，至2016年末山东村镇银行数量达126家，居全国首位，基本实现县域全覆盖。山东村镇银行主发起行设立数量TOP 10如图6所示。

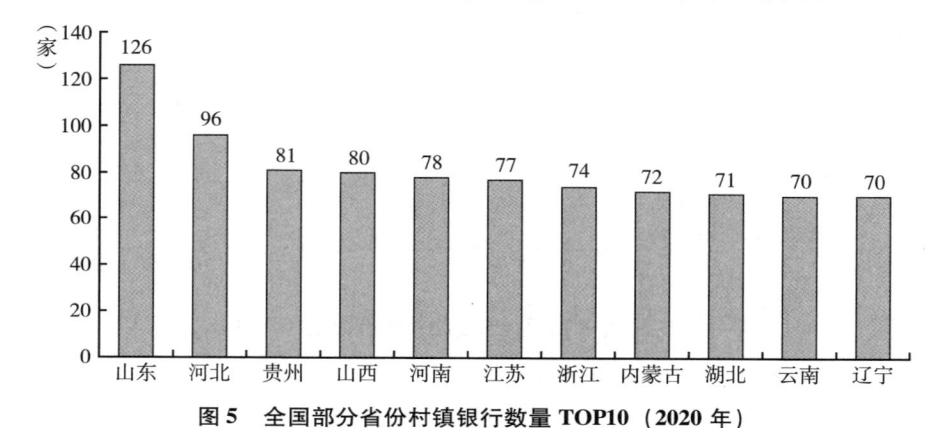

图5　全国部分省份村镇银行数量TOP10（2020年）

资料来源：村银网、山东省亚太资本市场研究院。

省份	数量（家）
山东	126
河北	96
贵州	81
山西	80
河南	78
江苏	77
浙江	74
内蒙古	72
湖北	71
云南	70
辽宁	70

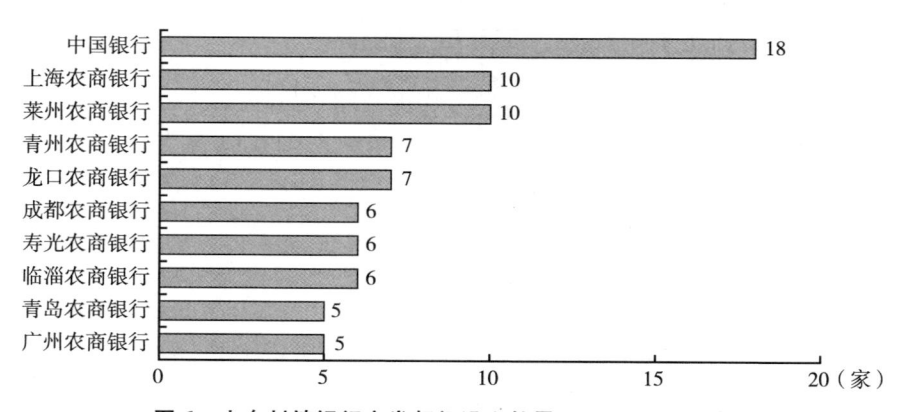

图6　山东村镇银行主发起行设立数量TOP10（2020年）

资料来源：中国银保监会山东监管局、山东省亚太资本市场研究院。

主发起行	数量（家）
中国银行	18
上海农商银行	10
莱州农商银行	10
青州农商银行	7
龙口农商银行	7
成都农商银行	6
寿光农商银行	6
临淄农商银行	6
青岛农商银行	5
广州农商银行	5

（三）中银富登村镇银行数量靠前

自 2011 年起，中国银行与新加坡淡马锡公司下属的富登金控合作，陆续规模化、批量化发起设立中银富登系列村镇银行。2020 年 8 月，中银富登村镇银行股份有限公司开业，注册资本 10 亿元，注册地为雄安新区，成为一家投资管理型村镇银行，也是国内首批试点成立的投资管理型村镇银行。截至 2020 年末，中银富登村镇银行在全国 22 个省份共控股 124 家村镇银行，下设 176 家支行，是国内机构数量最多的村镇银行集团。中银富登村镇银行已成为服务于县域小微企业、个体工商户、工薪阶层和农村客户的普惠金融实践典范。

2017~2020 年，中银富登村镇银行凭借自身优势继续在市场上"跑马圈地"。2017 年 4 月，中国银行成功收购国家开发银行持有的 15 家村镇银行股权并将其全部归为中银富登旗下；2018 年 6 月，中银富登顺利接盘建设银行转让的 27 家村镇银行，进一步扩展村镇银行版图。2017 年之前，中国银行在山东省共设立了 12 家村镇银行，成为在山东分布最多的系列村镇银行（见表1）。完成股权收购后，截至 2020 年末，中银富登在山东设立的村镇银行扩展至 18 家，其中，包括原建设银行在山东组建的 5 家村镇银行和国家开发银行在山东组建的 1 家村镇银行（见表 2）。

表1 中国银行在山东省内发起设立的村镇银行

主发起行	村镇银行名称	成立时间
中国银行	曹县中银富登村镇银行	2011 年 3 月 30 日
	沂水中银富登村镇银行	2011 年 4 月 19 日
	青州中银富登村镇银行	2011 年 6 月 9 日
	临邑中银富登村镇银行	2011 年 6 月 16 日
	嘉祥中银富登村镇银行	2012 年 1 月 4 日
	单县中银富登村镇银行	2012 年 1 月 10 日
	曲阜中银富登村镇银行	2013 年 2 月 20 日
	五莲中银富登村镇银行	2013 年 2 月 26 日
	栖霞中银富登村镇银行	2013 年 8 月 12 日

续表

主发起行	村镇银行名称	成立时间
中国银行	巨野中银富登村镇银行	2013年8月16日
	东明中银富登村镇银行	2013年8月16日
	汶上中银富登村镇银行	2013年11月15日

资料来源：中国银保监会山东监管局、山东省亚太资本市场研究院。

表2 中银富登在山东省内通过股权收购的村镇银行

原发起行名称	原村镇银行名称	村镇银行名称	批准更名时间
中国建设银行	滕州建信村镇银行	滕州中银富登村镇银行	2019年1月11日
	招远建信村镇银行	招远中银富登村镇银行	2019年2月20日
	邹城建信村镇银行	邹城中银富登村镇银行	2019年1月16日
	文登建信村镇银行	文登中银富登村镇银行	2019年1月25日
	诸城建信村镇银行	诸城中银富登村镇银行	2019年1月25日
国家开发银行	龙口中银富登南山村镇银行	龙口中银富登南山村镇银行	2017年12月4日

资料来源：中国银保监会山东监管局、山东省亚太资本市场研究院。

（四）村镇银行变更情况

1. 修改公司章程

2018年8月，为进一步扩大银行业对外开放，取消中资银行和金融资产管理公司外资持股比例限制，实施内、外资一致的股权投资比例规则，中国银保监会发布修订后的《中国银保监会中资商业银行行政许可事项实施办法》《中国银保监会农村中小金融机构行政许可事项实施办法》《中国银保监会非银行金融机构行政许可事项实施办法》。根据上述规定，各商业银行在法定程序下展开公司章程的修改工作。2019年，中国银保监会山东监管局及地方分局审批通过了61起关于村镇银行修改公司章程的行政许可，2020年有23家村镇银行公司章程做了修改（见表3）。村镇银行按照《中华人民共和国公司法》《中华人民共和国商业银行法》《商业银行股权管理暂行办法》《村镇银行监管评级内部指引》等法律法规和监管制度，对章程内容进行梳理优化、补充完善。修订后的章程有利于大力推进普惠金融、绿色金融，加大对实体经济、民营经济、中小微企业、个体工商户的支持力度。同时，村镇银行在章程中还增加了加强党的领导和建设的相关内容，以规章制度来推动落实好党组织把方向、管大局、促落实的核心作用。

表3　山东省村镇银行章程修改统计（2020年）

审批机构	批准日期	审批对象
东营银保监分局	2020年1月20日	广饶梁邹村镇银行
	2020年7月7日	垦利乐安村镇银行
菏泽银保监分局	2020年12月17日	鄄城牡丹村镇银行
	2020年12月17日	成武汉源村镇银行
济宁银保监分局	2020年8月21日	济宁儒商村镇银行
莱芜银保监分局	2020年8月11日	莱芜中成村镇银行
	2020年12月3日	莱芜珠江村镇银行
临沂银保监分局	2020年4月23日	临沭民丰村镇银行
	2020年6月18日	莒南村镇银行
	2020年8月17日	费县梁邹村镇银行
	2020年11月3日	兰陵村镇银行
日照银保监分局	2020年9月10日	日照沪农商村镇银行
泰安银保监分局	2020年6月22日	泰安沪农商村镇银行
	2020年6月22日	宁阳沪农商村镇银行
	2020年8月14日	东平沪农商村镇银行
潍坊银保监分局	2020年3月31日	安丘北海村镇银行
	2020年3月31日	昌邑北海村镇银行
	2020年4月1日	潍坊市潍城区北海村镇银行
	2020年4月1日	高密惠民村镇银行
潍坊银保监分局	2020年3月31日	昌乐乐安村镇银行
	2020年4月1日	潍坊市奎文区中成村镇银行
烟台银保监分局	2020年1月7日	牟平胶东村镇银行
	2020年1月7日	莱州珠江村镇银行

资料来源：中国银保监会山东监管局、山东省亚太资本市场研究院。

2. 新设分支机构

物理网点布局是银行市场营销的重中之重，利用网点的服务能力和辐射能力，可有效提高经营业绩。2019年，山东省共有28家村镇银行新设35

家分支机构，新设数量比2018年减少1家。从16个城市来看，烟台市新设8家村镇银行分支机构，其中仅莱山齐丰村镇银行就增设了3家分支机构；淄博市新增6家分支机构，其中临淄汇金村镇银行新设2家；德州、临沂两市均新增4家分支机构，余下地市新增数量相对较少。从新设数量来看，莱山齐丰村镇银行新增3家分支机构，成为2019年全省新设数量最多的村镇银行，东营莱商村镇银行、临淄汇金村镇银行、禹城胶东村镇银行等均新设了2家分支机构，剩余22家村镇银行均新增1家分支机构。

2020年，山东村镇银行共有43家分支机构被批准开业（见表4），其中，济宁银保监分局、德州银保监分局和滨州银保监分局批准开业数量居前，分别为7家、6家和5家。肥城民丰村镇银行、惠民舜丰村镇银行、金乡蓝海村镇银行等7家村镇银行均新开业2家分支机构。

表4 山东村镇银行新设分支机构开业情况（2020年）

序号	批准日期	银行名称	支行机构名称
1	2020年1月2日	滕州中银富登村镇银行	洪绪支行
2	2020年1月8日	新泰齐丰村镇银行	东城田园支行
3	2020年2月19日	邹城中银富登村镇银行	香城支行
4	2020年2月21日	莘县青隆村镇银行	董杜庄支行
5	2020年2月21日	高唐青隆村镇银行	梁村支行
6	2020年3月11日	齐河胶东村镇银行	焦庙支行
7	2020年3月12日	商河汇金村镇银行	玉皇庙支行
8	2020年3月12日	章丘齐鲁村镇银行	大学城支行
9	2020年3月24日	烟台福山珠江村镇银行	门楼支行
10	2020年4月3日	潍城区北海村镇银行	乐埠山支行
11	2020年4月13日	微山北海村镇银行	韩庄小微支行
12	2020年4月21日	莱州珠江村镇银行	朱桥支行
13	2020年6月1日	曲阜中银富登村镇银行	陵城支行
14	2020年6月1日	梁山民丰村镇银行	金泊园支行
15	2020年6月18日	沂南蓝海村镇银行	青驼支行
16	2020年6月18日	肥城民丰村镇银行	桃园支行
17	2020年6月18日	肥城民丰村镇银行	东城支行
18	2020年7月6日	高青汇金村镇银行	黑里寨支行
19	2020年7月16日	金乡蓝海村镇银行	霄云支行
20	2020年8月17日	武城圆融村镇银行	郝王庄支行

续表

序号	批准日期	银行名称	支行机构名称
21	2020年8月18日	平阴蓝海村镇银行	锦东支行
22	2020年8月19日	平原圆融村镇银行	开发区支行
23	2020年8月19日	陵城圆融村镇银行	前孙支行
24	2020年8月19日	武城圆融村镇银行	广运街支行
25	2020年8月19日	陵城圆融村镇银行	名馨花苑支行
26	2020年10月10日	阳信河海村镇银行	温店支行
27	2020年10月10日	博兴新华村镇银行	陈户支行
28	2020年10月30日	沂南蓝海村镇银行	铜井支行
29	2020年11月4日	滨州河海村镇银行	青田支行
30	2020年11月12日	临沭民丰村镇银行	郑山支行
31	2020年11月18日	沂水中银富登村镇银行	许家湖支行
32	2020年11月19日	历城圆融村镇银行	唐王支行
33	2020年11月24日	寿光张农商村镇银行	稻田支行
34	2020年12月8日	潍城区北海村镇银行	于河支行
35	2020年12月11日	垦利乐安村镇银行	开发区支行
36	2020年12月16日	惠民舜丰村镇银行	胡集支行
37	2020年12月16日	惠民舜丰村镇银行	姜楼支行
38	2020年12月16日	桓台青隆村镇银行	起凤支行
39	2020年12月16日	沂源博商村镇银行	鱼台支行
40	2020年12月18日	淄川北海村镇银行	峨庄支行
41	2020年12月25日	利津舜丰村镇银行	明集支行
42	2020年12月30日	济宁儒商村镇银行	阜桥支行
43	2020年12月30日	金乡蓝海村镇银行	金乡支行

资料来源：中国银保监会山东监管局、山东省亚太资本市场研究院。

3. 股权及股东变更

根据中国银保监会山东监管局数据，2019年全省共有15家村镇银行发生变更股东股权或股东，数量为23起。从变更方式来看，主要分为股权转让、股权变更、股东变更、增资扩股等方式。其中，增资扩股及由其引发的股权变更成为主要变更方式。上海农商银行在山东共组建10家村镇银行，2019年对其在省内的茌平沪农商村镇银行、宁阳沪农商村镇银行等6家机构进行增资扩股，其中，对茌平沪农商村镇银行增资7485.95万元，茌平沪农商村镇银行成为 6 家村镇银行中增资最多的一家；对泰安沪农商村镇银行增资扩股 3132.58 万股，持股比例增加 81.46%，泰安沪农商村镇银行成为被控股比例最高的一家。2019 年，济宁儒商村镇银行在原股本基础上增扩 30%，共 6300.50 万股，增资 1.16 亿元，成为全省增资最多的村镇银行。海阳珠江村镇银行和日照蓝海村镇银行发生 2 起股东转让股权事项，成为全年股东变更较频繁的村镇银行。此外，参与村镇银行股权变更的社会资本主要有茌平沪农商村镇银行、威海富民村镇银行、定陶河海村镇银行、日照蓝海村镇银行、海阳珠江村镇银行、蓬莱民生村镇银行等。

2020 年山东共有 18 家村镇银行发生股东或股权变更，数量为 20 起。其中，股东股份变更和股权变更各 10 起。从各城市来看，潍坊银保监分局审批了 5 家村镇银行 6 起股东股份变更事项，中国银保监会山东监管局审批了 4 家村镇银行的股权变更事项。从股份转让数量来看，东营融和村镇银行股东股份转让数量在 18 家村镇银行中居多，转让股份高达 2700 万股。此外，德州陵城圆融村镇银行和昌乐乐安村镇银行全年各自发生 2 起股东股份变更事项（见表 5）。

表 5　山东省村镇银行股权及股东股份变更情况（2020 年）

变更事项	批准日期	村镇银行名称	主要内容
增资扩股	2020 年 4 月 21 日	临沂河东齐商村镇银行	增资扩股额度为 10000 万股,每股面值人民币 1 元,发行价格 1.71 元
股东股份变更	2020 年 2 月 25 日	平邑汉源村镇银行	江苏邳州农村商业股份有限公司增持 500 万股,增持后股金余额 5600 万股,持股比例 56%
	2020 年 4 月 13 日	德州陵城圆融村镇银行	德州广鑫钢结构有限公司受让山东德通轨道设备有限公司 300 万股股权,受让后,前者持有股权 300 万股,持股比例 7.5%
	2020 年 4 月 17 日	庆云乐安村镇银行	山东银盾金属制品有限公司受让中澳控股集团有限公司 450 万股股权,受让后,前者持有股权 450 万股,持股比例 9%
	2020 年 6 月 4 日	昌乐乐安村镇银行	山东昊丰投资有限公司受让山东梦金园珠宝首饰有限公司 980 万股股权,受让后,前者持股比例 9.8%

续表

变更事项	批准日期	村镇银行名称	主要内容
股东股份变更	2020年6月12日	昌邑北海村镇银行	昌邑金丝达绿化苗木有限公司将500万股转让给昌邑市荣源印染有限公司,转让后后者持股比例为10%
	2020年7月16日	寿光张农商村镇银行	山东寿光金鑫投资发展控股集团有限公司持有1200万股股权,持股比例为8%
	2020年9月16日	平原圆融村镇银行	德州京信药业有限公司受让山东中抗药业有限公司300万股股权,受让后,前者持有股权300万股,持股比例7.5%
	2020年11月9日	昌乐乐安村镇银行	山东鹏洲塑业有限公司受让自然人刘建亮司法拍得的山东含羞草卫生科技股份有限公司持有800万股股权。受让后,山东鹏洲塑业持有股份800万股,持股比例8%
	2020年11月27日	安丘北海村镇银行	王聪聪受让潍坊市通用机械有限责任公司持有的300万股股权,持股比例5%
	2020年12月25日	潍坊市奎文区中成村镇银行	山东永裕医药有限公司受让山东百事德实业有限公司持有的1200万股股权,持股比例6%;山东万禾医药科技开发有限公司受让潍坊金宝利经贸有限公司持有的1200万股股权,持股比例6%
股权变更	2020年8月27日	邹平青隆村镇银行	邹平县鑫利源铸造有限公司持有的1103.43万股全部转让给山东鲁豫阀门有限公司。变更后,后者持有1103.43万股,持股比例8.55%
	2020年7月7日	高唐青隆村镇银行	山东传银自动化科技有限公司受让高唐县捷佳运输有限公司500万股,受让后,后者持股比例6.25%
	2020年8月21日	济宁蓝海村镇银行	济宁市永瑞装饰装修工程有限公司承接济宁圣达橡胶有限公司500万股股权,承接后持有5%的股权
	2020年9月8日	郯城汉源村镇银行	徐州宏达航运有限公司将持有的500万股全额转让给江苏邳州农村商业银行股份有限公司,转让后,后者持股比例61%
	2020年10月27日	莘县青隆村镇银行	山东春草牧业有限公司受让山东远大锅炉配件制造有限公司所持有的720万股股权,持股比例9%

077

续表

变更事项	批准日期	村镇银行名称	主要内容
股权变更	2020年11月19日	东营融和村镇银行	山东金达源集团有限公司、东营富若达物资经贸有限责任公司、东营海然商贸有限公司分别将持有的股份1210万股、940万股、550万股转让给江门农村商业银行股份有限公司,转让后,后者持股比例59.5%
	2020年11月23日	德州陵城圆融村镇银行	德州普利森机床有限公司将持有的400万股转让给德州华晨实业有限公司,转让后,后者持股比例10%
	2020年11月23日	乐陵圆融村镇银行	乐陵市福思特管业制造有限公司将持有的500万股股权转让给银鹤机械(山东)股份有限公司,转让后,后者持股比例10%
	2020年12月17日	菏泽牡丹北海村镇银行	菏泽花王高压容器有限公司将300万股权转让给菏泽花王控股有限公司,转让后,后者持股比例6%
	2020年12月30日	利津舜丰村镇银行	东营兴通物流有限公司入股500万股,入股后该公司总计持有500万股股份,持股比例5.26%

资料来源：中国银保监会山东监管局、山东省亚太资本市场研究院。

4. 注册资本变更

村镇银行为了满足监管标准、扩大业务规模和抵御市场风险,会适度增加资本金。2019年,全省村镇银行注册资本发生变更的共有11家,比2018年增加4家。由上海农商银行在山东发起设立的村镇银行中有6家注册资本实现了提升,其中,泰安沪农商村镇银行注册资本增至1.32亿元,成为6家村镇银行中注册资本最高的一家。济宁高新村镇银行和济宁儒商村镇银行都是通过募集股本的方式提高资本金。茌平沪农商村镇银行注册资本由5000万元变更为12485.95万元,增幅149.72%,成为2019年山东村镇银行注册资本增幅最大的村镇银行。而邹平青隆村镇银行注册资本由16827.72万元变更为12900.11万元,减少3927.61万元,下降23.34%,成为全年唯一降低注册资本的村镇银行。此外,尽管注册资本实现了提升,日照沪农商村镇银行、宁阳沪农商村镇银行和阳谷沪农商村镇银行注册资本依然不足亿元。

2020年山东有6家村镇银行注册资本发生变更,其中,临沂河东齐商村镇银行通过两次变更资本,由变更前的3.12亿元增至变更后的4.12亿元,成为注册资本增资最多的一家村镇银行(见表6)。截至2020年末,山东全省村镇银行注册资本最高的依然是东营莱商村镇银行,达5.8亿元,同时它也是全省分支机构最多的村镇银行。

表6 山东省村镇银行注册资本变更情况(2020年)

审批日期	村镇银行名称	注册资本变更
2020年2月25日	临沂河东齐商村镇银行	由30000万元变更为31200万元
2020年2月25日	蒙阴齐丰村镇银行	由5000万元变更为5500万元
2020年4月29日	冠县齐丰村镇银行	由5000万元变更为人民币5230万元
2020年6月23日	临沂河东齐商村镇银行	由31200万元变更为41200万元
2020年7月16日	济宁儒商村镇银行	由25842万元通过利润分配转增股本变更为28152万元
2020年11月4日	寿光张农商村镇银行	由10000万元变更为人民币15000万元
2020年11月4日	高密惠民村镇银行	由10694万元变更为11229万元

资料来源:中国银保监会山东监管局、山东省亚太资本市场研究院。

三 村镇银行经营分析

(一)财务数据获取

浦发银行(600000.SH)、民生银行(600016.SH)、交通银行(601328.SH)、中国银行(601881.SH)、沪农商行(601825.SH)、九江银行(06190.HK)、广州农商银行(01551.HK)等上市银行年报中披露了其发起设立的村镇银行经营数据,上市银行基本公布了旗下村镇银行数量、总资产,而营业收入、净利润、净资产等指标披露较少(见表7)。鉴于此,在分析山东村镇银行经营数据时，我们采用了青农商行（002958.SZ）和齐鲁银行（601665.SH）披露的村镇银行数据作为分析样本。

表7 上市银行披露的旗下村镇银行资产及赢利情况（2020年）

银行名称	组建村镇银行数量（家）	总资产（亿元）	净资产（亿元）	营业收入（亿元）	净利润（亿元）	ROA(%)	ROE(%)
民生银行	29	377.66	31.33	—	1.39	0.37	4.44
九江银行	18	154.79	—	—	0.75	0.48	—
浦发银行	28	405.00	—	8.82	—	—	—
沪农商行	35	300.53	32.00	—	2.86	0.95	8.94
中国银行	124	759.35	128.51	—	8.50	1.12	6.61
广州农商银行	25	555.24	—	—	—	—	—
交通银行	—	—	—	—	—	—	—

资料来源：上市银行年报、山东省亚太资本市场研究院。

（二）村镇银行经营分析

山东上市银行青农商行（002958.SZ）与齐鲁银行（601665.SH）合计组建村镇银行24家，且均披露了每家村镇银行的财务数据。青农商行（002958.SZ）共组建8家村镇银行，其中2家位于省外；齐鲁银行（601665.SH）共组建16家，其中15家位于省外，齐鲁银行（601665.SH）还获得"全国村镇银行主发起银行十大优秀单位"称号①。为了更好地分析村镇银行经营情况，报告不再分省内外，采用全部的24家作为分析样本。

1. 总资产和净资产

截至2020年末，青农商行（002958.SZ）与齐鲁银行（601665.SH）旗下的24家村镇银行总资产合计171.42亿元，平均每家村镇银行总资产为7.14亿元。青农商行（002958.SZ）旗下8家村镇银行总资产合计78.28亿元，同比增长35.83%，平均每家总资产为9.79亿元，其中深圳罗湖蓝海

① https://mp.weixin.qq.com/s/anj7_T2D8JcxzvXT_OYyiw。

村镇银行总资产居 8 家村镇银行之首，达 22.06 亿元，占 8 家村镇银行的 28.18%。齐鲁银行（601665.SH）旗下 16 家村镇银行总资产合计 93.14 亿元[1]，平均每家总资产为 5.82 亿元，其中章丘齐鲁村镇银行总资产为 36.49 亿元，居 16 家村镇银行首位，占 16 家村镇银行的 39.18%。与全国村镇银行相比[2]，两家银行旗下村镇银行数量占比为 1.47%，总资产占比为 0.82%，可见，这 24 家村镇银行平均总资产低于全国（12.84 亿元）的水平（见图 7）。

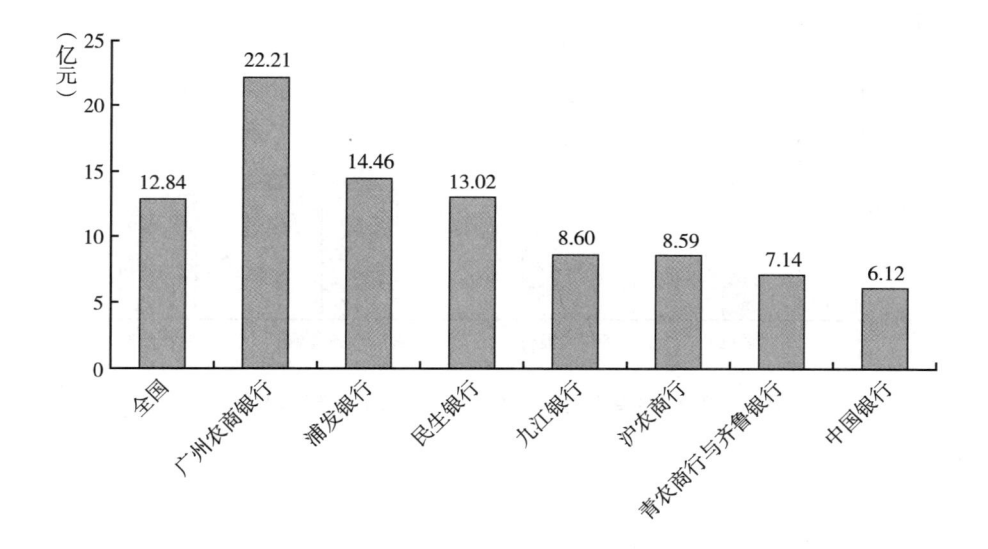

图 7　全国村镇银行与部分上市银行旗下村镇银行平均总资产（2020 年）

资料来源：上市银行年报、山东省亚太资本市场研究院。

2020 年末，青农商行（002958.SZ）与齐鲁银行（601665.SH）旗下的 24 家村镇银行净资产合计 22.94 亿元，平均每家村镇银行净资产为 0.96 亿元。其中，青农商行（002958.SZ）旗下 8 家村镇银行净资产合计 12.36 亿

---

[1] 齐鲁银行（601665.SH）于 2021 年 6 月登陆 A 股市场，其 2020 年之前年报有关村镇银行数据披露有限，不能获取增长情况。

[2] 全国村镇银行数据，https://www.sohu.com/a/481337457_121195466。

元，同比增长1.63%，平均每家净资产1.55亿元；齐鲁银行（601665.SH）旗下16家村镇银行净资产合计10.58亿元，平均每家村镇银行净资产0.66亿元。在与民生银行（600016.SH）、沪农商行（601825.SH）、中国银行（601881.SH）旗下村镇银行平均净资产对比中，山东这24家村镇银行平均净资产为0.96亿元，高于沪农商行（601825.SH）旗下村镇银行（0.91亿元）（见图8）。

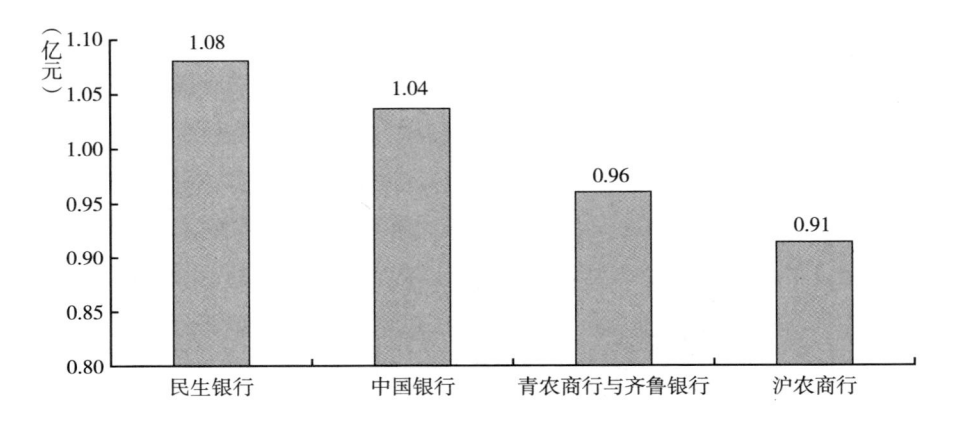

图8 部分上市银行旗下村镇银行平均净资产（2020年）

资料来源：上市银行年报、山东省亚太资本市场研究院。

2. 营业收入和净利润

2020年，青农商行（002958.SZ）与齐鲁银行（601665.SH）旗下的24家村镇银行共计实现营业收入5.64亿元，平均每家村镇银行营业收入为0.24亿元。青农商行（002958.SZ）旗下8家村镇银行实现营业收入2.18亿元，同比增长7.03%，平均每家净资产为0.27亿元，其中深圳罗湖蓝海村镇银行实现营业收入5198.90万元，居8家村镇银行首位，占比23.85%。齐鲁银行（601665.SH）旗下16家村镇银行实现营业收入3.46亿元，平均每家村镇银行营业收入为0.22亿元，其中章丘齐鲁村镇银行实现营业收入9716.02万元，居16家村镇银行之首，占比28.08%。青农商行（002958.52）和齐鲁银行（601665.SH）旗下24家村镇银行平均营业收入为0.24亿元，低于浦发银行（600000.SH）旗下村镇银行（0.32亿元）。

2020年，青农商行（002958.SZ）与齐鲁银行（601665.SH）旗下的24家村镇银行合计实现净利润1.49亿元，平均每家村镇银行净利润为620.83万元。青农商行（002958.SZ）旗下8家村镇银行实现净利润0.39亿元，同比增长13.27%，增速高于营业收入，平均每家净利润为487.5万元，与营业收入不同的是，旗下金乡蓝海村镇银行在8家村镇银行中实现净利润最多，达1288.10万元，占8家村镇银行净利润之和的33.03%。齐鲁银行（601665.SH）旗下16家村镇银行实现净利润1.10亿元，平均每家村镇银行净利润为687.5万元，旗下章丘齐鲁村镇银行实现净利润最多，达3162.30万元，占比28.75%。在与民生银行（600016.SH）、九江银行（06190.HK）、沪农商行（601825.SH）、中国银行（601881.SH）旗下村镇银行平均净利润对比中，青农商行（002958.52）与齐鲁银行（601665.SH）旗下24家村镇银行平均净利润为620.83万元，高于民生银行（600016.SH）旗下村镇银行和九江银行（06190.HK）旗下村镇银行平均净利润（见图9）。

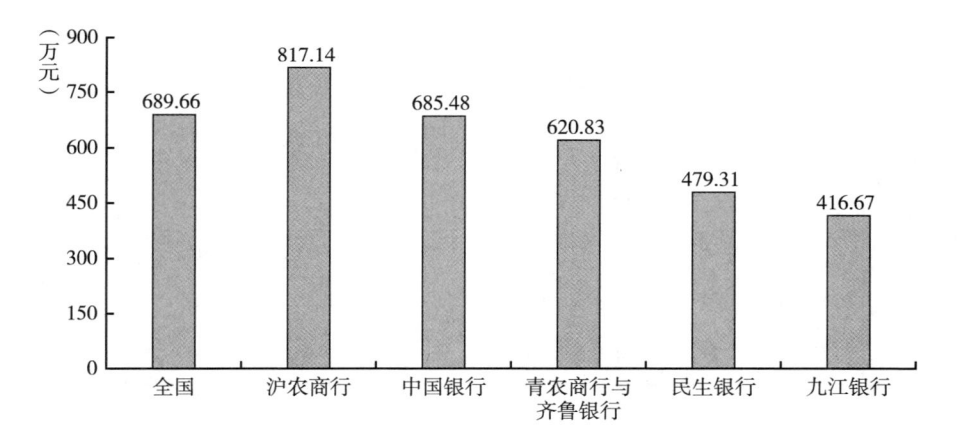

图9 全国村镇银行与部分上市银行旗下村镇银行平均净利润（2020年）

资料来源：上市银行年报、山东省亚太资本市场研究院。

3. ROA 和 ROE

2020年，青农商行（002958.SZ）与齐鲁银行（601665.SH）旗下的24

家村镇银行ROA（总资产收益率）为0.87%。其中，青农商行（002958.SZ）旗下8家村镇银行ROA为0.50%，齐鲁银行（601665.SH）旗下16家村镇银行ROA为1.18%。与其他几家上市银行旗下村镇银行ROA相比，山东这24家村镇银行ROA处于中间位置（见图10）。

ROE方面，2020年山东这24家村镇银行ROE（净资产收益率）为6.51%，接近中国银行（601881.SH）旗下124家村镇银行ROE（6.61%）（见图10）。其中，青农商行（002958.SZ）旗下8家村镇银行ROE为3.16%，齐鲁银行（601665.SH）旗下16家村镇银行ROE为10.40%。可见，齐鲁银行（601665.SH）旗下村镇银行投资回报率远高于青农商行（002958.SZ）旗下村镇银行。金乡蓝海村镇银行在青农商行（002958.SZ）8家村镇银行中ROA、ROE均优于其他银行，ROA为1.01%，ROE为10.24%。成安齐鲁村镇银行在齐鲁银行（601665.SH）16家村镇银行中ROA、ROE均优于其他村镇银行，其值分别为2.55%、23.30%（见表8）。

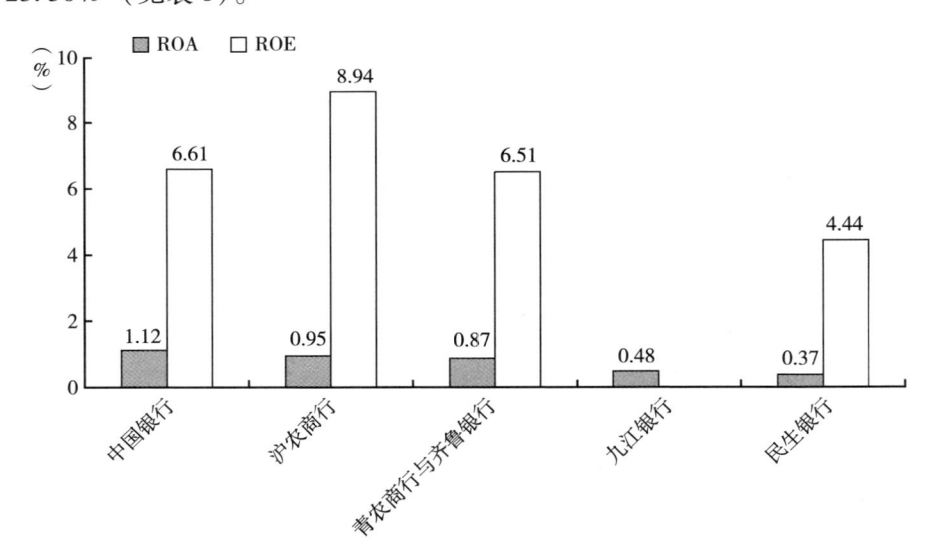

图10 部分上市银行旗下村镇银行ROA和ROE（2020年）

资料来源：上市银行年报、山东省亚太资本市场研究院。

表8 青农商行与齐鲁银行旗下村镇银行财务指标（2020年）

单位：万元，%

上市银行	村镇银行名称	总资产	净资产	营业收入	净利润	ROA	ROE
青农商行	日照蓝海村镇银行	34350.60	8668.40	1174.10	79.20	0.23	0.91
	罗湖蓝海村镇银行	220555.20	54456.00	5198.90	1196.90	0.54	2.20
	德兴蓝海村镇银行	93725.10	9773.10	2881.00	474.40	0.51	4.85
	济宁蓝海村镇银行	73397.30	9330.20	2377.80	57.70	0.08	0.62
	弋阳蓝海村镇银行	72823.50	8798.40	2084.60	222.80	0.31	2.53
	金乡蓝海村镇银行	127864.70	12579.40	4400.90	1288.10	1.01	10.24
	沂南蓝海村镇银行	82946.50	10492.80	2216.00	234.60	0.28	2.24
	平阴蓝海村镇银行	77174.40	9505.00	1508.30	352.90	0.46	3.71
齐鲁银行	章丘齐鲁村镇银行	364929.24	24025.01	9716.02	3162.30	0.87	13.16
	济源齐鲁村镇银行	106047.94	16234.59	4680.02	1369.89	1.29	8.44
	登封齐鲁村镇银行	35751.96	6130.95	1655.49	896.17	2.51	14.62
	兰考齐鲁村镇银行	35550.17	4825.25	1852.84	443.40	1.25	9.19
	伊川齐鲁村镇银行	62742.21	7900.46	3296.50	1071.00	1.71	13.56
齐鲁银行	渑池齐鲁村镇银行	23781.56	3948.90	1052.78	271.90	1.14	6.89
	永城齐鲁村镇银行	50043.12	8353.25	2022.09	410.65	0.82	4.92
	温县齐鲁村镇银行	41418.68	3787.16	1522.71	384.37	0.93	10.15
	辛集齐鲁村镇银行	26820.73	3964.18	912.81	250.37	0.93	6.32
	永年齐鲁村镇银行	34139.53	3557.48	1715.33	679.91	1.99	19.11
	磁县齐鲁村镇银行	16675.43	2001.35	678.48	122.73	0.74	6.13
	栾城齐鲁村镇银行	35534.81	5274.78	1566.79	520.87	1.47	9.87
	邯山齐鲁村镇银行	20263.82	3148.59	827.39	178.96	0.88	5.68
	魏县齐鲁村镇银行	29016.17	4466.64	1511.69	537.26	1.85	12.03
	涉县齐鲁村镇银行	21955.84	5265.17	700.76	55.17	0.25	1.05
	成安齐鲁村镇银行	26727.74	2925.84	880.22	681.74	2.55	23.30

资料来源：青农商行和齐鲁银行年报、山东省亚太资本市场研究院。

通过对比发现，青农商行（002958.SZ）与齐鲁银行（601665.SH）旗下村镇银行与村镇银行中的优秀代表中银富登村镇银行相比，在营业收入和回报率方面存在差距,应该加强交流,学习中银富登村镇银行先进管理经营经验,同时以打造乡村振兴齐鲁样板为契机,总结旗下优秀村镇银行网点管理经验,深耕山东金融市场,为省内县域小微企业、个体工商户、工薪阶层和农村客户提供现代金融服务,助推美丽乡村建设。同时,还要重视产品和服务创新,为客户量身定制产品,给客户提供更为优质的服务;聘请当地对农村和社区感情深厚的员工,深入了解农村和社区需求,结合青农商行(002958.SZ)和齐鲁银行(601665.SH)产品设计、服务水平和风险管理能力,助力当地农村和社区经济发展,体现共同成长的核心价值。

四 村镇银行发展困境

(一)政策宣传不到位

村镇银行是中国银保险会批准的正规金融机构,但是,成立时间较晚、地处乡镇、网点数量少等导致其在公众中的社会公信力不高,因此需要加强正面宣传。另外,监管部门也应该在合适的时机合理地宣传村镇银行的性质及设立的目的,加强金融监管,消除公众对村镇银行的疑虑,维护金融市场公平公正,促进村镇银行稳健经营和可持续发展。

(二)内控管理不足

村镇银行是由主发起行和民间资本共同组成的,服务对象主要是农户和中小微企业,这些特点决定了村镇银行与商业银行相比在内部控制方面具有一定的特殊性。由于村镇银行内控制度建设相对滞后,执行时容易引发有效性不足的问题,从而诱发管理风险,主要表现在以下三个方面。

一是内部审计不健全。首先,村镇银行普遍缺乏独立的内审部门,这就造成内部审计缺乏独立性,此为表现之一。其次,缺乏专业的内审人员,由于村镇银行大都地处偏远地区，通常缺乏专业的审计人才，导致内审能力不足。最后，审计结果整改不到位。村镇银行存在重检查轻整改倾向，对审计发现的问题整改不彻底。整改往往局限于个性问题，而不能从机制层面和管理漏洞上进行完善，导致类似问题屡禁不止。

二是内控措施不完善。一方面，风险管理手段落后。信贷风险是村镇银行面临的主要风险，而对风险的识别、评估主要依赖于员工的从业经验，缺乏相应的数据分析和定量分析做支撑。在贷后监管中不能对贷款资金的流向、应用、变化等进行实时监控。另一方面，信息反馈渠道不畅。由于内部管理和软硬件的使用问题，在经营过程中出现的重大事项、审计报告及内控缺陷等信息不能及时、全面地反馈给高层管理人员，最终导致无法满足管理层的决策需求和风险防控需求。

三是重经营轻管理，内控环境不理想。首先，合规意识薄弱。村镇银行是自主经营、自负盈亏的主体，中高层管理人员往往以经营业务为主，对内控管理重视程度不足。加之对风控培养不能持续深入，基层经办人员在业务操作过程中制度观念和合规意识较淡薄，对违规操作和风险隐患认识不足，整体呈现重习惯轻制度的问题。其次，约束机制不健全。绩效考核指标往往以业绩为主导，不能充分涵盖合规指标，导致内控管理职能和审计监督职能不能有效发挥。

（三）缺乏吸存能力

村镇银行的"支农支小"战略定位决定了其主要是为农户、个体工商户和中小微企业提供金融服务，其业务类型主要是传统的存款和贷款，且业务不得跨出所在的注册县域，这些特点使得村镇银行在开展业务时受到限制。与其他商业银行相比，村镇银行成立时间较短，缺乏广泛的社会认可度。另外，许多地方政策规定村镇银行不得参与政府项目招标，政府财政对公账户不得开立于村镇银行等，因此，村镇银行在市场竞争中遇到了不公平。但是，如果政府财政对公账户可以在村镇银行开立，能在无形中起到宣传作用，可大大提高村镇银行公信力。业务单一且多重合也是制约村镇银行

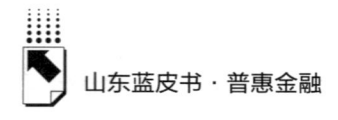

吸储能力提升的因素之一，而且在涉农贷款中规定了单户贷款金额和户均金额，在激烈的金融市场竞争中，这无疑增大了村镇银行的压力。

（四）金融科技冲击力较大

当前，以云计算、大数据、区块链、人工智能以及移动互联为引领的新技术，给金融市场以及金融服务供给业务带来了重大影响。科技和金融的深度融合使得金融科技逐渐成为金融发展的制高点，金融科技在传统金融行业的各个领域积极布局，已成为新的风口。人工智能、大数据等技术可帮助传统金融行业节省人力成本，减少员工重复劳动。同时，移动互联网及智能手机的普及，可以让更多的人尤其是贫困人口以更低的成本更为便捷地获得金融服务，这就极大地提高了银行业普惠金融服务能力。2019年8月，中国人民银行发布《金融科技（FinTech）发展规划（2019—2021年）》，指出金融科技是技术驱动的金融创新，金融业应秉持"守正创新、安全可控、普惠民生、开放共赢"的基本原则，充分发挥金融科技赋能作用，推动我国金融业高质量发展。可见，金融科技的发展正推动我国金融业进入一个全新时代。

在金融科技大发展背景下，招商银行、中国建设银行等各大银行纷纷借助移动互联网和智能手机，发展线上金融服务，让客户可以随时办理包括转账、支付、购买理财产品、贷款等诸多金融业务，从而使银行服务嵌入客户生活的方方面面。同时，数字乡村的建设，也将彻底改变农村基础设施条件，极大地提高农村人群运用现代科技的技能。可以看出，各大商业银行凭借信息技术优势不断扩大农村金融市场，也压缩了村镇银行的生存空间。此外，村镇银行还受到京东、腾讯、阿里巴巴等科技公司的影响，例如，京东金融开发的京农贷及乡村白条等产品，影响县域1000余个、村镇30余万个。由于村镇银行规模普遍较小，在科技和创新方面投入不足，多数依然处于柜台、ATM、网银服务时代，对客户尤其是一些年轻客户的吸引力不足。在金融科技不断发展的形势下，村镇银行的农村金融业务愈发难以为继。

五　村镇银行发展建议

（一）增强公信力

村镇银行要提高公众的认知度，增强公信力，应该从以下几点做起。首先，给予村镇银行正规金融机构的身份认定。2018年2月，中国银监会对外公布了我国银行业金融机构法人名单，这也是首次给予村镇银行正规金融机构的身份。至此，村镇银行成为银行业的"正规军"。其次，给予平等市场主体地位，将村镇银行列入财政专户准入名单。各地应该在加强对村镇银行监管的同时，出台在村镇银行开立财政专户的政策，增强村镇银行公信力。最后，监管部门应加大宣传力度，通过电视、网络、报纸、杂志、社区活动等形式合理宣传，使村镇银行获得公众认可，提高市场竞争能力。

（二）加强风险管控和培育合规文化

村镇银行应该加强合规经营，确保各项监管指标符合要求，特别是要做好流动性风险、信用风险和操作风险的识别、计量、监测与控制，将各个环节的风险控制在能够承受的程度之内。以内控制度执行力建设为支撑，夯实管理基础。一是强化内控制度建设。针对各类业务活动和管理活动制定系统、规范的内控制度，使事前、事中、事后管理及业务活动均按制度执行。二是强化流程控制。通过业务操作系统、管理信息系统与内部控制流程的有效结合，确保所有操作流程均被严格执行。三是强化责任追究。在制度层面明确各部门、各岗位的工作职责及权限，确保权责明确，责任到人。四是强化人才培养。建立人才培训长效机制，分层次、分重点地开展针对性培训，提升制度执行效果。

村镇银行还要重视并积极培育企业合规文化，管理人员要倡导依法合规经营理念，严格落实合规管理责任，坚持稳健经营理念，规范各项决策管

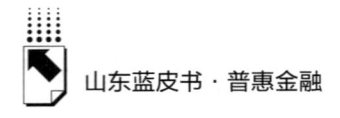

理，加强高管人员监督管理；高度重视员工的行为管理，有效开展员工思想和业务教育，在员工中营造合规守纪氛围，增强员工自我保护意识，加强对员工日常行为的关注和管理，培育良好的企业合规文化。以营造内控环境为依托，助推合规建设。

（三）开发特色金融产品和服务

村镇银行肩负着"支农支小"战略任务，主要服务于县域内的小微企业、个体工商户和"三农"客户，这种地域局限性要求村镇银行必须因地制宜做好产品创新，坚持科技引领，提升服务能力与效率。在创新产品时，村镇银行应根据当地农户、个体工商户的消费、投资等特性，创新符合个体需求的银行产品，满足个体的多种需求。首先，业务品种创新。探索多元化贷款担保模式，推出特色金融产品，如农户小额信用贷款、林权证质押贷款、可循环流动资金贷款等特色农村金融产品。其次，吸储和担保方式创新。构建多渠道支付方式，方便农户和小微企业进行结算往来。最后，政策宣传和执行方式创新。利用宣传普惠金融等活动，扩大村镇银行的社会影响力。同时，加强与客户的沟通和交流，赢得客户的信赖，提升知名度和社会公信力。

（四）借力金融科技

2019年6月，工信部正式向中国移动、中国电信和中国联通三大运营商及中国广电发放5G商用牌照，我国5G商用建设宣告正式启动，未来5G建设将进入加速期。移动网络的普及为智能手机开展互联网业务提供了技术支持，商业银行开展互联网金融业务已成为一种趋势，对村镇银行来说，借助金融科技开展业务和防范风险显得尤为必要。发展金融科技要遵从成本原则，只有村镇银行达到一定的规模之后，产出效应才会明显。目前，村镇银行借力金融科技主要体现在三个方面：首先，借助主发起行的科技支撑，发展线上业务；其次，具有较强实力的村镇银行可以根据自身情况自建系统；最后，在第三方开放性金融科技平台上搭建自己的账户体系，进行线上贷款、创建产品工厂、智能存款等操作。以上三种方式各有利弊，村镇银行可根据自身状况加以选择。

  金融科技的核心是大数据，其次是算法和系统，在依托金融科技时，村镇银行要加强跨界合作，加强与外部第三方机构的沟通、合作，以弥补数据来源不足、数据分析能力弱等短板。2019年6月，中国银行业协会金融科技服务工作组第一次工作会议召开，会议提出了成立村镇银行金融科技发展联盟的初步设想，这也是村镇银行联合起来拥抱金融科技的一种方式。成立金融科技发展联盟后，可以通过搭建互联网消费金融业务平台，帮助联盟内村镇银行开展线上消费金融业务，从获客、风控等方面，解决村镇银行单个获客成本高、科技力量不足、业务区域受限等问题，有效提升村镇银行的金融服务能力，助力其更好地"支农支小"、服务地方实体经济。

附录

山东省村镇银行名单

单位：万元，家

地市	村镇银行名称	主发起行名称	注册资本	网点数量	成立日期
滨州	滨州河海村镇银行	博兴农商银行	12000	2	2016年5月26日
	博兴新华村镇银行	安徽马鞍山农商银行	8000	3	2013年1月16日
	惠民舜丰村镇银行	诸城农商银行	5000	5	2014年9月28日
	无棣中成村镇银行	四川成都农商银行	8000	1	2013年12月27日
	阳信河海村镇银行	博兴农商银行	8000	5	2016年8月22日
	沾化青云村镇银行	安丘农商银行	6000	4	2016年12月1日
	邹平浦发村镇银行	上海浦发银行	15000	5	2010年5月13日
	邹平青隆村镇银行	青州农商银行	12900.11	6	2012年8月29日
德州	德州陵城圆融村镇银行	寿光农商银行	4000	6	2015年6月30日
	乐陵圆融村镇银行	寿光农商银行	5000	5	2015年6月15日
	临邑中银富登村镇银行	中国银行	3000	4	2011年6月16日
	宁津胶东村镇银行	龙口农商银行	5000	5	2013年12月28日
	平原圆融村镇银行	寿光农商银行	4000	5	2015年7月22日
	齐河胶东村镇银行	龙口农商银行	7000	5	2013年12月28日
	庆云乐安村镇银行	广饶农商银行	5000	3	2013年9月18日
	武城圆融村镇银行	寿光农商银行	5000	6	2015年7月22日
	夏津胶东村镇银行	龙口农商银行	5000	6	2013年12月28日
	禹城胶东村镇银行	龙口农商银行	7000	4	2013年12月27日
东营	东营河口中成村镇银行	四川成都农商银行	10000	2	2013年12月9日
	东营莱商村镇银行	莱商银行	58000	37	2010年9月30日
	东营融和村镇银行	广东江门融和农商银行	12100	4	2014年4月29日
	广饶梁邹村镇银行	邹平农商银行	10000	5	2011年7月13日
	垦利乐安村镇银行	广饶农商银行	10000	7	2011年7月7日
	利津舜丰村镇银行	诸城农商银行	5000	6	2014年9月28日
菏泽	曹县中银富登村镇银行	中国银行	4000	6	2011年3月30日
	成武汉源村镇银行	江苏邳州农商银行	5000	4	2014年8月20日
	单县中银富登村镇银行	中国银行	3000	2	2012年1月10日
	定陶河海村镇银行	博兴农商银行	5000	2	2016年11月28日
	东明中银富登村镇银行	中国银行	4000	2	2013年8月16日
	菏泽牡丹北海村镇银行	莱州农商银行	5000	3	2015年11月18日
	巨野中银富登村镇银行	中国银行	4000	4	2013年8月16日

续表

地市	村镇银行名称	主发起行名称	注册资本	网点数量	成立日期
菏泽	鄄城包商村镇银行	内蒙古包商银行	3000	3	2011年4月13日
	郓城北海村镇银行	莱州农商银行	5000	2	2015年11月18日
济南	济南高新北海村镇银行	莱州农商银行	8000	1	2016年4月28日
	济南槐荫沪农商村镇银行	上海农商银行	5000	2	2012年5月11日
	济南历城圆融村镇银行	寿光农商银行	20000	7	2015年8月14日
	济阳北海村镇银行	莱州农商银行	4000	2	2015年11月24日
	平阴蓝海村镇银行	青岛农商银行	10000	4	2016年5月16日
	商河汇金村镇银行	昌邑农商银行	10300	7	2015年7月2日
	章丘齐鲁村镇银行	齐鲁银行	10406	9	2011年9月30日
	长清沪农商村镇银行	上海农商银行	5000	3	2012年5月11日
济宁	济宁高新村镇银行	日照银行	10000	6	2012年4月23日
	济宁蓝海村镇银行	青岛农商银行	10000	2	2016年5月23日
	济宁儒商村镇银行	济宁银行	28152.03	16	2012年9月4日
	嘉祥中银富登村镇银行	中国银行	3000	4	2012年1月4日
	金乡蓝海村镇银行	青岛农商银行	10000	4	2016年5月23日
	梁山民丰村镇银行	江苏民丰农商银行	5000	7	2012年8月17日
	曲阜中银富登村镇银行	中国银行	5000	5	2013年2月20日
	泗水齐丰村镇银行	临淄农商银行	5000	5	2015年8月19日
	微山北海村镇银行	莱州农商银行	5000	4	2016年3月11日
	汶上中银富登村镇银行	中国银行	3000	3	2013年11月15日
	兖州中成村镇银行	四川成都农商银行	10000	1	2013年12月10日
	鱼台青隆村镇银行	青州农商银行	6000	4	2015年5月29日
	邹城中银富登村镇银行	中国银行	10000	2	2012年4月23日
莱芜	莱芜中成村镇银行	四川成都农商银行	8000	2	2013年12月12日
	莱芜珠江村镇银行	广东广州农商银行	6000	8	2011年3月29日
聊城	茌平沪农商村镇银行	上海农商银行	12485.95	2	2012年6月10日
	东阿青隆村镇银行	青州农商银行	6000	4	2015年8月18日
	高唐青隆村镇银行	青州农商银行	8000	4	2015年6月29日
	冠县齐丰村镇银行	临淄农商银行	5230	3	2015年12月11日
	聊城沪农商村镇银行	上海农商银行	5000	2	2012年6月5日
	临清沪农商村镇银行	上海农商银行	5000	3	2012年6月1日
	莘县青隆村镇银行	青州农商银行	8000	5	2015年6月26日
	阳谷沪农商村镇银行	上海农商银行	6977.62	1	2012年6月5日
临沂	费县梁邹村镇银行	邹平农商银行	6000	7	2013年6月21日
	莒南村镇银行	江苏赣榆农商银行	8240	7	2012年5月24日

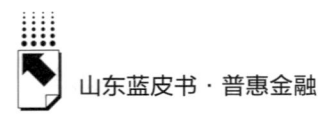

续表

地市	村镇银行名称	主发起行名称	注册资本	网点数量	成立日期
临沂	兰陵村镇银行	寿光农商银行	16000	11	2011年10月9日
	临沭民丰村镇银行	江苏民丰农商银行	5000	6	2011年8月12日
	临沂河东齐商村镇银行	齐商银行	41200	12	2010年12月27日
	蒙阴齐丰村镇银行	临淄农商银行	5500	6	2015年10月30日
	平邑汉源村镇银行	江苏邳州农商银行	10000	4	2014年7月21日
	郯城汉源村镇银行	江苏邳州农商银行	5000	4	2014年6月6日
	沂南蓝海村镇银行	青岛农商银行	10000	4	2016年6月17日
	沂水中银富登村镇银行	中国银行	4000	5	2011年4月19日
青岛	即墨惠民村镇银行	北京农商银行	20000	4	2008年10月14日
	青岛西海岸海汇村镇银行	潍坊市商业银行	10000	11	2008年12月29日
	胶州中成村镇银行	四川成都农商银行	20000	1	2011年12月6日
	莱西元泰村镇银行	宁夏石嘴山银行	5000	5	2010年7月9日
	崂山交银村镇银行	中国交通银行	15000	5	2012年8月16日
	平度惠民村镇银行	吉林九台农商银行	12444.85	9	2010年12月23日
	青岛城阳珠江村镇银行	广东广州农商银行	10000	4	2012年7月25日
	青岛黄岛舜丰村镇银行	诸城农商银行	11400	9	2014年10月21日
日照	莒县金谷村镇银行	内蒙古金谷农商银行	10387.81	7	2010年11月25日
	日照沪农商村镇银行	上海农商银行	9531.47	2	2012年5月28日
	日照九银村镇银行	江西九江银行	5000	8	2011年11月30日
	日照蓝海村镇银行	青岛农商银行	10000	2	2016年1月22日
	五莲中银富登村镇银行	中国银行	4000	4	2013年2月26日
泰安	东平沪农商村镇银行	上海农商银行	10796.97	2	2012年6月6日
	肥城民丰村镇银行	江苏民丰农商银行	5000	7	2011年7月22日
	宁阳沪农商村镇银行	上海农商银行	7676.39	2	2012年6月6日
	泰安沪农商村镇银行	上海农商银行	13216.58	1	2012年8月30日
	新泰齐丰村镇银行	临淄农商银行	8000	6	2015年7月16日
威海	荣成汇丰村镇银行	汇丰银行	10000	2	2011年7月7日
	乳山天骄村镇银行	内蒙古鄂尔多斯农商银行	5000	7	2010年9月13日
	威海富民村镇银行	龙口农商银行	5000	5	2015年3月18日
	文登中银富登村镇银行	中国银行	10000	1	2012年11月30日
潍坊	安丘北海村镇银行	莱州农商银行	6000	3	2016年4月18日
	昌乐乐安村镇银行	广饶农商银行	10000	6	2014年10月31日
	昌邑北海村镇银行	莱州农商银行	5000	2	2016年4月14日
	高密惠民村镇银行	吉林九台农商银行	11228.96	8	2011年5月25日
	临朐聚丰村镇银行	临沂兰山农村合作银行	20120	7	2012年12月25日

续表

地市	村镇银行名称	主发起行名称	注册资本	网点数量	成立日期
潍坊	青州中银富登村镇银行	中国银行	6500	3	2011年6月9日
	寿光张农商村镇银行	江苏张家港农商银行	15000	5	2008年11月11日
	潍坊寒亭蒙银村镇银行	内蒙古银行	10000	6	2011年2月12日
	潍坊奎文中成村镇银行	四川成都农商银行	20000	1	2013年12月31日
	潍坊潍城北海村镇银行	莱州农商银行	8500	5	2016年4月18日
	诸城中银富登村镇银行	中国银行	10000	1	2012年3月15日
烟台	海阳珠江村镇银行	广东广州农商银行	7000	5	2011年12月1日
	莱山齐丰村镇银行	临淄农商银行	8000	6	2015年11月23日
	莱阳胶东村镇银行	龙口农商银行	7000	5	2014年3月4日
	莱州珠江村镇银行	广东广州农商银行	8000	6	2011年11月30日
	龙口中银富登南山村镇银行	中国银行	20000	3	2010年11月3日
	牟平胶东村镇银行	龙口农商银行	7000	6	2014年3月4日
	蓬莱民生村镇银行	民生银行	10000	3	2011年4月28日
	栖霞中银富登村镇银行	中国银行	5000	2	2013年8月12日
	烟台福山珠江村镇银行	广东广州农商银行	10000	4	2012年4月27日
	招远中银富登村镇银行	中国银行	10000	1	2013年4月19日
	芝罘齐丰村镇银行	临淄农商银行	10000	5	2015年10月20日
枣庄	滕州中银富登村镇银行	中国银行	10000	2	2011年12月5日
淄博	高青汇金村镇银行	昌邑农商银行	6000	4	2016年7月11日
	桓台青隆村镇银行	青州农商银行	8000	5	2015年11月19日
	临淄汇金村镇银行	昌邑农商银行	10576	5	2015年9月7日
	沂源博商村镇银行	张店农商银行	13750	20	2011年7月11日
	周村青隆村镇银行	青州农商银行	6000	6	2015年9月16日
	博山北海村镇银行	莱州农商银行	5000	2	2016年4月29日
	淄川北海村镇银行	莱州农商银行	5000	3	2016年4月29日

资料来源：中国银保监会山东监管局、全国企业信用信息公示系统、村银网、山东省亚太资本市场研究院。

参考文献

[1] 邓珊珊：《长尾理论视角下商业银行数字普惠金融的研究》，《经济纵横》2019

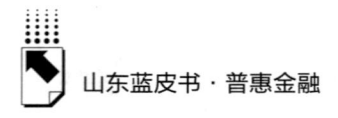

年第 28 期。

[2] 雷曜：《小微企业融资的全球经验》，机械工业出版社，2020。

[3] 前瞻产业研究院：《中国村镇银行市场前瞻与投资战略规划分析报告》，2019年6月。

[4] 宋秀峰、赵崇民：《商业银行深化互联网金融服务的探索与思考》，《金融发展研究》2014年第3期。

[5] 万联供应链金融研究院：《中国供应链金融白皮书（2016）》，2016。

[6] 张翔：《民间金融合约的信息机制：来自改革后温台地区民间金融市场的证据》，社会科学文献出版社，2016。

[7] 重庆市百年纵横企业管理顾问有限公司：《2020年度村镇银行调研报告》，2021年8月。

[8] Abubakr Saeed, Muhanmad Sameer, "Financial Constraints, Bank Concentration and SMEs: Evidence from Pakistan", *Studies in Economics and Financial*, 2015, 32 (4): 503 – 524.

[9] Baum, C. F., Caglayan, M., Ozkan, N. and Talavera, O., "The Impact of Macroeconomic Uncertainty on Non – financial Firms Demand for Liquidity", *Boston College Working Papers in Economics*, 2006, 15 (4): 235 – 304.

[10] Talavera, O., Tsapin, A. and Zholud, O., "Macroeconomic Uncertainty and Bank Lending: The Case of Ukraine", *Economic Systems*, 2012, 36 (2): 279 – 293.

B.4 山东省农村商业银行普惠金融报告（2020）

山东省农村信用社联合社

摘　要： 山东省农村信用社联合社是全省营业网点和从业人员最多、服务范围最广、资金规模最大的金融机构。2020年，省联社加强金融基础设施建设，推进经营网点转型发展，完善金融服务基础设施；服务乡村振兴，助力"六稳""六保"，坚守"支农支小"市场定位；扎实推进金融支持精准扶贫，打造的精准扶贫"沂南模式"被省扶贫开发领导小组在全省推广；做好自身疫情防控，全力支持企业复工复产；开展培植活动和金融辅导，加大对民营及小微企业贷款支持力度；建立省、市、县、乡、村五级联动机制，形成推动普惠金融建设合力；丰富普惠金融产品和服务，支持个体工商户和农户发展。为落实普惠金融服务要求，省联社在加强政策传导、升级信贷产品服务、发展绿色金融、强化金融科技创新等方面着力提升普惠金融服务能力。

关键词： 农村商业银行　普惠金融　金融服务

一　山东农村商业银行简介

山东省农村信用社联合社（以下简称省联社）于2004年6月挂牌成立，根据省政府授权，对全省110家农商银行履行管理、指导、协调和服务职能，是省委直接管理领导班子、省国资委党委管理党组织关系、省财政厅直接履行出资人职责的省属一级金融企业。截至2020年末，省联社内设16个部（室）、中心，下设14个派出机构和潍坊市联社，110家农村商业银行，4867个营业网点，69132名正式员工，是全省营业网点和从业人员最多、服务范围最广、资金规模最大的金融机构，先后荣获全国文明单位、山东省改革开放30周年优秀企业、山东60年60品牌等荣誉称号。

近年来，省联社党委坚持以习近平新时代中国特色社会主义思想为指导，深入贯彻党中央、国务院重大决策部署和省委、省政府具体工作要求，指导全省农村商业银行聚力省联社党委确定的"123456"总体工作思路、"五大"经营发展理念和"六个坚定不移"，聚焦主业、深化改革、推动转型、强化服务、加快发展，各项工作取得新的成效。截至2020年末，全省农商银行各项资产总额2.76万亿元，较年初增加3007亿元（见图1）。各项存款余额2.2万亿元，较年初增加2294亿元，同比多增543亿元；与2017年底相比，各项存款余额增加5391亿元，存款余额由高于省内同业第二名5868亿元扩大到8535亿元。各项贷款余额1.47万亿元，较年初增加1648亿元，同比多增318亿元（见图2）；还原核销、资产置换等因素，实

图1 省联社资产规模及负债总额（2016~2020年）

资料来源：山东省农村信用社联合社、山东省亚太资本市场研究院。

山东省农村商业银行普惠金融报告（2020）

图2 省联社本外币存贷款余额（2016~2020年）

资料来源：山东省农村信用社联合社、山东省亚太资本市场研究院。

际新增贷款2239亿元；与2017年底相比，各项贷款余额增加4240亿元，贷款余额由高于省内同业第二名2470亿元扩大到4269亿元，其中，涉农、小微企业贷款余额分别为8069亿元、6639亿元（见图3）。全年零售贷款余额7157亿元，占省联社贷款余额的48.75%，零售贷款占比维持稳定增长趋势（见图4）。2018年以来，新增贷款1.93万亿元，不良率仅为0.23%。各项收入1151亿元，较上年增长4.96%。上缴税金90.12亿元，较上年增加1.12亿元。经营规模不断扩大，发展速度明显加快，社会贡献度进一步提高。

图3 省联社涉农、小微企业贷款余额（2016~2020年）

资料来源：山东省农村信用社联合社、山东省亚太资本市场研究院。

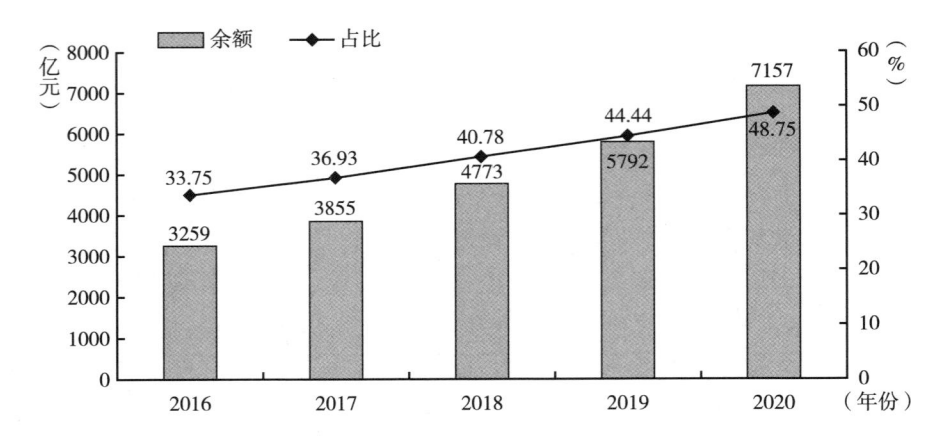

图 4　省联社零售贷款余额及占比（2016～2020 年）

资料来源：山东省农村信用社联合社、山东省亚太资本市场研究院。

二　整体发展思路和普惠金融发展理念

（一）制定工作思路

2018 年，山东省联社党委组织理论中心组学习，由领导班子成员带队分赴广东、浙江、江苏、福建、安徽、河南等地进行考察学习，结合全省金融发展现状和农商银行实际，确定了"123456"的总体工作思路。

1. 坚持以党的建设为统领

按照中央和省委的部署要求，全面加强各级党组织和党员干部队伍建设，把全面从严治党落到实处，以此倡树省联社党委的正气，激发全系统党员干部员工队伍的士气，为做好各项工作提供组织保证。

2. 坚守服务"三农"和实体经济发展的经营宗旨

坚持不忘初心，回归本源，牢牢把握"面向'三农'、面向小微企业、面向社区家庭"的市场定位，深耕传统农区市场，抢抓城市社区市场，把普惠金融、绿色金融落实到田间地头、沿街商铺、社区家庭和小微企业。

3. 深化省联社、派出机构和法人机构"三级改革"

一是按照"管理有效、指导有力、协调有方、服务到位"目标要求，积极稳妥推进省联社改革。科学设置理事会各专门委员会，规范调整内部组织架构，坚决精简优化人员配备；完善系统帮扶、救助和应急处置机制，确保不发生系统性金融风险；积极争取省委支持，尽快理顺行业党组织关系。

二是按照"突出党的建设、突出审计监督、突出协调服务、突出信访维稳"原则要求，积极稳妥推进派出机构改革。制定实施正负面履职清单，规范履职行为；压缩内设机构，精简工作人员；完善考核办法，提高工作效率。

三是按照"安全性、流动性、效益性"经营要求，积极稳妥推进法人机构改革。置换清退不合规股份，加强股权和股东管理；加强党的领导，完善法人治理体系，规范党委会以及股东大会、董事会及专门委员会、监事会、经营管理层履职行为；调整内部组织架构，优化业务流程，真正构建"业务条线、风险合规、内部审计"三道风险防线；完善中层干部竞争上岗、一般员工竞聘上岗和绩效分配等激励约束机制，增强法人机构内部活力。

四是进一步修改完善省联社及派出机构总体改革方案，积极争取列入全国首批省联社改革试点。

4. 紧抓防范化解金融风险、服务乡村振兴战略及金融精准扶贫、支持新旧动能转换重大工程、资金组织"四项重点工作"

一是集中力量防控化解风险。突出抓好单一法人机构风险化解工作，深入一线，逐一排查风险，逐一研究对策，逐一督导落实，力争61家机构在一年内全部步入健康发展轨道，用三至五年时间基本化解风险。认真做好各业务条线风险防控工作，逐一排查风险隐患，逐一完善制度流程，逐一健全工作机制，逐一压降存量风险，逐一严控增量风险。加强合规文化建设，夯实基层基础工作，筑牢"业务条线、风险合规、审计、法人治理、纪检巡察、行业管理"六大风险防线，从源头上防范化解风险。

二是全力以赴做好服务乡村振兴战略和金融精准扶贫工作。聚焦"产业兴旺、生态宜居、乡风文明、治理有效、生活富裕"，全面推广"兴农贷""宜居贷""先锋模范贷""富农贷"系列产品，创新完善服务方式，推广普及金融知识，推动金融服务样板村建设，助力打造乡村振兴"齐鲁样板"。进一步开展小额扶贫贷款，尽可能满足贫困户有效贷款需求；加大产业扶贫力度，依托重点企业吸纳贫困户就业，实现金融精准扶贫脱贫。

三是积极有效参与支持全省新旧动能转换重大工程。围绕新旧动能转换和经略海洋涉及的重大项目、重点园区、"十强"产业和消费金融等领域，在坚守农商银行市场定位的前提下，找准自身着力点，创新信贷产品，拓宽服务渠道，完善服务方式，助力新技术、新管理、新模式的推广运用，助力新产业、新业态、新园区的培育发展，助力传统产业改造升级和过剩产能化解置换。

四是坚定不移抓好资金组织工作。进一步拓展小额基础客户，积极争取大型优质客户，确保市场份额稳中有升，夯实经营发展基础；进一步优化存款结构，降低存款成本，提高经营效益。

5. 力推干部人才素质提升、信贷结构调整、资金业务规范、经营网点发展、核心银行系统升级"五大转型工程"

一是加快提升干部人才素质。采取集中培训、现场跟班学习、上下交流任职和建立后备资源库等多种方式，加大干部人才教育培养力度；采取竞争上岗、公开选拔和直接选任等形式，加大干部人才选拔培养力度；加大正向激励、容错纠错和违规处罚力度，教育引导干部担当作为、干事创业、遵规守法。

二是加快推进信贷结构调整。加强信用工程建设，实施贷款限额管理，完善线上线下办贷渠道流程，大力拓展零售贷款，全面规范公司贷款，严格控制大额贷款，尽快提升信贷质量。

三是加快规范资金业务。回归保证流动性的本源，严压融资杠杆，严控业务规模，严限投资品种期限，严打违法违规行为，确保同业存放资金全部留存省内，确保资金业务安全，确保银行流动性安全。

四是加快发展新兴经营网点。按照"双线四型"思路，持续强化"线上网点"建设，不断拓宽手机银行、网上银行等线上业务。优化线下网点布局，提升综合型网点功能，调优基本型网点功能，适度发展自助型网点，规范发展代理型网点。

五是加快推动核心银行系统转型升级。以技术安全可控为基础，以满足业务发展与管理需求为导向，加快上线核心银行系统一期工程，迭代开发后续项目，引领促进经营管理战略转型。

6. 做强行业审计、信息科技、资金清算、教育培训、法律服务、电子商务"六大平台"

一是健全行业审计平台。按照监管部门要求，加快推进行业审计体系改革，聚焦审计重点，配强审计力量，强化审计责任，改进审计方式，完善审计流程，注重审计成果运用。

二是完善信息科技平台。加快构建以核心银行系统为主体，以信贷和业务拓展综合服务平台为"两翼"，以风险管控系统、经营管理系统、政策监管系统、视频监控系统为"四大保障"的系统完整支撑体系。优化完善运维管理系统，加强风险监测预警管理，加快"两地三中心"灾备系统建设，确保信息科技安全。

三是优化资金清算平台。不断完善清算系统，畅通省内外清算渠道；精确测算资金额度，精确调剂资金头寸，及时处置清算风险，及时做好帮扶救助，在确保资金清算安全高效的前提下，提高资金综合使用效益。

四是打造教育培训平台。合理界定省联社、派出机构和法人机构职责分工，明确共性类和不同业务条线类应知应会、必修选修课程内容，规范笔试、面试和日常测评标准要求，尽快建立起"线上与线下相结合、集中与分散相结合、脱产与自学相结合、知识学习与技能培训相结合"的教育培训综合服务体系。

五是建设法律服务平台。加强内部公司律师培养，规范外部律师管理，健全法律风险管控机制，完善法律服务架构，尽快建立起全系统全程化法律综合服务体系。

六是培育电子商务平台。不断完善现有智 e 购、智 e 付电商服务功能，创新"线上＋线下""金融＋互联网"服务模式，拓展营销运营能力，有效增强客户黏性，不断壮大"农副产品进城、农用物资下乡"电商综合服务平台。

（二）提出五大发展理念和六个坚定不移

2020年，省联社党委前瞻性地提出"五大发展理念"和六个"坚定不移"。

1. 五大发展理念

（1）持续强化"以合规为中心"的经营理念。合理确定风险偏好，科学制定发展战略，强化全面风险管理，完善内控机制，加大违规违纪违法行为查处力度，提高制度执行力，加强干部员工教育培训，提高全员风险合规意识，培育审慎经营的企业文化。

（2）持续强化"以客户为中心"的服务理念。创新服务产品，优化服务模式，深入市场，贴近客户，主动服务，及时满足客户个性化、差异化和定制化的金融服务需求。

（3）持续强化"以员工为中心"的管理理念。加强员工专业知识、操作技能和道德操守培训，提高综合素质；重视员工职业规划，指导员工客观认识个人兴趣、爱好、能力和特点，主动适应发展需要，合理规划个人职业定位、目标设定和成长通道；关心关爱员工生活和家庭，有效发挥党群组织作用，解决员工实际困难。

（4）持续强化"以效益为中心"的考核理念。建立健全以利润为核心的绩效考核机制，推动农商银行转变发展方式、优化资产负债结构、实施精细化管理，强化薪酬分配激励约束，完善薪酬延期支付和追索扣回制度，探索实施股权激励。

（5）持续强化"以党建为中心"的统筹理念。全面落实中央重大决策部署和省委、省政府工作要求，确保在思想上、政治上、行动上与中央保持高度一致，确保省委、省政府各项要求落实到位；坚决落实省联社

"123456"总体工作思路,加强党员干部员工管理,不断提高执行力,确保各项工作落实落地。

2. 六个"坚定不移"

(1)坚定不移推进高质量发展。坚持发展是解决一切问题的基础和关键,在保持一定发展速度的同时,更加重视业务发展质量。持续扩大存款规模,积极加大低成本存款吸收力度,巩固优化存款结构。深入践行服务"三农"和实体经济的经营宗旨,巩固"三农"市场,拓展"小微企业"市场,开拓"城乡居民家庭"市场。坚持流动性本源定位,巩固资金业务转型成果,加快处置存量高风险资产,努力提高新增资产收益。

(2)坚定不移推进"省联社、派出机构和农商银行"改革。深化省联社、派出机构、法人机构三级改革,持续激发内生动力。积极推动省联社全面履职、规范履职、精准履职,提升行业服务能力;进一步完善派出机构体制机制,提升行业审计质效;完善法人治理机制,逐步提高农商银行"四自能力"。

(3)坚定不移推进精细化管理。坚持全面有效管理,注重体制机制建设,强化前、中、后台三方制约,筑牢风险管控四道防线,强化机控人控措施,完善线下线上手段,突出关键人员、重点业务,不断夯实管理根基。

(4)坚定不移推进"五大转型工程"。全力提升干部人才素质,积极推进信贷结构调整,全面规范资金业务发展,扎实推进经营网点转型,持续推进核心银行系统优化升级,巩固既有转型成果,分别确定新的转型重点,推进转型持续向纵深推进。

(5)坚定不移推进"六大平台"建设。立足"小法人、大平台"体制优势,持续强化审计平台、信息科技平台、清算平台、教育培训平台、法律平台、电子商务平台建设,提升服务功能。

(6)坚定不移全面加强党的建设。充分发挥系统党委优势,全面落实管党治党责任,打造坚强有力的党委领导班子,建设履职过硬的基层党组织,有效发挥纪委监督作用,加大违规违纪违法查处力度,全面提升党建对改革发展转型的引领和保障作用。

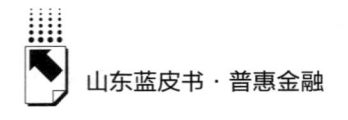

三 建立普惠金融服务体系

（一）金融服务基础设施持续完善

省联社高度重视基础金融服务网络建设，以物理网点转型发展为着力点，以流程完善、科学考核和服务提升为核心内容，整合线上线下资源，着力扩大网点服务覆盖面和提升服务质效。同时持续强化"线上网点"建设，完善电子银行、网上银行和手机功能，拓宽线上业务服务渠道，初步构建起以"三平台、一支付"为主体的"网点+App+场景"智能化服务体系。

1. 全面推进经营网点转型发展

按照"线上+线下"和"综合型、基本型、自助型、代理型"的"双线四型"网点建设定位，聚焦"高柜改低柜建设智慧厅堂、'老旧'网点改造、优化功能分区和客户动线、支行行长和客户经理到一楼办公"等重点，不断优化网点总体布局和功能，网点服务形象、环境和设施进一步提升。2020年，"撤、并、迁、建"调整480家网点总体布局，259家"老旧"网点完成改造、1100家网点完成内部布局优化，年度计划完成率100%。释放高柜人员1856人，其中，1317人分流到厅堂营销岗位，439人分流到客户经理岗位。设有贵宾区的网点1511家，支行行长在一楼营业大厅办公的网点3112家，客户经理在开放式办公场所办公的网点3346家。

2. 加强金融基础设施建设

深入挖掘银行卡等金融产品和服务在推动合村并居等新型农村社区建设的典型做法，以银行卡为载体，构建农金通（或POS机具）+智e通电子银行等线上线下支付结算全覆盖服务。陆续推出泰山如意卡、齐鲁乡情卡、福农卡、社保卡等一系列卡产品，全省拓展聚合支付商户116.68万户，较年初增加9.71万户，增长9.08%，交易1.59亿笔、涉及金额1457.59亿元；拓展特约商户8.77万户，各类电子机具15.89万台。荣获2009年度"银联卡受理市场建设突出贡献奖"。

（二）全力服务乡村振兴战略

围绕服务乡村振兴、助力"六稳""六保"，坚守"支农支小"市场定位，全面营销对接并建立农户、个体工商户、小微企业和城镇社区"四张清单"，确保普惠金融服务面扩、量增、质优、价降。

一是全力服务"三农"。助力精准扶贫，2020年累计发放小额扶贫贷20.7亿元，省内占比85.7%；富民生产贷108.1亿元，省内占比60.1%，支持48.9万农户实现脱贫。助力打造乡村振兴齐鲁样板，持续推广五大系列50多款信贷产品，选树4620个样板村，选派4435名业务骨干到乡镇、村居挂职，选定全省财政金融政策融合支持乡村振兴试点农商银行32家，2020年累计发放乡村振兴贷款2407.9亿元，同比增长21.4%。2020年累计发放涉农贷款5112.4亿元，余额省内占比27.28%，其中，扶贫贷款累计发放231.30亿元，同比增长8.64%（见图5）。

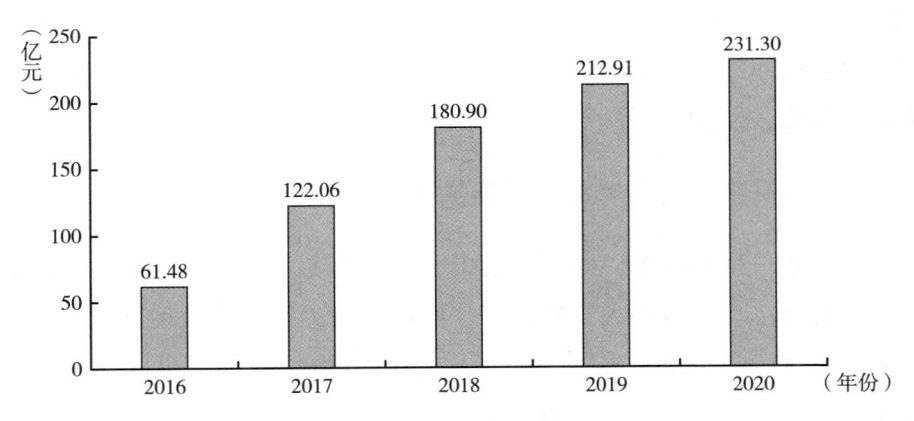

图5 省联社扶贫贷款累计投放金额（2016~2020年）

资料来源：山东省农村信用社联合社、山东省亚太资本市场研究院。

二是全力服务小微民营企业。助力复工复产稳企稳岗，积极开展"百行进万企"活动，为4019家企业宣讲金融惠企政策1.2万次，为9.9万户企业发放贷款67.8亿元。积极开展"首贷培植行动"，培植首贷企业4.7万户，发放贷款229亿元。大力支持新旧动能转换重大工程，支持"十强"

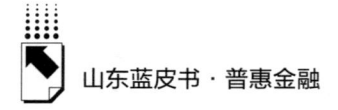

产业贷款余额178.3亿元。全系统累计投放小微企业贷款5503.2亿元，余额省内占比27.61%。

三是全力服务城乡居民家庭。全面推广"家庭银行"贷款模式，"家庭亲情贷"余额达1197.2亿元。大力推广"一卡通用智慧社区"建设，累计拓展智慧社区2510个，导入业主信息30.29万户。积极拓宽农户、社区居民授信范围，有效授信覆盖面分别达到38.5%和25.9%。

四是不断提升服务质效。持续壮大服务营销队伍，新增一线客户经理4129人，总数达2.03万人；清退超龄、低效农金员8148人，新准入3075人，总数4.29万人。持续创新信贷产品，新推出强村贷、农耕贷、知识产权质押贷等产品18个，总数68个，其中线上产品9个。持续提高服务广度、深度、精度，召开新产品发布推介会300多场次；面向社会公布省、市、县三级申贷受理电话365个，受理贷款申请14414笔25.51亿元，办理贷款9204笔14.41亿元；建立农户、个体工商户、小微企业、城镇社区"四张清单"，对接客户2764.3万户；积极推广智慧营销系统，全面推行客户经理驻村办公、定期走访和关键人营销等措施，不断提高金融服务制度化、规范化、常态化水平。

（三）扎实推进金融支持精准扶贫

脱贫攻坚实施以来，山东农商银行全面落实党中央和省委、省政府扶贫工作要求，持续加大精准扶贫、产业扶贫力度，全力助推打赢脱贫攻坚战。2016年以来，全系统累计发放扶贫贷款231.3亿元，支持48.9万农户增收脱贫，其中，累计发放小额扶贫信贷20.7亿元，省内占比85.7%；富民生产贷108.1亿元，省内占比60.1%。省联社先后三次在全省扶贫工作会议上做典型发言；沂南农商银行打造的精准扶贫"沂南模式"被省扶贫开发领导小组在全省推广，各项工作走在了全省金融机构前列。

一是健全保障机制，坚决扛牢政治责任。省联社认真传达学习习近平总书记脱贫攻坚讲话精神，及时组织全系统学习省委、省政府有关部署，在全系统统一思想，营造了脱贫攻坚人人有责的良好氛围。强化制度保障。省联社先后制定出台《金融扶贫"十三五"时期工作规划》《关于打赢脱贫攻坚战三年行动的工作方案》等10余个政策性文件，连续五年印发《金融扶贫工作要点》，全面系统谋划、科学有序推动扶贫工作开展。完善组织体系。省联社层面成立金融扶贫等重点工作推进办公室，省、市、县逐级成立金融扶贫工作领导小组，省联社、派出机构抓规划、抓督促，农商银行抓落实、抓成效，建立起省、市、县、乡、村五级联动机制，形成扶贫强大工作合力。完善考核激励机制。坚持正向激励机制，省联社研究制定《金融扶贫工作考核办法》，每年组织评选扶贫先进单位20家、扶贫先进个人10人，激励干部员工投身金融扶贫。

二是坚持靶向施策，精准满足融资需求。改进评级方法和授信政策。省联社指导沂南农商银行首创推出"721"评级授信法（即贫困群众评级授信指标中，诚信占70%、资产占20%、其他占10%），通过调整业务系统中不符合贫困群众特点的硬性限制指标，弱化资产指标占比，增加诚信、预期还款能力等指标占比，提高贫困户信贷可得性。2016年，"721"评级授信法被省扶贫办在全省推广，并成为国务院扶贫办典型案例。打造专属信贷产品。针对建档立卡贫困户推出"富民农户贷"，具有5万元以下、3年以内、免担保免抵押、基准利率、财政贴息、县建风险补偿金六大政策要点，与国家推出的扶贫小额信贷政策要点完全一致。结合山东省贫困人口插花式分布、自我发展能力较弱等实际，推出"富民生产贷"，对带动贫困户增收的各类经营主体，每带动1名贫困人口，可享受5万元优惠利率贷款，有效提升经营主体参与扶贫积极性。

三是实施"三种"模式，持续强化信贷支持。实施网格化精准扶贫。指导农商银行及时对接扶贫办、农业局等部门，获取建档立卡贫困户清单，划分走访网格，安排人员逐户上门，并建立贫困户台账，逐户登记信息，分类制定帮扶措施。有自主脱贫意愿的，通过"富民农户贷""信e贷""家庭亲情贷""光伏贷"等产品及时予以信贷支持。累计发放精准扶贫贷款9.1万笔52.2亿元。银企银社联合扶贫。累计发放产业扶贫贷款1.1万笔

179.1亿元，就业安置贫困户9.1万户、带动创业10.2万户。银政银担合作扶贫。强化政府资源与金融资源有效衔接，打造"银行+担保+企业""银行+保险+企业"多方参与扶贫工作格局，先后对接省委组织部、团省委、省农业农村厅等10余家单位，联合创新"强村贷""乡村好青年贷""助养贷""农耕贷""生产资料贷"等产品，支持新型农业经营主体规模化发展，深入推动扶贫工作开展。其中，与山东省农担公司合作的"鲁担惠农贷"余额132.8亿元（4.1万户），占省内金融机构余额的50%。

四是扶贫扶智结合，提升扶贫工作成效。省联社指导各农商银行加强与当地科技部门、农业部门等的合作，联合开展以"送技术、送信息、送金融知识、送资金下乡"为主题的"四送"活动，通过举办专题知识讲座等方式，破解贫困户脱贫致富的技术和资金瓶颈，确保扶贫真正扶到根上，共走访贫困村3361个、走访贫困户4.48万户；组织金融夜校等扶贫宣讲活动2371次，参与人员15.53万人；向贫困户捐款144.3万元，捐助物资折合人民币29.9万元。同时，持续加大脱贫攻坚人力投入，按照各级党委、政府部署，选派驻村"第一书记"，通过结对帮扶、养殖帮扶、捐赠帮扶等模式，帮助村民尽早脱贫。2016年以来全系统累计选派"第一书记"161名，帮助贫困村171个，救助建档立卡贫困人口8288人；帮扶254个扶贫项目，解决2268名建档立卡贫困人口就业；共计组织开展1284次帮扶救助活动。其中省联社派出"第一书记"9名，帮助贫困村9个，直接捐赠1606万元资金用于扶贫工作。省联社积极引导开展电商扶贫，在智e购商城设立"精准扶贫"和"第一书记"专题板块，为贫困农户搭建"线上销售点"。2016年以来智e购商城累计交易430.7万笔6.6亿元，为农户节省资金120余万元。

五是聚焦重点领域，深度推动金融扶贫。支持深度贫困地区，增强资金供给。对"4个2"地区进行重点支持，实施差别化信贷管理，引导各农商银行新增信贷资金优先满足重点区域金融需求。加大黄河滩区脱贫迁建金融支持力度。制定《山东省农村商业银行金融助推黄河滩区脱贫迁建工作方案》，纳入省政府"1+N"扶贫政策体系。创新"双降、一提、一优先"

的优惠信贷政策,对滩区贫困户降低贷款执行利率、降低贷款准入门槛,提高不良贷款容忍度,优先办理、优先审批。持续加大有关项目及提供迁建配套服务上下游主体的对接服务,增加农民住房、消费等民生类贷款投放,至2020年末,累计支持黄河滩区脱贫迁建15334户,发放贷款21.8亿元。

(四)金融助力抗击疫情

一是全力做好自身疫情防控。2020年,新冠肺炎疫情突袭而至,省联社党委认真贯彻落实党中央决策部署和省委、省政府关于统筹疫情防控和经济社会发展的各项工作要求,全力做好自身疫情防控工作,严格落实各项疫情防控措施,4862家营业网点员工未出现1例疑似及确诊病例。疫情期间,全省农商银行各营业网点配足酒精、消毒液320.2吨,体温计、防护服等设备5.8万套,有力地保障了网点安全有序运营。

二是助力企业复工复产。疫情发生后,全省农商银行认真贯彻落实习近平总书记"坚定信心、同舟共济、科学防治、精准施策"的重要指示,按照省委、省政府及监管部门关于加强金融服务的工作要求,聚焦"六稳",服务"六保",主动作为,积极行动,大力支持小微民营企业复工复产,全面落实金融支持政策。2020年累计对461家国家和省级疫情防控保障重点企业、1268家重点工业企业和204家科技型企业授信549亿元,用信447.9亿元;累计为18.1万户小微企业发放信用贷款339亿元,为2.8万户小微企业办理延期还本贷款329.7亿元,为2.4万户企业减息让利5亿元。

2020年2月8日,中央电视台《新闻联播》报道周村农商银行金融支持企业复工复产情况。山东华业无纺布有限公司,是一家生产医用无纺布的民营企业,其产品主要作为医用口罩、防护服的原材料。疫情期间,医用口罩迅速脱销,无纺布一时供不应求,企业因扩大生产,急需资金购买原材料。在了解到企业的资金需求后,周村农商银行积极行动、特事特办,启动"一日贷"办理流程,实现当日申请、当日审批、当日放款,1月31日以绿色通道方式为企业发放2000万元低息贷款,确保企业生产不停顿、供应不掉链、生产有保障,有力有效地支持了新冠肺炎疫情防控。

2月9日,《新华每日电讯》以《车盖上的贷款》为题报道昌乐农商银行助力打赢疫情防控"阻击战"。潍坊盛泰药业有限公司主要生产葡萄糖原料等药用产品,因疫情期间连续生产,原材料告急,亟须补充流动资金。昌乐农商银行主动对接,开通绿色信贷通道,特事特办,半天时间就完成了申请、审查、审批等程序。由于潍坊盛泰药业有限公司厂区实施封闭式管理,再加上疫情防护需求,昌乐农商银行客户经理在公司门口的一辆汽车的后备厢盖上签订了贷款合同,并于当日发放贷款940万元,有力地支持了疫情防控。

三是强化金融基础服务。合理安排营业网点及营业时间,保障基本金融服务和关键基础设施稳定运行,引导客户通过手机银行、网上银行、微信公众号及微信小程序等电子渠道,在线办理查询、转账汇款等基本金融业务。充分发挥普惠金融服务点作用,依托农金员做好农村地区基础金融服务,实现金融服务不断档、服务质效有提升。

四是开展抗击疫情爱心捐款。疫情无情,农商有爱。为全力支持疫情防控工作,践行社会责任和使命担当,省联社党委第一时间发出倡议,全省农商银行广大党员群众积极响应号召,踊跃捐款,累计捐款4036万元,以实际行动诠释责任担当,贡献农商银行抗疫力量。

(五)大力服务小微企业

全省农商银行严格落实中央支持民营企业改革发展决策部署,按照省委、省政府工作要求,持续开展民营及小微企业"首贷培植行动""百行进万企"活动,加大对民营及小微企业贷款支持力度。优先支持符合国家产业政策和地方产业发展要求的行业。持续对接政府及职能部门,围绕金融服务乡村振兴、支持创新创业共同体、服务经略海洋等,优选支持对象,创新业务模式,为小微客户提供更优质、更快捷的服务。持续研究精简办贷流程,畅通申贷渠道,规范业务操作,提高小微民营企业办贷便利度。2020年,全系统小微企业贷款余额6693亿元,较年初增加723.3亿元,增速为12.12%。主动让利于企,正常类贷款加权执行利率同比下降 0.34 个百分点。

1. 开展"百行进万企"活动

积极开展"百行进万企"活动，全面对接客户需求，深化银税、银担、银政合作，创新民营企业增信方式，全年为 4019 家企业宣讲金融惠企政策 1.2 万次，为 9.9 万户企业发放贷款 67.8 亿元。

2. 开展"首贷培植行动"

按照中国人民银行相关工作要求，全省农商银行积极开展"首贷培植行动"，培植首贷企业 4.7 万户，发放贷款 229 亿元。

3. 开展企业金融辅导

建立省、市、县三级联络员制度，组建辅导队 213 支，选派辅导员 639 人。组织省级辅导队对 85 家企业开展 4 轮实地调研辅导，宣讲金融惠企政策 326 次，制定融资方案 63 个，为 20 家企业协调办理新增融资 3.5 亿元。

（六）完善普惠金融服务体系

依托现有管理架构，建立起省、市、县、乡、村五级联动机制，形成推动普惠金融建设的强大工作合力。2019 年 3 月 9 日，省联社第三届理事会下设"三农"金融服务委员会，统筹负责"支农支小"金融服务工作。2020 年 3 月 4 日，省联社研究印发《全省农村商业银行支农支小发展战略（2020—2025 年）》，明确至 2025 年普惠金融建设目标和措施，顶层规划更加有力。各农商银行积极探索推动普惠金融建设的特色做法，至 2019 年末，全系统建设面向"三农"、小微企业的专营机构和特色支行 2500 家，建设科技支行和科技金融专营机构 70 家。

（七）丰富普惠金融产品和服务

一是持续推动行业客户拓展。全省推广 4 类行业客户 40 余个优秀案例，强化省联社营销过程管控、派出机构主动协调支持、农商银行持续加强拓展的联动机制，全省农商银行村级经济组织、农民工工资监管账户、医院类行业客户营销成效明显。2020年，村级经济组织留存资金374.29亿元，较年初增加33.81亿元；开立农民工工资专户1878户，留存资金13.69亿元，累计为31.55万户农民工提供工资代发服务；医院类客户拓展2306户41.36亿元，较年初增加243户9.75亿元；全省累计拓展公共事业类客户695个。

二是加强外汇业务管理。制定外汇同业业务授信管理办法，做好2020年度全省农商银行外汇同业业务授信工作。及时转发中国人民银行、国家外汇管理局关于防控新冠肺炎疫情相关要求，指导各自营外汇业务法人单位建立"绿色通道"，切实提高外汇及跨境人民币业务办理效率。扎实开展国际业务辅导检查和常规风险排查，有效防范风险。荣获"2020年山东省资本项目外汇业务竞赛"团体三等奖。2020年，实现国际业务结算量290.06亿美元，完成全年任务的138.12%，实现外汇中间业务收入5356万元。

三是电子银行线上服务能力显著提升。新增银标二维码、手机号码支付、刷脸支付、贷记卡灵活分期和账单分期、商城分期、云证通安全认证等功能，新增一卡通用智慧社区商户特色收单、自助设备实时转账、银企直联公务卡还款等服务，交易便捷性和安全性不断提高。2020年，个人、企业电子银行分别签约客户1693.70万户、58.84万户，较年初分别增长429.83万户、12.61万户；网上支付签约客户2673.57万户，较年初增长855.57万户。推出电子社保卡和省内社保卡异地挂失、补换卡等服务，实现对所有银行发行的社保卡医保账户密码的修改、重置和解锁。2020年，发行社保卡3295.16万张，较年初增加199.83万张。新增智e通、微信公众号公务卡账单、动账通知服务，全年新拓展公务卡合作财政预算单位1773家，达到3782家。联合农信银、支付宝、微信、银联等持续开展首绑立减、手机充值立减、公交乘车联合营销、一分购等营销活动10余场，银行卡活跃度有效提升。2020年，电子银行替代率93.08%，较年初提高5.82个百分点。荣获中国人民银行手机号码支付业务"推广先进机构"和"季度业务能手"称号，网银借记业务量竞赛"业务先进机构"称号。

四是银行卡行业应用质效显著提升。上线一卡通用智慧社区服务，获得中国金融年度品牌"用户体验年度案例奖"。拓展一卡通用智慧社区2510个，导入业主信息30.29万户，新增发卡3.18万张，缴费6.59万笔2065.28万元。组织开展"电子银行示范村"建设，积极推广"银农直联+农金通（或POS机具）+智e购商城+智e通电子银行+智e付聚合支付"等线上线下电子支付全覆盖的服务模式。全省农商银行创建"电子银行示范村"1057个、拓展"示范户"2.55万个。

五是收单业务服务能力显著提升。推出聚合支付实时结算、聚合银联标准二维码等服务，不断提升条码支付收单服务能力。推进中国人民银行"一市一品"优化提升农村地区支付环境项目建设，指导莱芜、章丘、微山、东平、郓城等农商银行创建项目18个。荣获山东支付清算协会2020年移动支付便民工程劳动竞赛"移动便民示范单位"称号。

六是厅堂厅外功能转型深入推进。聚焦"思想转型、管理模式转型、营销模式转型、考核模式转型"，网点厅堂内外营销理念、方式、效果呈现积极转变。先后印发指导意见、转型工作指南、智慧厅堂运营参考、产品服务包装设计集锦，建立健全客户分层、分类、分岗管户机制。通过现场会形式宣传推广青岛、滨州、兰山等10家农商银行网点转型工作先进经验。

七是文明规范化服务稳步推进。组织全省农商银行系统网点转型与文明规范服务示范单位和示范岗评选工作，共评选明星领跑单位7家、十佳示范单位6家、百佳示范单位31家、千佳示范单位89家、金牌示范岗153名。聚焦高频精准培训辅导，灵活开展巡回培训、帮扶培训、上门培训、定向培训，及时跟进派出机构、农商银行培训需求，做好网点转型"服务员"。建立健全远程监测三级联动机制，强化网点转型和文明规范服务监测监督，以监督推动工作落实，远程监测作用持续发挥。2020年全年印发服务监测通报8期、累计监测营业网点38900家次，发现不规范问题12191个，已整改12191个，问题整改率100%。

八是电子商务平台稳步健康发展。推动实施"农金员+商城+社群营销"社交新零售运营模式，1484名农金员参与试点。积极推动商城异业合作，对接鲁盐经贸、创维山东分公司、山东航空等省级商户，在烟台、滨州、德州农商银行与鲁盐经贸试点合作农金员食盐代销；指导14家农商银行与创维联合开展家电下乡活动，累计销售209万元。持续推进智e购商城精品化运营，打造精品商户974户，清退不达标商户1380户。组织全省营销活动17场，指导农商银行开展活动131场。在商城设立"第一书记扶贫""沂蒙好农品"板块，持续做好商城拥军优属服务，累计销售扶贫及拥军优属产品3.5万件120余万元。2020年"山东农商银行"公众号关注量达到84.22万人，较年初增加23.73万人。推出智e购积分商城服务，累计积分交易5.37万笔748.86万元。

四 提升普惠金融服务能力

（一）加强政策传导，疫情防控政策有效落地

严格落实疫情期间各项政策，围绕再贷款、延期还本付息等专项政策，建立培训解读、落实推动、周报监测等机制，保障及时满足客户需求。一是支持疫情保障重点企业。累计对461家国家和省级疫情防控保障重点企业、1268家重点工业企业和204家科技型企业授信549亿元，实际用信447.9亿元。二是落实再贷款政策。2020年累计投放优惠利率"支农支小"贷款664亿元，申请再贷款资金428亿元。三是落实延期还本付息政策。按照"应延尽延"要求，为3.88万户中小微企业办理延期还本1758亿元；办理延期付息1430户328.6亿元，缓交利息9.2亿元。四是做好普惠小微信用贷款投放。2020年3月1日至年末，累计投放普惠小微信用贷339.6亿元，50家符合条件的农商银行获得无息再贷款32亿元。

（二）升级信贷产品服务，加快信贷结构调整

一是提高贷款营销广度、深度、精度，建立行政村农户、个体工商户、小微企业和城市社区"四张清单"，将获取的信息及时导入系统，实现电子

化管理，先后组织两次现场检查督导加快对接。分别获取2334.6万户、332.2万户、96.3万户、10915个，对接覆盖率均达到100%。深入开展农区整村授信、城区网格化营销，农户、行政村和城区居民授信覆盖率分别达到38.5%、73.4%和25.9%。二是常态化开展营销培训辅导。按旬监测零售贷款投放进展，对进展缓慢的29家农商银行进行现场辅导，走访网点601家、座谈2000余人、培训4000余人。建立一支517人信贷资产内训师的队伍和内训机制，组织3期内训师培训班，指导常态化开展业务培训。三是创新信贷产品。对接省民政厅、省畜牧兽医局、团省委等7个厅局单位，创新推出"养老保障贷""助养贷""乡村好青年贷"等15款信贷产品，信贷产品总数达到68个。四是深化合作对接。加强与省农担公司合作，签订业务合作协议和最高额保证合同，109家农商银行全部开办"鲁担惠农贷"业务，较2020年初增加24家；贷款余额128.9亿元，占省内金融机构总额的50%。五是建立电话申贷运行机制。通过《大众日报》公布申贷专用电话365部，为客户提供7×24小时申贷服务，至12月末接听申贷电话15355个，受理申请14414笔25.5亿元，已放款9204笔14.4亿元。

（三）大力发展绿色金融

2020年，全省农商银行认真践行绿色金融服务理念，积极探索和创新符合绿色经济发展要求的金融产品和服务，加大对绿色产业和高质量发展的支持力度，发挥信贷优势，开通"绿色通道"，让"金融活水"源源不断地流向"绿水青山"，助力经济社会朝着绿色、环保、高质量方向转型发展。2020年末，全系统绿色贷款余额127.98亿元，以"耕耘美丽山东、创造美好生活"的农商实践，为全省青山永绿、碧水长流贡献力量。全省农商银行全面支持基础设施绿色升级改造及节能环保、清洁生产、清洁能源、绿色服务等行业发展。2020年末，全系统生态环境产业贷款余额45.97亿元，基础设施绿色升级贷款余额31.42亿元、节能环保产业贷款余额27.85亿元、清洁能源产业贷款余额18.23亿元、清洁生产及绿色服务产业贷款余额4.51亿元。

（四）强化制度落实，增强基础管理效能

一是全面规范"四个中心"建设。通过全面检查、个别抽查等方式，深入查摆存在的问题，建立问题台账，逐条逐项督导整改，至2020年11月末109家全部规范建设到位。二是加强客户经理队伍建设。印发《客户经理管理指导意见》，督导配齐配强人员队伍，至12月末客户经理总数20323人，占比31.8%，较年初分别增加4129人，占比增加6.34个百分点，108家农商银行占比达到30%以上。三是强化制度建设和执行。制定银行承兑汇票业务管理、贴现业务管理等制度，印发工作指导意见10个，进一步完善信贷制度体系。四是积极开展国际贸易融资业务。加强与国家外汇管理局对接，推进跨境金融区块链服务平台试点工作，指导16家农商银行取得试点资格，办理业务71笔、1.56亿元。开办出口订单封闭融资业务，为7户企业办理业务8416万元。五是加强征信管理。完成二代征信查询切换，组织2次征信业务培训，全年报送征信数据7800万笔，修正1981户客户逾期记录，累计处理征信异议3042笔。处理业务运行平台删除担保记录、解除系统拦截等事项1568条。

（五）强化科技创新，增强系统支撑能力

一是加快项目建设。全年实施项目38个，上线31个，其中年度计划内主导项目22个，除1个依赖外部单位项目未上线，其余均上线。二是加强贷款营销支撑。上线智慧营销系统，整合行内外数据，实现客户精准画像、精准营销，共导入客户6267.5万户（"四张清单"客户5659.9万户）。依托系统划分营销网格10.9万个，客户入格5887万户，严格"定格、定人、定责"营销。三是加强线上产品支撑。依托"信e贷""信e快贷"平台，创新"公积金e贷""备用金e贷""按揭e贷""大额存单质押贷"线上产品；依托省融资服务平台，对接获取社保、不动产等政务数据，上线"农商e贷"，通过"爱山东"App实现客户在线申贷；增加"保证e贷"办贷模式，线下保证贷款实现线上签约放款。至12月末，"信e贷"授信150.3

万户 1153.3 亿元，用信 59.9 万户 517.4 亿元；"信 e 快贷"授信 462.9 万户 3761.7 亿元，用信 1.3 户 12 亿元。四是加强风险管控支持。规范押品管理，实现抵质押品全流程系统管理；上线自动生成信贷合同及电子印章、移动信贷"双录"功能，防范签约环节操作风险；优化"四个中心"系统支撑，实现各环节岗位制衡；上线移动端现场贷后检查功能，规避检查表预签字问题；上线疑似空壳企业预警、隐性关联关系识别、行内数据与征信信息比对、失信客户用信环节拦截等功能，系统预警及拦截规则总数达到 431 个，全年预警拦截 112 万次。

（六）大力支持民营经济

全省农商银行认真贯彻落实党中央、国务院关于支持民营企业发展的各项决策部署，按照省委、省政府工作要求，加大产品创新和推广力度，完善支持保障机制，全面提升民营企业服务质效。2020 年末，支持民营企业 160.2 万户，贷款余额 8776.5 亿元，分别较上年增长 14.3 万户、316.6 亿元。

一是围绕缓解民营企业融资难问题，创新信贷产品，拓宽融资渠道。推行公司业务集中管理，实现贷款链条精简化、信贷管理扁平化，提升办贷效率和市场响应速度。创新"民营企业贷"等专属产品，有针对性地满足民营企业各项融资需求。建立银政企合作机制，推广科技成果转化贷、人才贷、创业贴息贷、创业担保贷、政银保等财政贴息信贷产品。与省农担公司合作，推出"鲁担惠农贷"，打造"银行+担保+企业"多方参与、合作共赢的格局，2020 年末"鲁担惠农贷"4.1 万户、余额 132.8 亿元，占全省金融机构的 50%。

二是围绕缓解民营企业融资贵问题，主动减费让利，切实提升信贷服务质效。主动减费让利，严禁将经营成本以费用形式转嫁给客户，除贷款利息外，不收取任何管理费等费用。完善贷款利率定价机制，注重为企业提供差异化金融服务，避免"一刀切"式定价。进行存量贷款管理，做到不抽贷、不断贷，创新推出"无还本续贷""循环贷"产品，大力推广续贷业务，实现转贷"零成本"、续贷"无缝隙",支持正常经营企业融资周转"无缝衔接"。新发放无还本续贷贷款885亿元,被省财政厅、省地方金融监管局等评为"无还本续贷业务优秀组织单位",并给予金融创新发展引导资金奖励。

三是围绕缓解民营企业融资慢问题,优化系统功能,打造"一站式"高效服务模式。顺应互联网金融发展趋势,强化科技系统对信贷管理营销的支撑功能,创新推出"信e快贷""商e贷""税e贷"等产品,全线上自助办贷,实现秒批秒贷。大力开展"无纸化"办贷,贷款资料由34项精简到9项,不断提高办贷效率。积极开展"百行进万企"活动,累计对接企业9.9万户;积极开展"民营及小微企业首贷培植行动",共培植首贷企业4.7万户,发放贷款229亿元。

第一,坚持战略转型方向不动摇,走上普惠金融高质量发展轨道。我国GDP保持了较快增速,经济处于繁荣上行轨道,在金融机构放贷冲动增加的背景下,全省农商银行不忘初心,回归本源,坚守服务"三农"和实体经济发展的经营宗旨,牢牢把握"面向'三农'、面向小微企业、面向社区家庭"的市场定位,坚定执行信贷结构调整战略,着重调整信贷结构,合理把控贷款增速,全力服务实体经济发展,贷款营销体系逐步完备,线上线下办贷渠道全面畅通,完善线上线下办贷渠道流程,大力拓展零售贷款,全面规范公司贷款,严格控制大额贷款,全力提升信贷质量已成为全省农商银行的共识和共为。

第二,坚持狠抓风险管理不放松,整体风险管控水平迈上新台阶。全省农商银行坚持执行审慎稳健的风险管控政策,坚持抓好风险防控,抓资产质量"两手抓""两手硬",在深化贷款风险管控、严格贷款管理的基础上,贷款质量保持在持续上行区间,尤其是2018年以来,新发放贷款1.67万亿元,新增不良率为0.24%,新增风险得到有效遏制,账面不良适当暴露,存量风险不断化解,信贷质量持续向好。

第三,坚持狠抓基础不放松,管理基础得到有力夯实。加快网点总体布局调整、"老旧"网点改造、内部布局优化全面完成。线上网点"建设持续快速发展，银行卡卡均存款余额5933.72元，完成年度任务的114.11%；电子银行业务替代率93.08%，完成年度目标的104.58%；智e通个人、企业客户覆盖率分别为37.94%、94.45%，分别完成全年任务的140.52%、205.33%。

第四，坚持在发展中转型，战略实施富有灵活性。根据国内经济持续快速增长、客户金融消费意愿大幅增长的实际情况，全省农商银行在坚持战略转型方向的同时，依据市场动态灵活调整经营方略，先后印发《关于深入推进信贷结构调整促进信贷业务高质量发展的指导意见》，进一步明确了"大力拓展零售贷款、全面规范公司贷款、严格控制大额贷款，尽快提升信贷质量"的结构调整总思路；为进一步拓展小额贷款业务，提升"支农支小"服务质效，拓展行业客户，做实基础客户，印发《关于加强基础客户及行业客户精准营销的指导意见》，零售贷款发展成效显著，大额贷款得到有力压降，带动效益显著提升。

五 发展普惠金融的重点任务

（一）围绕农区城区两大市场，助力地方经济发展

坚守"支农支小"市场定位，优化支持实体经济发展，支持"三农"、小微企业、城乡居民家庭的体制机制，回归本源、专注主业，深耕零售市场，实现增户扩面，全面推动信贷转型发展。

1. 坚持农业农村优先发展，做好粮食安全金融服务

以省确定的粮食生产功能区、重要农产品生产保护区和特色农产品优势区为重点，增加对现代种业提升、农业科技创新和成果转化的信贷投入。结合粮食收储制度及价格形成机制的市场化改革，支持粮食生产、加工、收购、收储等各类经营主体，探索支持品牌农业有效模式，金融助力"将饭碗牢牢捧在手里"。

2. 聚焦产业兴旺，推动农村一、二、三产业融合发展

促进发展节水农业、高效农业、智慧农业、绿色农业，积极满足农田水

利、农业科技研发、高端农机装备制造、农产品加工业、智慧农业产品技术研发推广合理融资需求。充分发掘地区特色资源，支持探索农业与旅游、养老、健康等产业融合发展的有效模式，推动休闲农业、乡村旅游、特色民宿和农村康养等产业发展。研究制定支持13项农产品品牌及粮食生产工作方案，全力助推区域农业公用品牌发展。

3. 重点做好新型农业经营主体和小农户的金融服务

针对不同主体的特点，建立分层分类的农业经营主体金融支持体系。鼓励家庭农场、农民合作社、农业社会化服务组织、龙头企业等新型农业经营主体通过土地流转、土地入股、生产性托管服务等多种形式实现规模经营。探索发展农业供应链金融，支持农业生产性服务业发展，推动实现农业节本增效。

4. 持续优化金融服务乡村振兴服务模式

加强对"农村基层党组织建设"工作队服务村庄的金融支持。继续开展金融服务乡村振兴样板村创建，组织省、市、县三级样板村评选活动。支持临沂普惠金融服务乡村振兴改革试验区发展，打造乡村振兴齐鲁新样板。全面推广"乡村振兴金融顾问"模式，选派农商银行优秀干部担任乡镇、社区、村庄金融顾问和金融辅导员，实现村庄金融顾问全覆盖。

5. 强化重点领域新兴行业客户服务

围绕投资、消费两大领域，聚焦产业链供应链升级、战略性新兴产业、现代服务业、基础设施建设、数字产业、消费升级、医养康健、乡村旅游等新热点，持续加大产品创新力度，不断丰富产品体系，为城乡居民提供快捷方便的金融服务。搭建多元化场景营销模式，匹配分期贷等信贷产品，大力发展消费金融。加强主动定价管理，以优质服务、非金融需求等多种方式提高客户黏性，推动特色产业发展，推动"一县一品一特色"向"一镇一村一品一特色"转变。

6. 稳步推进支持新旧动能转换

深入贯彻落实《支持新旧动能转换重大工程指导意见》，围绕新旧动能转换涉及的重大项目、重点园区、"十强"产业和消费金融等领域，科学配置金融资源，创新推广信贷产品和金融服务，稳妥有序退出落后产能。大力支持"大众创业、万众创新"。加强与政府相关部门的合作，充分利用各级政府设立的创投基金、风险补偿基金和担保公司增信机制，用足用好政府贴息等优惠政策，全力支持"双创"示范基地、创业孵化示范基地和农村创新创业示范基地等建设，满足不同层次创新创业资金需求。

（二）坚定信贷转型之路，践行普惠金融理念

坚定零售转型之路不动摇，加快转变业务发展模式，完善体制机制，向零售要质量，向零售要效益，创新产业链金融，发展绿色金融，着力扩大零售贷款覆盖面。

1. 大力发展普惠金融

打造数字化普惠金融，积极探索利用数字技术助推普惠金融提高服务效率、提升风控水平、降低服务成本。全面推广智慧营销系统，支持农商银行加挂特色营销系统，支持客户精准营销。对基础客户实行批量化营销，对行业客户实行精准营销，按物理、行业等不同维度划分营销管理网格，"定格定人定责"。积极研究普惠小微企业贷款模式，实行网上申请、自助放款，打造"普惠小微快车"品牌。继续严控大额贷款，实行大额贷款占比管理、限额贷款备案管理、禁额贷款拦截管理，严格落实大额贷款风险暴露达标计划，确保逐年按期达标。严禁新增跨区域（县、区）贷款，全面清理和整改存量跨区域贷款，严格按照计划逐年落实，确保全部压降完毕。

2. 大力推广绿色信贷

严格执行国家绿色环保产业发展政策，将绿色信贷理念、标准贯穿到信贷业务的全流程。紧密结合地方经济特点，重点支持低碳经济、循环经济、生态经济和高标准、安全环保、产业带动力强的项目，同时，对存量"化工、钢铁、煤炭"等领域客户环保达标情况进行动态监测，支持相关企业转型升级或异地迁建，严禁向环保排放不达标、严重污染环境且整改无望的企业提供融资。

3. 创新发展产业链金融

重点支持核心客户及其产业链方向上下游客户发展，促进供应链金融发展，通过抓住产业链拓展客户。探索数字化在产业链金融中的应用，利用大数据和系统内数据整合，研究创新多法人机构参与的供应链金融服务模式。结合行业客户营销工作，梳理产业链客户清单，建立客户信息台账，实施批量授信。2021年选取一个行业形成较为成熟的产业链金融方案，实现破题；再用1~2年的时间推广至其他行业，初步形成农商银行产业链金融服务模式；至2025年底，每家法人机构针对当地特色农业和优势农产品，以产业链的核心企业为中心，捆绑上下游小微企业、农户和消费者，形成支持农业产业链升级发展的系统性金融服务方案。

4. 强化产品与服务创新

加强与互联网、大数据、人工智能的深度融合，创新信贷产品、担保和还款方式，丰富线上信贷服务功能。在有效防控风险的前提下，充分运用手机银行、网上银行、微信小程序等线上渠道，探索运用视频连线、远程认证等科技手段，发展非现场核查等方式，优化"移动办贷"平台，不断提高服务效率。积极推动与不动产部门合作进行线上抵押登记，有条件的地区要做好电子他项权证抵押落地工作。统筹加强与先进的外部金融科技公司、数据公司的合作，通过"引智""引数""引技"等方式丰富产品系列、完善系统模型、拓宽线上渠道、完备风控手段。

5. 加强外部战略合作

建立省、市、县、乡四级分层分级对接机制，强化对外部单位的政策研究和对接合作，探索创新合作模式，建立自上而下的政策类贷款营销机制，充分利用外部资源推动业务发展。在强监管严监管的形势下，充分利用中国人民银行、中国银保监会的监管系统，对系统内业务发展、风险防控、内部管理等，进行诊断式反馈，举一反三，及时整改。对接省大数据局和自然资源厅，推动办贷模式创新，探索推动抵押贷款线上全流程办理；对接省行政服务中心、人社局等部门，在综合性网点嵌入便民服务功能，为客户提供涵盖金融服务的一揽子服务，提升客户黏性。

6. 优化营商环境

深入推进"便捷获得信贷"专项行动，聚焦重点领域和薄弱环节，扩大授信覆盖面、提高信贷供给质量、提升客户办贷体验、增强客户获得感，切实优化金融生态环境。精简信贷流程和办贷资料，全面落实"无纸化"办贷和各环节限时办结制度，所需资料和办理时限全部优于全省银行业金融机构平均水平。全面推行"马上办、线上办、一次办"，让数据多跑路，让客户少跑路，最终实现"不见面""无纸化"办贷。利用信贷大数据，实行联合惩戒，积极支持社会诚信体系建设，助力优化地方金融生态环境。

（三）坚持科技创新引领，全面塑造信贷资产管理新优势

坚持创新在全省农商银行信贷资产管理工作中的突出地位，对标对表先进金融机构，"拿来主义"和自主创新相结合，面向客户需求体验、面向市场竞争需要、面向数字化信贷，深入实施信贷领域科技创新，争夺数字化信贷领域前沿阵地。

1. 建立数字化管理理念

数字化转型是全省农商银行顺应经济社会发展潮流的客观要求，更是通过自我改革创新提升竞争力的重要举措。要牢固树立数字化管理理念，注重大数据在信贷资产管理工作中的应用。借助数字社会、数字政府建设，对接省大数据局等行政部门，结合"四张清单""整村授信"等日常工作，拓宽智慧营销系统客户信息数据录入接口，完善客户信息。至2025年底，建成功能完善、信息齐全的全省农商银行系统客户数据库。

2. 丰富线上产品图谱

打造省联社和农商银行相补充的信贷产品研发体系，鼓励农商银行积极创新特色产品。持续研发"农商快贷"系列产品，扩大子产品种类，依托大数据推广，满足场景化金融需求。探索全生命周期的信贷资金匹配方案，全方位满足上学、上班、结婚、生子、置业、购车、子女教育、二次更新置业、养老等信贷资金需求，满足"一点即到"的实时需求。至2021年底，形成比较齐全的线上产品体系，再用3~4年的时间实现线上办贷户数占比

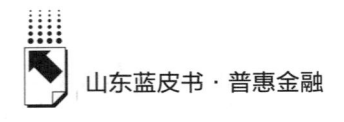

不低于90%。

3. 全面推广数字办贷模式

聚焦科技赋能，推动传统线下业务为主导转变为线上、线下相结合的发展模式，一定额度以下（30万元以内）全部实现线上办理，高出额度的沿用传统线下办贷模式。优化"信e贷"功能，实现客户申贷、办贷线上"一站式"办理，不断提高客户用信体验。依托"智e通"，全面推行无感授信，剔除赌博、吸毒、不诚信等负面清单人员，针对信用记录良好、无不良嗜好的客户，由法人机构结合实际确定统一基础授信额度，开展批量授信，实行告知推介机制，加快用信转化，以"体验"带动"提额"。至2021年底，完成"数据建模、无感授信、有感反馈、便捷增信、线上签约、按需用款"的全流程模式搭建工作，由"按户授信"改为"按人授信"，实现"人人可贷"，利用3年左右的时间基本实现无差别基础授信全覆盖。

（四）转变风险管控模式，强化重点领域风险防控水平

始终将"风险管控"作为信贷资产质量持续提升的生命线，把如何防控风险贯穿信贷业务各环节和全过程，盯紧关键环节，盯住关键人员，创新风控模式，堵住风险漏洞，防范和化解影响全省农商银行信贷质量的各种风险，紧抓不放，持之以恒，在根本上增强内生发展动力。

1. 扎实做好风险防控与处置工作

坚持稳中求进工作总基调，把握"早预警、早暴露、早化解、早处置"的风险主动防控策略，精准有效处置重点领域风险。推动信贷全流程管理联动机制建设，充分认识信贷风险的新特点和新趋势，有效强化客户风险预警系统运用，探索利用互联网、大数据等信息技术，实现各个环节有效联动，多维度交叉验证客户信息，准确识别客户风险状况变化。切实做好存量贷款风险处置，制定有效的处置化解方案，在符合相关政策要求的前提下，综合运用清收、追偿、重组、转让、核销等手段加快处置不良资产，通过追加担保、债务重组、资产置换等措施缓释潜在风险。对于大额风险贷款，要利用债权人委员会机制，按照"一企一策"原则制订风险处置计划，通过救助

核心企业、置换担保、联合授信管理等方式，妥善化解担保风险，加强债权维护，切实遏制客户逃废债行为。

2. 加强对违规行为的震慑

常态化开展信贷领域重点违规问题"回头看"，建立健全负面履职清单，画好底线、红线。通过放款环节人脸识别、丰富关联识别规则、推行合同电子化及电子印章、贷款资金流向管控等实现系统对重点问题的管控。加强授信集中度管理，规范整改存量未统一授信业务，限时压降超监管比例集团客户。严禁新增跨区域（县、区）贷款，加快存量跨区域贷款清理和整改。落实"房住不炒"的定位，严格执行房地产金融监管要求，防止资金违规流入房地产市场，从严控制房地产开发贷款。研究行业系统识别标准和规则，严禁向无实际经营企业发放贷款。

3. 加强房地产信贷管理

坚决落实"房住不炒"要求，优先支持居民购买首套房和改善住房信贷需求，加强按揭楼盘准入及合作管理，严查首付款来源，防范虚假按揭贷款。严格审查房地产开发企业资质，严禁向四证不全、资本金未足额到位的房地产开发项目提供信贷支持。严防信贷资金违规流入房地产领域，不得直接或变相用于土地出让金融资，严禁房地产企业通过建筑企业、关联企业申请流动资金贷款、经营性物业贷款用于房地产开发。

4. 审慎支持涉政企业融资

严格遵守监管规定，在不扩大地方政府隐性债务规模的前提下，按照风险可控、商业可持续的原则对资本金到位、运作规范的必要在建项目和补短板重大项目提供合理信贷资金支持，严禁违法违规提供新增政府债务和以政府投资基金、政府与社会资本合作、政府购买服务等名义变相举债行为。继续配合地方政府做好隐性债务风险化解，依法明确存量债务偿债责任，做好处置工作。

5. 持续高效处置不良资产

持续开展贷款风险预见式管理，建立省、市、县三级贷款风险分析例会制度。完善表内外不良资产多维度分类管理台账，探索实现不良贷款债务人精准画像，强化日常管理的系统支撑。持续加大与公检法、纪委监委等部门的对接力度，分级组织不良资产处置推介会，有序高效推进抵债资产处置，分层级推送诉讼时效预警信息，实现多维度、全方位不良资产管控处置。实施存量贷款分类，对维持类客户新增贷款进行预警提示；对限制类客户新增贷款进行拦截，对存量客户进行分类处置；对退出类客户新增贷款自动拦截。按照"额度不增加、风险不扩大、担保不弱化、手续更合规"的原则，妥善管控存量风险。运用常规清收处置手段，探索市场化处置措施，编制全省农商银行不良资产处置工具包，提升综合处置效率。

（五）完善内控管理，全面提升信贷管理质量

增强工作一抓到底的韧劲。在完善制度规定、增强事前立规的基础上，抓落实、抓执行，加强行为管理，逐步打造合规信贷文化。

1. 强化客户经理队伍建设

指导法人机构建立健全准入竞聘、等级管理、有序退出的客户经理管理体系。通过考试、考核等方式，实行公开竞聘，结合员工自身优势和专业特长，将其分配到不同类型的基层网点，做到人岗相适，提高管户效率。制定完善客户经理等级管理指导意见，将客户经理薪酬与管户数量、收息金额、等级水平等指标挂钩，多劳多得，优者晋、劣者汰。建立自动离岗、履职辞岗的分类退出制度，明确退出标准。探索推广客户经理助理制度，逐步建立"客户经理助理—客户经理—信贷副行长"的培养模式，激发内生动力。全面推广客户经理驻点制度，探索建立客户经理挂职社区助理制度，发扬"拎包精神"，全面融入村庄、社区治理。发挥内训师作用，开展"一对一"现场指导，培养综合金融产品营销意识。组织开展常态化培训辅导，客户经理集中培训时间每年不少于10个工作日。至2020年底，各法人机构客户经理占比达到30%，有条件的法人机构可持续提高客户经理占比，保持客户经理队伍数量的长期稳定；至2021年底，客户经理人均管户达到200户，至2022年底，客户经理人均管户达到300户；至2025年底，客户经理人均

管户达到 400 户。

2. 建立"敢贷、愿贷、能贷"长效机制

建立健全尽职免责和容错纠错机制,将授信流程涉及的人员全部纳入尽职免责评价范畴。同时,对在客户体验好、可复制、易推广的服务项目创新上表现突出的单位和个人,予以奖励。强化合规管理,确保普惠型涉农贷款及民营、小微企业贷款资金真正用于支持民营企业和实体经济,防止被截留、挪用甚至转手套利等风险的发生。

参考文献

[1] 姜旭朝、杨杨:《合作金融的制度视角》,《山东大学学报》(哲学社会科学版) 2004 年第 1 期。

[2] 焦瑾璞、陈瑾:《建设中国普惠金融体系》,中国金融出版社,2009。

[3] 焦瑾璞:《构建普惠金融体系的重要性》,《中国金融》2010 年第 10 期。

[4] 焦瑾璞、黄亭亭、汪天都等:《中国普惠金融发展进程及实证研究》,《上海金融》2015 年第 4 期。

[5] 焦瑾璞:《微型金融学》,中国金融出版社,2013。

[6] 孙国茂、安强身:《普惠金融组织与普惠金融发展研究——来自山东省的经验与案例》,中国金融出版社,2017。

[7] 万联供应链金融研究院:《中国供应链金融白皮书(2016)》,2016。

[8] 王曙光、王东宾:《双重二元金融结构、农户信贷需求与农村金融改革——基于 11 省 14 县市的田野调查》,《财贸经济》2011 年第 5 期。

[9] 周孟亮、王琛:《普惠金融与新型农村金融组织的目标重构》,《农村经济》2014 年第 10 期。

[10] Agarwal, S., Hauswald R., "Distance and Private Information in Lending", *Review of Financial Studies*, 2010 (7): 2757–2788.

[11] Almeida, H. Campellom, Weisbach, M. S., "The Cash Flow Sensitivity of Cash", *Journal of Finance*, 2004, 59 (4): 1777–1804.

[12] Berger, A. N., Black, L. K., Bank Size, "Lending Technologies, and Small Business Finance", *Journal of Banking & Finance*, 2011, 35 (3): 724–735.

[13] Fazzari, S. M., Hubbard, R. G., Petersen, B. C, "Financing Constraints and Corporate Investment", *Brookings Papers on Economic Activity*, 1988, 19 (1):

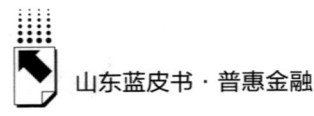

141-206.

[14] Hadlock, C., Pierce, J, "New Evidence on Measuring Financial Constraints: Moving beyond the KZ Index", *Review of Financial Studies*, 2010, 23 (5): 1909-1940.

[15] Whited, T., and G. Wu, 2006, "Financial Constraints Risk", *Review of Financial Studies*, Vol. 19 (2), 531-559.

专题报告

Special Reports

B.5
中小银行基于金融科技的普惠业务平台建设

威海市商业银行股份有限公司

摘　要： 金融与科技的融合，使金融天然地具有普惠金融的基因。普惠金融与金融科技的深度融合，可以有效降低服务成本，扩大服务覆盖范围，让金融服务变得更加便捷、高效、多元、包容、安全、可触及。在新冠肺炎疫情影响和金融监管力度加大的形势下，中小银行面临跨地域经营受限、资产端质量下降、负债端吸储难度加大、年轻客户吸引力下降的不利局面，金融科技应用对中小银行的发展至关重要。中小银行需借助金融科技剖析本地客户需求，并不断创新产品，从而继续保持区域性优势。本报告以威海市商业银行科技型小微企业普惠金融业务平台、房E贷业务平台和社区普惠金融业务平台为案例，分析了金融科技应用在获取客户、成本控制和改善体验三个方面发挥的显著支撑作用。在此基础上，从产

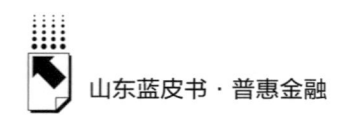

品、技术、组织、数据、生态等方面提出了中小银行应用金融科技实现普惠业务平台化发展的对策。

关键词： 金融科技　普惠金融　中小银行　平台化　大数据

威海市商业银行股份有限公司（以下简称威海银行）成立于1997年，现有济南、天津、青岛等120余家分支机构，是山东省内唯一一家实现16地市网点全覆盖的城市商业银行。威海银行坚持"立足山东，精耕细作，特色发展"的区域定位，多年以来，经营业绩持续攀升，经营质量持续提高，经营效益持续增长，综合实力持续增强，各项监管指标全面达标并持续向好，在支持区域经济发展、追求内外和谐共赢中，走出了一条独具特色的发展道路。

威海银行高度重视数字化转型，尤其是普惠金融业务平台化发展，在《金融时报》（中国人民银行主管）组织的"中国金融机构金牌榜·金龙奖"评选中先后荣获"全国十佳城市商业银行""十佳金融产品创新奖""最佳科技金融银行"等奖项，基于平台研发推出的"智领通"科技金融产品，被中国银保监会评为"小微企业特色产品"。

一　基于金融科技的普惠业务平台的实施背景

平台化是我国商业银行普惠业务发展的重要趋势，金融科技为平台化互联提供了有力支撑。当下，虚拟化、网络化、数字化、移动端、分布式的金融科技不断扩展着传统金融服务的产品体系、时空场景和覆盖人群。普惠金融已演变为一个复杂的金融生态体系，涵盖了不同类型的金融产品和金融消费者、金融服务提供者以及第三方科技服务机构等参与主体。

金融科技以人工智能（Artificial Intelligence）、区块链（Blockchain）、云计算（Cloud）、大数据（Big Data）为核心驱动力，通过技术手段提高金融运行的效率，降低金融服务的门槛。将金融科技运用到普惠金融领域，有助于解决普惠金融发展中面临的问题，促使小微企业、中低收入人群等享受同等的金融服务，从而使金融能更好地为实体经济服务。

具体而言，金融科技在普惠金融发展中发挥了以下作用。

（一）提升服务半径，拓展普惠范围

普惠金融面向的群体众多，这一性质要求普惠金融要有多元化、多层次的特性。当下，电子平台越来越多，涵盖的领域也日益广泛，包括支付、借贷、理财、众筹等方面，可以给客户提供更多的选择空间，全方位地满足客户要求。这使普惠金融的覆盖率得到很大的提高。

同时，我国手机网民的用户规模，由2008年的1亿人增加到2020年3月的8.97亿人。我国网民使用手机上网的比例已高达99.3%。在如此庞大的群体支撑下，以手机银行和银联云闪付、支付宝、微信等为代表的移动支付平台获得快速发展。第三方支付涵盖了社会生活的方方面面。购物，支付手机话费、物业费、水电费、停车费等均可以在手机上操作。即使在偏远的农村，人们也可以便捷地享受"无现金化"的社会生活，不仅省去了现金找零、防假币的烦琐，也省去了去银行网点的路途，给人们的生活带来了巨大的便利。

（二）提高服务效率，降低服务成本

科技助推数字普惠金融可获得性不断增强，与传统依靠分支机构数量和网点提供金融服务的模式不同，采取移动通信、网络方式获取金融服务，不受季节、区域、地势等因素的限制，因此能够覆盖的范围更加广泛，特别是偏远农村地区受益更多。不论客户身处何方，只要有手机等移动设备和网络，不需要营业网点和办公地点，就可以享受数字普惠金融服务。而且，数字金融的运行费用低廉，能够有效降低普惠金融服务成本。

与传统金融相比，数字普惠金融收集客户信息和征信数据等审核资料更加高效快捷，通过云计算技术功能分析大数据资源池储存的信息，能够比较

全面地了解小微企业的经营状况、资金往来、偿还能力、赢利能力及往期是否按期履约等基本信息，进而实现信贷资金有效合理再分配、再利用。互联网征信体系通过接入社保、电商消费等各个相关部门入口可以第一时间获取有用信息，省去传统信贷审查的烦琐流程，通过网络传输资料，也可以大大缩短信贷审核时间，降低风险评估、线下审核以及风险管理的费用，减少人工采集征信、身份核查调用等工作，提高小微企业审核效率、简化程序、降低金融服务费用，提升其融资效率。

同时，采用线上审批，结合人工智能实现自动化审核，可以将原来需要几天的受理审批时间大幅缩短，甚至可以当天完成审批。另外，针对特定客群，可以推出数据驱动且风险可控的电子渠道全流程作业信贷产品，几分钟内出具审批结果，进一步体现高效性、便捷性。

现在，各城市几乎都推出了具有金融功能的社保卡，在社保卡的基础上加载了金融功能。其安全保密性高，难以伪造；存储容量大，可以扩展多种功能，如医疗保障、退休金发放、军人保障等，还可以拓展电子钱包功能，支持非接触式快速支付。在住院看病时，利用社保卡就可以完成大多数的流程，包括付款等，简化了住院看病以及医保报销的手续，降低了医院等相关单位的服务成本。

（三）破除信息壁垒，拓宽信息渠道

传统征信模式对小微企业的信息收集主要来源于三个方面：客户主动向商业银行提交的申请信息、商业银行内部积累的客户历史交易数据、中国人民银行征信中心等外部机构提供的数据。这些数据维度相对狭窄，信息价值密度高度集中，针对性较强。

相比传统征信，大数据风控模式的数据信息来源广泛，不仅包括传统征信模式已有的数据信息，还包括社交网络平台的衣、食、住、行等日常交易信息，以及政府服务平台的工商、税务、法院、公积金、水电等信息。这些数据来源广泛，客户信息价值相对丰富，利用这些信息可以更加全面地了解企业真实面貌。而且针对那些在金融机构没有信用记录的客户，大数据征信

技术也能为其提供金融服务，可以有效防止客户流失。

大数据征信技术可以将原本分割的银行前、中、后台信息进行有效整合贯通，吸纳在信贷业务条线之外的其他碎片化信息，并进行过滤与整合，打破信息壁垒，实现信息互联互通，进而分析预测借款企业的信用风险。一方面，大数据和云计算技术对收集来的碎片化信息进行关联分析、交叉检验及核实，可以有效地甄别小微企业虚假财务信息和借款人刻意隐瞒的负面信息，对企业的真实面貌进行全面刻画。另一方面，通过建立小企业失信披露机制，把企业的违约信息纳入征信系统，为银行金融机构提供信息共享平台，实现信息互联互通，预防重复骗贷现象发生。

我国大数据技术和产业不断成熟，同时也不断地向政治、经济和社会生活等方面渗透。未来可以充分利用大数据的聚集和增值作用，结合区块链技术不可篡改、可溯源的特性，在纵向上，结合交易信息和信誉数据，做到金融行业之间，乃至金融行业和政府部门之间信息的共通共享，强化金融与司法、社保、工商、税务、海关、电力、电信等行业的数据资源融合应用，建立健全跨地区、跨部门、跨层级的数据融合应用机制。在横向上，打通各地区信息资源，建立统一的大数据平台，实现数据资源的有效整合与深度利用，盘活现有资源，释放创新活力。

（四）简化授信程序，降低服务门槛

传统金融机构完成一笔贷款发放可能需要十几个步骤及不同的部门配合，耗时长，成本高。大数据网络放贷平台充分利用大数据以及机器学习算法，构建"线上操作＋数据决策＋模型管理"小微企业信贷服务模式，最快只需要几秒钟就可以审批完成一笔申请，无须任何担保，客户通过信用评分即可获得贷款。通过大数据风控，一方面，实现在线自动化、数据化、模型化审批，可以提高商业银行的信贷服务效率，方便小微企业快速、便捷地申请到贷款；另一方面，可以优化商业银行的信贷流程、打破传统经营模式，实现可持续发展。

传统信贷调查需要花费大量的人力和物力成本去收集企业相关信息，且信息的真实性、准确性也有待核验。在大数据风控模式下，商业银行可以通过与信用服务机构合作建立大数据风控平台，对小微企业营业状况和发展前景进行全面分析，这些数据不仅可获得性强，而且获取和处理成本较低。近年来，随着金融科技的发展，农村地区的网上支付以及非现金支付显著提升；互联网、金融科技的发展，催生了各种社交网络、搜索引擎，而利用大数据、云计算等互联网信息技术，客户信息可被快速地分析，包括交易情况、信用状况、资产情况等，免除了建设传统物理网点的高成本。手机银行信用贷款等贷款融资模式，放贷速度较快，具有流程简便、零抵押、低门槛等特点，为农村普惠金融发展注入了新的活力。此外，各种新型的可获得性高的、交易方便的线上理财产品，使原本被传统金融机构忽略的低净值人群也被纳入金融服务覆盖的范围内，农村金融的覆盖率得到了明显的提高。

（五）优化决策模型，提升风控水平

基于大数据平台的数据挖掘、分析以及建模工具对客户的行为信息进行自动化抓取、整合、分析，可以精准预测其履约意愿、履约能力和履约稳定性，从多个评估维度评价信用主体的信用状况。此外，机器学习建模方法可以实现各类风险管理参数和模型的动态调整，不断提高模型的精准度，准确地计量出每位客户可接受的最大风险敞口，提高银行的风险计量水平。

相比传统信贷决策，大数据信贷决策采用云计算技术，从数据录入到评价结果输出，整个过程全部由计算机算法完成，避免了人为判断的主观性，确保评价结果的客观性。同时，大数据决策模型是集客户申请、贷款审批、产品销售、客户挽留、客户管理、贷款催收与回收的客户全生命周期管理模型，多角度、全方位地量化评估客户风险，大大提高了信贷决策的准确性。

基于以上背景，威海银行近年来致力于数字化转型尤其是基于金融科技的普惠业务平台建设，主要包括科技型小微企业普惠金融业务平台、"房e贷"业务平台和社区普惠金融业务平台。

二 科技型小微企业普惠金融业务平台建设

威海银行以践行创新型国家战略、扶持小微企业发展、促进科技产融结合为战略定位，以服务地方经济、服务小微企业、聚焦科技创新为市场定位，应用小微企业划型、企业生命周期划型、无形资产价值评估、企业信用评级等经济学方法体系，统筹建设科技支行运营体系与信息化系统，实现精细化配置金融策略、优化风控管理、降低融资难度、突破信息不对称等目标。初步建立结构平衡、信息对称、渠道多元、风险可控的现代化中小银行科技金融平台，践行国家创新驱动发展战略、产生一定的企业效益及社会效益。主要做法如下。

（一）明确市场定位，确立科技金融平台建设目标

1. 平台战略方向

威海银行将科技型小微企业普惠金融平台战略定位为"践行创新型国家战略的排头兵、扶持小微企业发展的金融载体、促进科技产融结合的桥梁纽带"。

一是平台践行国家创新驱动发展战略。加快建设创新型国家战略需要政府部门、科技、教育、产业、金融等共同发力。威海银行科技金融平台虽然难以达到大型国有商业银行的规模，但其利用独有的精细化运营优势，可以在细分领域做到国内领先，成为最快最优践行创新型国家战略的示范样板。

二是平台战略性扶持小微企业发展，紧密围绕国家建设中小银行的初衷，为当地小微企业获得融资便利提供有效的制度安排。未来可以在全国范围内推广山东模式，服务实体经济，尤其是科技型小微企业。

三是平台着力促进科技产融结合，在技术上、合作关系上打通政府、企业、担保等金融体系环节，以高效的信息化服务手段，将金融资源、政府政策资源推送至科技型小微企业，促进科技产业快速发展。

2. 平台市场定位

威海银行将科技型小微企业普惠金融平台市场定位为"服务地方经济，服务小微企业，聚焦科技创新"。

在地理归类层面，平台准确定位中小银行的角色与使命，侧重区域经济发展与产融结合。

在企业类型层面，平台以小微企业客户为目标客户群体，着力解决小微企业融资困境，扶持小微企业可持续发展。

在产业领域层面，平台以科技创新为目标客户的产业范畴，定位科技金融，主要服务于促进科技开发、成果转化和高新技术产业发展。

（二）突破科技企业融资难点，建立授信评估体系

科技型小微企业普惠金融平台侧重于应用经济管理的理论与方法，优化授信价值评估及风险控制流程。在科技类企业分类的基础上，结合成长型小微企业划型标准与企业生命周期划型标准，为企业画像；创新以知识产权质押为代表的六大类无形资产评估方法；实践运用信用评级理论，形成一整套方法体系，即从企业画像、无形资产、信用评级等多个维度综合评估得出授信额度。由此一方面降低银行的融资风险，另一方面突破科技型小微企业融资难点。

1. 建立科技类成长型小微企业划型标准

第一，定义科技类成长型小微企业。即在较长时期（如3年及以上）内，具有持续挖掘未利用资源的能力，不同程度地表现出内生动力及整体扩张的态势，未来发展预期良好的科技类小微企业（如"瞪羚"类企业）。第二，以科技型企业实际财务指标为依据，提出一套专门评估科技类成长型小微企业的方法，建立包括成长状况、赢利水平、经营效率、偿债能力、行业发展、知识产权六大类定量指标，以及管理能力、技术创新能力和成长环境三大类定性指标的综合体系。第三，在时间维度上综合考察一段时期内企业连续发展的速度和质量，在空间维度上综合考察企业在本行业（或全产业）时点状态下所处的地位。第四，评价流程为首先确定企业所在行业的总体状况，其次测算评估期前3年企业的发展状况（包括企业在行业中的变动状

况和企业自身的变动状况），最后用企业评估期的实际水平与前3年的发展状况进行比较，从整体上反映评估期企业的变动状况是越来越好，还是有进有退，抑或逐渐萎缩。相关定量指标见表1。

表1　科技类成长型小微企业划型指标（定量部分）

一级指标	二级指标
成长状况	销售收入增长率
	净利润增长率
	净资产增长率
赢利水平	主营业务收入利润率
	总资产报酬率
经营效率	销售净利润率
	工资增加值率
	资本收益率
偿债能力	资产负债率
	流动比率
	速动比率
行业发展	行业收入增长率
知识产权	贡献率
	运用能力
	创造能力
	保护能力

资料来源：威海银行、山东省亚太资本市场研究院。

相关定性指标解析见表2。

表2　科技类成长型小微企业划型指标（定性部分）

定性指标	指标解释
管理能力	包括企业管理工作是否符合实际、企业管理的规章制度是否健全、企业员工的素质是否适应发展需求等
技术创新能力	包括创新环境的优化、创新资源的投入能力、创新管理能力、研究开发能力等
成长环境	内部支持环境因素：包括人力资源管理、市场营销和质量管理等； 外部支持环境因素：产业竞争环境、融资等营商环境

资料来源：威海银行、山东省亚太资本市场研究院。

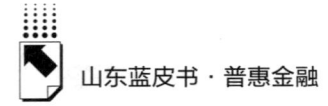

通过综合测评，企业成长能力定量指标达到基本标准，定性指标达到本地区细分行业先进水平，则企业可划型为科技类成长型小微企业，具备内生动力及可持续发展潜力。对于这类企业，可以降低融资门槛，进行长期扶持培育。

2. 建立科技类企业生命周期划型标准

Greiner（1972）首次提出企业生命周期概念，并围绕这一概念进行了比较广泛的探讨。Gort 和 Klepper（1982）定义了生命周期的五个阶段：导入期、增长期、成熟期、淘汰期、衰退期。威海银行根据我国科技类小微企业特征，考虑到各阶段资源的导入与企业发展变化，将科技类小微企业生命周期优化调整为初创、成长、成熟、衰退或转型、再创业五个阶段（见图1）。

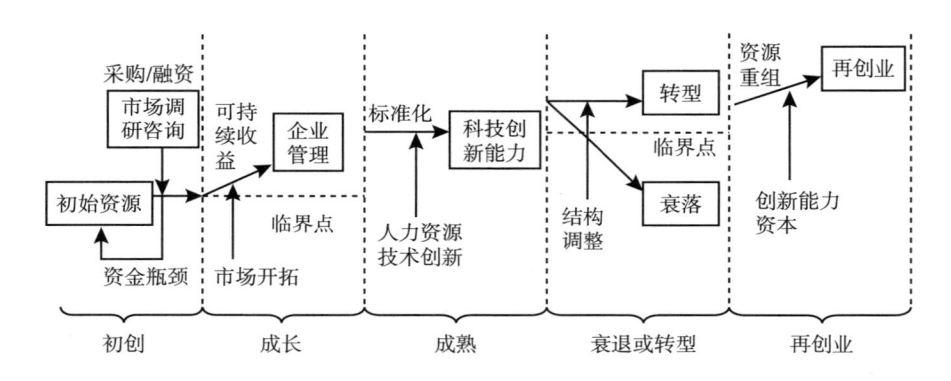

图1 科技类小微企业生命周期划型

资料来源：威海银行、山东省亚太资本市场研究院。

其中，在初创期，企业依托初始资源（如技术专利、科技人才等）艰苦支撑，获得政府/大企业采购或初期融资后，才有可能突破至成长阶段。因此初创阶段对融资的需求是最强的，然而由于风险最高，资本市场、风险投资、民间资本考虑风险控制，均很难满足初创阶段企业的融资诉求。在成长期，企业着力于市场开拓，通过可持续的经营收益维系其自身发展，能否跨越至成熟阶段，比较的是企业管理能力。在此阶段将划分出具备内生动力的科技类成长型小微企业，即最有投资潜力的企业。尤其是成长型小微企业，将最快进入成熟阶段。在成熟期，企业通过标准化管理，提升运营效率，加快周转速度。此阶段企业着力于技术创新与人力资源培养。当市场变化尤其是科技进步引发时代变革时，企业将面临衰落，同时也可转型迎来再创业阶段。而转型需要资源重组、引入创新能力尤其是获得资本注入。

因此，如何鉴别企业的发展阶段、如何选择成长期的优质企业、如何维系再创业阶段的优质企业，是科技类企业生命周期划型的诉求。

威海银行通过综合评价法及现金流组合法评价企业的生命阶段，具体如下。

综合评价法：选取收入增长率、市场占有增长率、科研成果转化增长率、成本降低率、规模扩张率、现金收益比增长率六个要素，并分别赋予其不同的权重，通过建立线性方程以确定划分生命周期的综合指标，并根据综合指标的大小判定企业所处生命周期的具体阶段。

现金流组合法：Dickinson（2006）对现金流（包括经营现金流、投资现金流和融资现金流）与企业生命周期之间的关系做了详尽的解释，威海银行结合生命周期五阶段（初创、成长、成熟、衰退或转型、再创业），以不同现金流量特征组合评判企业所属生命周期阶段（见表3）。

表3 现金流组合法评判企业所属生命周期阶段对照

	初创	成长	成熟	衰退或转型			再创业	
经营现金流	-	+	+	-	+	+	-	-
投资现金流	-	-	-	-	+	+	+	+
融资现金流	+	+	-	-	+	-	+	-

注："+"代表现金流为正；"-"代表现金流为负。
资料来源：威海银行、山东省亚太资本市场研究院。

通过综合评价法、现金流组合法等，综合评判企业所处阶段。之后结合科技类成长型小微企业划型标准筛选出科技类成长型小微企业，推荐重点提供金融扶持，并长期跟踪培育，为再创业阶段企业的贷款融资做好铺垫。

3. 建立以知识产权质押为代表的授信评估方法体系

威海银行建立以知识产权质押为代表的六大类授信价值评估方法体系，包括知识产权质押、股权质押、国内订单、国内法人机械设备按揭贷款、银

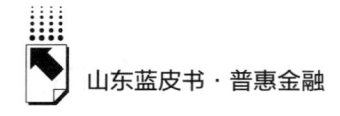

租通、合同能源管理等。

其中，关于知识产权质押的融资授信价值评估方法，考虑到专利持有单位所处行业的技术壁垒特征及所提供服务的技术附着属性均较为显著，专利技术对其主营业务的价值贡献水平较高，相关业务收入在财务中独立核算，且这些无形资产的价值贡献能够保持一定的延续性，故采用收益法对专利持有单位的专利技术进行评估。评估过程涉及分行业的收入分成率计算、基于资本资产定价模型（CAPM）的折现率计算。评估人员通过对无形资产特有风险进行测评，同时考虑行业的市场竞争程度及其他因素，经综合评价，评估得出专利价值。

4. 建立科技类小微企业的信用评级方法

威海银行应用行业惯用的信用评级5C要素法，对企业的综合素质、经营能力、管理能力、偿付能力、社会信用记录，做诚信经营评估。

客户信用评级采取定量分析与定性分析相结合的方法，对不同行业、不同类型客户分别设置具体的评级模型。等级符号及特征描述：客户信用等级分四等十级，即AAA、AA、A、BBB、BB、B、CCC、CC、C、D，风险逐级递增。

（三）融合相关信息管理系统，实现有效的风控管理

1. 客户关系管理系统

威海银行CRM系统，涵盖客户管理、客户经理管理、营销管理、工作平台、产品管理、报表管理、系统管理等基本功能模块，以及客户多维分析、财富管理模块等高级功能。为科技类成长型小微企业划型、科技类企业生命周期划型等方法体系提供技术支撑。

系统上线后，企业用户使用率逐步提高。系统也不断迭代升级，结合全行各分支机构各层级人员上报的需求，从实用性、便捷性、精准性出发，对需求展开流程化的论证、开发、测试和上线工作，并对发现的问题实施原因排查、问题解决和测试上线安排。

为加强对客户分层分类管理，开发客户多维分析高级模块，支持对单一客户价值分析和九宫格客户价值细分、支持客户关联价值分析、支持客户行

为分析；为辅助客户实现资产管理，开发财富管理高级模块，提供财务诊断、动态资产管理、理财规划工具、客户报告书等高级管理功能。

2. 信贷管理系统

威海银行基于信用评级5C要素方法体系以及以知识产权为代表的无形资产评估方法，搭建信贷管理系统平台，流程化、工单化开展信用评级、授信价值评估等工序。

为保证信息的准确与完整，威海银行积极与政府、大数据公司及征信平台对接，多维度获取数据，并与企业上报数据进行核对，展开综合分析判断。

客户信用评级管理采取"统一标准、动态调整、分级审定、准入限制"的原则。统一标准是指全行对信贷客户采用统一的信用评级方法、评级指标体系和参数标准；动态调整是指客户经理根据客户信用风险变化等对评级结果进行更新调整；分级审定是指各级信贷管理岗位根据等级权限对客户信用风险进行再评价，对评级结果进行审定，同时评级认定岗位应满足独立性要求，评级认定人员不能从贷款发放中直接获益，不应受相关利益部门影响，不能由评级发起人员兼任；准入限制是指对评级结果不符合准入要求的客户，经营机构严格限制准入。

在尽职调查方面，系统支持客户经理收集、整理客户基础资料，并分析判断，并将信息录入信贷管理系统。客户经理可独立对客户进行定性指标的评价，由系统计算得出初始评级。客户经理可在平台的辅助下，独立对客户是否存在影响生产经营和偿债能力的重大事项做判断。信贷审批部门根据业务权限对信贷经营部门提报的客户评级进行审查。当客户经营和财务情况发生重大变化，如发生兼并、收购、分立、破产、股份制改革、资产重组等重大事项时，或在信用评级有效期内客户的行业属性调整时，或在客户违约状态发生不利变化时，则应对客户评级做重检。

（四）适应当地环境，完善配套体制机制

1. 在全省商业银行中首家建立科技金融支行

威海银行于2011年11月16日成立山东省首家科技支行。在借鉴"硅

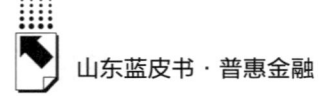

谷银行"经验的基础上，按照"政府＋银行＋担保＋创投"的模式，严格按照试点要求，不断创新体制机制，积极开展业务创新，支持科技型小微企业成长。

2. 制定侧重于扶持科技类小微企业的金融服务对策

威海银行对科技支行采取单独的客户准入标准、单独的信贷审批权限、单独的信贷风险容忍度和单独的业务考核政策的"四个单独"的科技型小微企业金融服务专营机构管理体制及专门的"科技绿色通道"，对一些不符合银行常用信贷准入标准的企业，经单独认定，仍可得到科技支行的贷款支持。

3. 根据企业生命周期阶段制定专项对策

在企业的生命周期五个阶段中，科技型小微企业对商业银行资金需求最强烈的是初创期、成长期和成熟期这三个阶段。针对初创期企业，侧重提供咨询服务、担保合作及信贷支持。针对成长期企业，提供知识产权质押、股权质押、合同能源管理、应收账款质押和订单融资等新型担保融资。针对成熟期企业，联合风投公司、风险基金和信托公司，提供一揽子综合金融服务方案。重视对客户的长期维系，使企业在转型期或再创业期延续合作。

同时，运用好山东省及各市政府的金融扶持政策。例如，在威海市，当地财政部门根据属地原则，对科技支行办理的试点企业信贷业务，按照当年贷款余额的1%予以风险补偿；对获得科技支行贷款的试点企业，按照其当年在科技支行贷款余额的1%予以贷款贴息，并纳入"临时还贷扶持资金"扶持范围。威海银行充分运用政府的金融扶持政策，不断扩大科技型小微企业的扶持力度。

4. 丰富产品形式，对接各类金融机构

根据企业实际，推出知识产权质押融资、股权质押融资、国内订单融资、国内法人机械设备按揭贷款、银租通、合同能源管理等丰富的金融产品。基于平台接口，对接风投公司、风险基金和信托公司，共同为企业提供财务和管理顾问咨询等一揽子综合金融服务。

5. 制度化组织实地调研小微企业，提供一户一策服务

科技型小微企业每家的情况都不同，每家的困难和需求都不一样，必须结合实际情况，制定有针对性的解决方案。为了提供更加优质高效的金融服务，威海市商业银行制度化地安排专人深入科技型小微企业进行实地调研，一户一策帮助企业更快更好地发展。

（五）由点到面，逐步建立标准化的科技金融平台

针对科技型小微企业融资"短、小、频、快"的特点，威海银行根据"快速、简洁、高效"原则，为科技金融平台设计标准化的组织架构和审批流程，可以实现由点到面，在全省范围推广。

1. 标准化的组织架构助力平台推广

一是改革组织架构，设立市场部。将商业银行传统的"业务科—营业室"二元架构模式，调整为"市场部—综合部—营业室"三元架构模式，审贷分离，细化职能。同时，在市场部配备专业的管理人员和客户经理，负责全行科技型小微企业的贷款业务，为其提供"一站式"综合金融服务。科技支行市场部设立以来，科技企业贷款快速健康增长，年均增速在30%以上。

二是采用项目小组管理模式，打造特色支行。根据客户资源禀赋情况及试点科技企业的区域特性，将市场部7名客户经理划分为3个项目小组，对威海市4个行政区的试点科技企业进行点对点的专项营销，同时在资源配置、人员配备等方面给予适度倾斜，在指标设定、业绩考核等方面实行差异化政策，充分挖潜市场部的营销和服务辐射功能，形成"以点带面、多点联动、共同推进"的良好局面。

2. 标准化的信贷审批流程助力平台推广

威海银行在有效控制风险的前提下，减少审批环节，提升审批效率，提高服务水平。除了采取"四个单独"的科技型中小微企业金融服务专营机构管理体制和专门的"科技绿色通道"创新信贷流程，还实行分级审批制度，给予平台更高的授权额度。即在科技型中小微企业一定额度内的授信申

请，由科技支行独立审批，超过额度才需要上报总行审批，同时建立基于"团队+产品+市场+财务数据"的价值发现模式，进一步缩短信贷审批时间，提升服务质量和效率。

3. 在全省逐步建立标准化的科技金融平台

威海银行依托平台能力，在枣庄市、烟台市、潍坊市、威海市、青岛市、临沂市、莱芜市、济宁市、济南市、东营市、德州市等山东全省范围内，围绕国家科技创新重点扶持的细分行业类目（如电工机械专用设备制造、技术玻璃制品制造、通用设备制造、医疗设备制造、电子元件制造等等），推广科技金融服务平台。推广过程中特别注重标准化与市场化。一是在各地优先推广知识产权质押融资、股权质押融资等新型担保融资产品。二是深入各地市政府部门、高新企业孵化中心、行业协会、担保机构和核心企业，推广集群信贷模式，创新营销渠道。三是以"点"辐射"面"进行客户开发，以"面"覆盖"点"进行风险控制。四是建立"科技金融联系人制度"，实行"上门服务"和"提前服务"。

三 社区普惠金融平台建设

在经济新常态大背景下，各银行为顺应时代潮流，积极利用互联网、大数据资源打造自己的电子服务平台，并与其他金融机构共同打造场景化服务平台。鉴于"场景金融"已经成为金融业现在及未来发展的方向，社区生活又可提炼出多种应用场景，威海银行和第三方合作一起建设"O2O社区普惠金融平台"（以下简称社区平台）。

（一）业务模式

社区平台面向全体小区业主、住户群体，打造便捷的物业服务、社区交流与商圈服务平台。通过不断提升银行的公信力和服务输出，助力物业服务再升级，为构建新型邻里关系以及创建智慧社区奠定良好基础，同时发挥银行金融服务能力，整合银行资源搭建点到点场景渠道，最终实现社区与金融机构的共赢。

社区平台还可作为深度挖掘社区资源的工具，为银行提供线上营销平台。在社区金融完成客户引流和客户基础的沉淀后，为了更好地激发用户的活跃度和参与度，可以引入基于场景的营销平台，促进基于社区周边的生活圈的建立，满足社区用户衣食住行需求，从而构建一个完整的生活金融服务圈。

实现社区服务与金融平台的互联，可以通过构建"互联网+场景应用"的业务模式，在批量获客模式、集中采集、单个缴费、数据汇总、资金行内循环等方面进行业务创新，打通批量拓客、缴费吸储、融资获利、资产增值等金融服务渠道，有助于银行打破物理网点局限，扩大客户群和沉淀资金。同时，社区金融平台还可以进行延伸拓展，聚合线下大社区、大商圈的商机，利用互联网平台覆盖整个产业链和客户群，进而进行资源整合、信息共享，促进线上线下立体互动，为行内营销活动以及银行提供智能化的场景服务。

社区普惠金融平台"互联网+场景应用"的业务模式如图2所示。

学校	物业	商场	党费
01	02	03	04
学校	物业	商场	党费
免费办理校园联名卡；上门激活服务；办理专属理财、教师大额度信用卡	物业、水电、车位等收费项目自定义；支持单价面积公式收费计算；支持滞纳金计算缴费；按揭贷款优先办理	摊位费计价收费；O2O线上营销平台搭建；小额贷款合作	分级式构架；轻松实现线上催缴

图2　社区普惠金融平台"互联网+场景应用"的业务模式

资料来源：威海银行、山东省亚太资本市场研究院。

社区普惠金融平台包括城镇社区金融、商场社区金融、B2B场景社区金融，涵盖了物业、商场、学校、热力、党费、出租车、校车等不同缴费场景的收费需求。社区普惠金融平台分三个独立单元，分别是银行管理台、社区管理台和用户缴费端。银行管理台供银行管理员使用，分为总行、分行和支行不同角色群体，主要对社区及社区管理员进行管理，以及对缴费报表进行统计分析。社区管理员在社区管理台可完成对用户信息的维护、账单的管

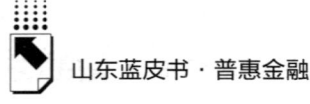

理、通知的发布及汇总统计等功能。客户可通过微信银行、手机银行等电子渠道，查询欠费情况，缴纳各类款项，查看各类通知公告。

社区普惠金融平台解决的缴费痛点问题如图3所示。

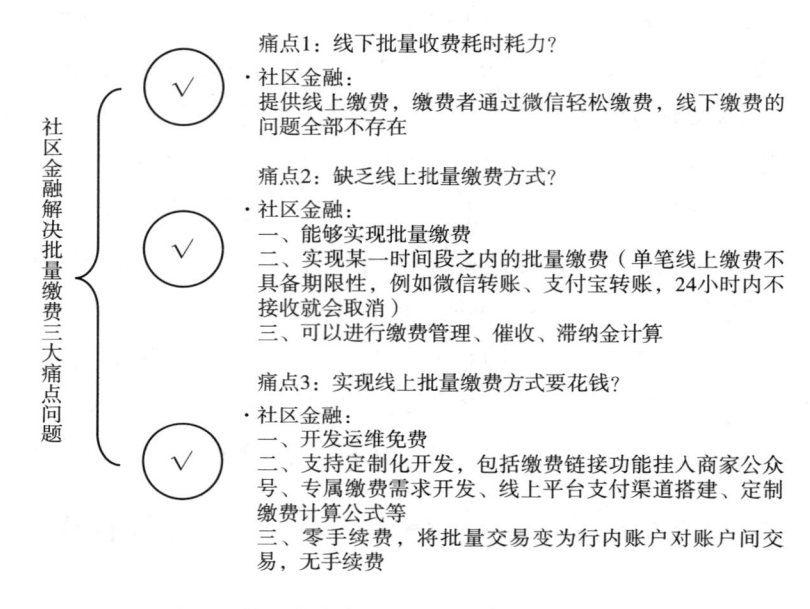

痛点1：线下批量收费耗时耗力？
·社区金融：
提供线上缴费，缴费者通过微信轻松缴费，线下缴费的问题全部不存在

痛点2：缺乏线上批量缴费方式？
·社区金融：
一、能够实现批量缴费
二、实现某一时间段之内的批量缴费（单笔线上缴费不具备期限性，例如微信转账、支付宝转账，24小时内不接收就会取消）
三、可以进行缴费管理、催收、滞纳金计算

痛点3：实现线上批量缴费方式要花钱？
·社区金融：
一、开发运维免费
二、支持定制化开发，包括缴费链接功能挂入商家公众号、专属缴费需求开发、线上平台支付渠道搭建、定制缴费计算公式等
三、零手续费，将批量交易变为行内账户对账户间交易，无手续费

图3 社区普惠金融平台解决的缴费痛点问题

资料来源：威海银行、山东省亚太资本市场研究院。

（二）技术特点

1. 支持多集群：能够与电子银行系统无缝对接

对社区普惠金融平台进行开发升级，使社区普惠金融平台能支持集群部署，提高了后台服务的处理能力；社区金融服务采用与电子银行支付进行系统统一加密的方式部署，并构建数据库，能够使电子银行与社区金融系统的查询支付等功能对接。

2. 支持负载均衡机制，满足系统快速响应和并发要求

采取了单一集群节点负载对接双（多）机的模式，实现负载均衡，对外部过来的请求能够动态地分发到不同的服务器上，在交易高峰期不会因为单个节点处理业务较多而阻塞，方便银行操作人员和企业管理员进行操作。

3. 采用内外网分离的方式，同时为专线内网环境和互联网环境用户提供管理服务

针对银行端管理员主要在银行内网操作的问题，社区、学校等管理员主要在互联网环境操作的问题，将 Web 服务单独部署在内网 Web 服务器中，使银行端管理员从内网访问时，可以通过内网 Web 服务器请求应用服务，社区、学校管理员从互联网访问时，可以通过普通 Web 服务器请求应用服务，能同时满足银行和社区、学校管理员对不同网络的需求。

4. 采用前后端分离技术，极大地提高开发效率

为实现内外网 Web 服务的分离以及提高系统的开发效率，采用前后端分离技术，将前端独立出来开发。前端可以使用一些公共组件及 LUI 框架的虚拟接口调试方式，有助于提高开发测试效率，并能支持不同网络环境的要求。

5. 对外提供对接服务，可以对外扩展服务，提高系统的利用率

社区金融平台采用电子银行统一架构，统一部署在同一个网络区，能够更方便地为电子银行提供对接服务；同时对其他应用的请求，也可以采用内网专线 ESB 通信，利用更安全的服务方式，提高系统的利用率。

（三）接入场景类型分析

截至 2020 年末，社区金融平台合作的场景类型有物业、学校（幼儿园、小学、初中、高中、大学、培训机构）、商场、出租车、党费、热力共 11 个生活场景。使用场景以物业和学校为主，物业合计入驻 307 个，学校 246 所，物业及学校的商户数约各占一半。学校教育场景中，幼儿园和培训机构居多（见图 4）。

随着系统的完善和金融科技的发展，社区金融迎来井喷式发展。各类教育机构交易金额较大，此类商户也成为各行争夺的焦点。

（四）社区业务营销规律分析

1. 物业账单线上缴费占比分析

根据物业账单缴费方式统计，互联网缴费（通过微信端进行社区缴

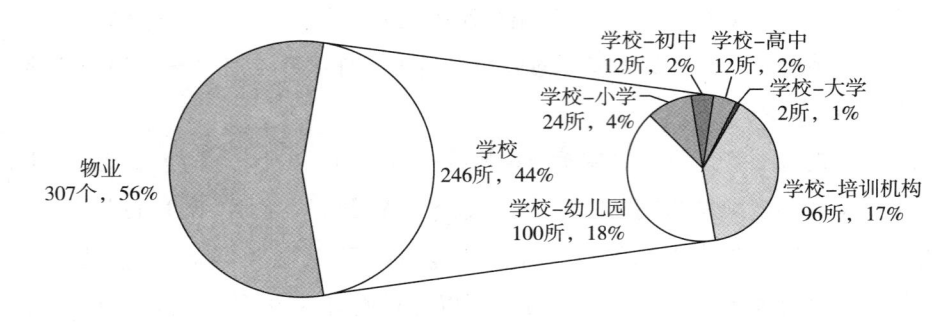

图 4 接入社区类型数量对比

资料来源：威海银行、山东省亚太资本市场研究院。

费方式）的占比不到60%，还有很大提升空间，考虑到很多居民喜欢使用纸质收据，可以将电子收据作为功能亮点，进而提高互联网缴费比例。

2. 学校账单线上缴费占比分析

学校账单的缴费方式占比和物业不同，大部分用户倾向于通过互联网缴费。可以看出，目前在使用缴费系统的学校，包括微信用户基本依赖于社区平台，可以考虑后期适当增加银行的金融服务。

（五）项目推广价值

社区普惠金融平台项目的推广价值主要体现在以下几个方面。

1. 创造了平台化获客渠道

提供社区金融场景化服务，满足客户场景缴费刚需，为银行形成稳定的客户来源，节约营销成本。

2. 为营销提供抓手，扩展合作空间

各地区均有大量中小学、幼儿园、物业、商场，一方面，社区金融平台可以为银行提供与学校、物业、商场等机构的合作交流机会，从而扩展合作空间；另一方面，银行再引流其他产品给社区客户，让社区客户与银行间的交互更加密切。

3. 有助于培养高净值长期客户

物业模块涉及用户主要为小区业主，商场模块涉及用户主要为摊位经营者，此类客户群体均为高净值客户，银行通过社区金融平台，可以与客户产生长期业务联系，使其逐渐发展为忠实客户，有利于存款沉淀。

根据《山东省统计年鉴》的数据，截至2020年末，山东省社区数量超过7.3万个（见图5）。全省共有企业党组织8.5万个，13869个具备建立党组织条件的公有制企业中，13861个建立了党组织，占99.9%；28594个具备建立党组织条件的非公有制企业中，28588个建立了党组织，占99.98%。这些企业均可利用社区金融平台党费模块。

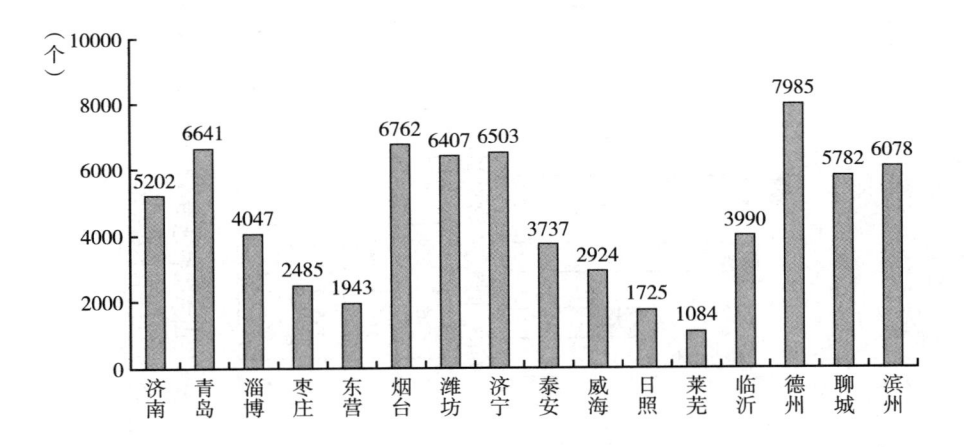

图5 山东省各地市社区数量统计（2020年）

地市	数量（个）
济南	5202
青岛	6641
淄博	4047
枣庄	2485
东营	1943
烟台	6762
潍坊	6407
济宁	6503
泰安	3737
威海	2924
日照	1725
莱芜	1084
临沂	3990
德州	7985
聊城	5782
滨州	6078

资料来源：山东省统计局、威海银行、山东省亚太资本市场研究院。

学校模块涉及用户主要为学生家长以及大学生，此类客户比较年轻，对电子产品的接受程度和依赖程度较强，因此可以通过支行营销手机银行、直销银行等电子产品，培养用户的使用习惯，形成长期客户。根据山东省教育厅官方数据，截至2020年末，山东省有普通高中555所、初中2891所、小学10404所、幼儿园17048所，学校模块具有较强的市场基础（见图6）。

山东蓝皮书·普惠金融

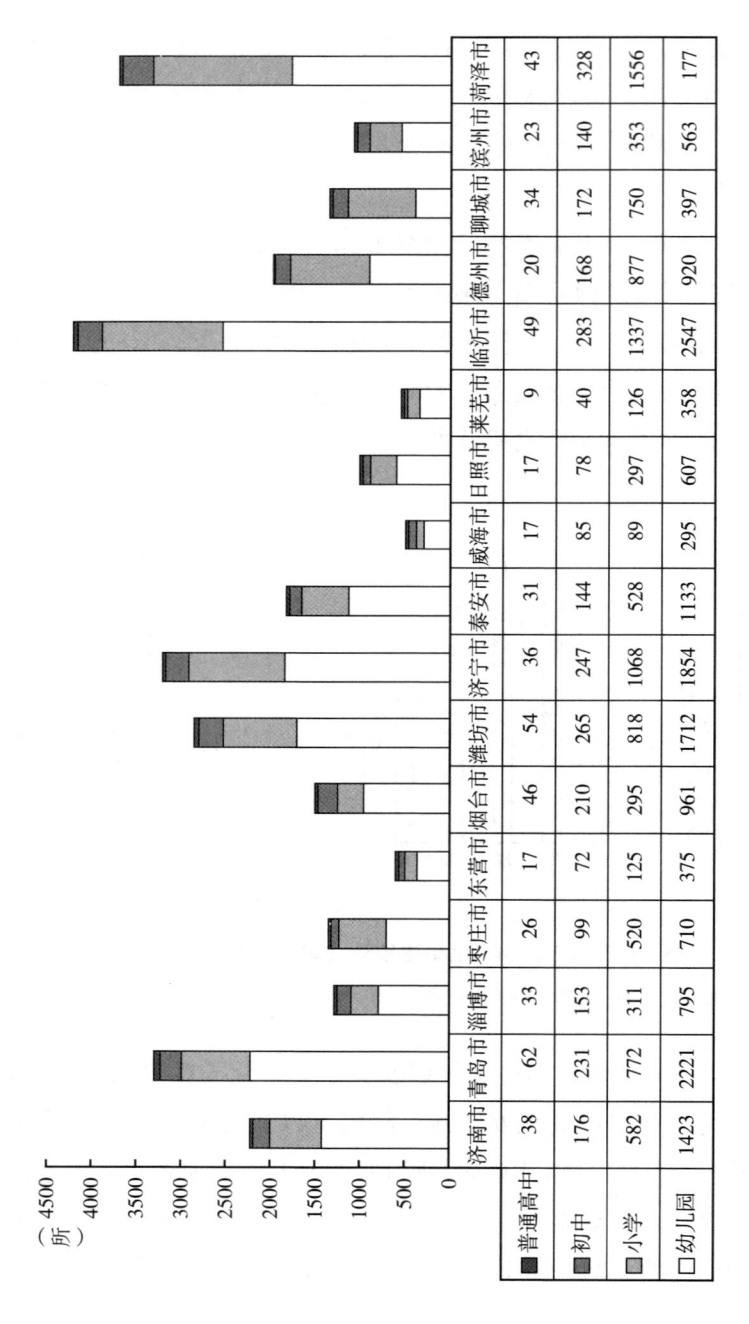

	济南市	青岛市	淄博市	枣庄市	东营市	烟台市	潍坊市	济宁市	泰安市	威海市	日照市	莱芜市	临沂市	德州市	聊城市	滨州市	菏泽市
普通高中	38	62	33	26	17	46	54	36	31	17	17	9	49	20	34	23	43
初中	176	231	153	99	72	210	265	247	144	85	78	40	283	168	172	140	328
小学	582	772	311	520	125	295	818	1068	528	89	297	126	1337	877	750	353	1556
幼儿园	1423	2221	795	710	375	961	1712	1854	1133	295	607	358	2547	920	397	563	177

图6 山东省各地市学校数量统计（2020年）

资料来源：山东省教育厅、威海银行、山东省亚太资本市场研究院。

四 "房e贷"普惠金融平台建设

随着互联网、云计算技术的发展，以大数据风控为基础的互联网金融改变了传统信贷模式，同时也给商业银行的发展带来了机遇。

从普惠业务的发展角度看，既要大力发展普惠业务，也要控制好风险。房屋抵押贷款作为一种传统业务，不仅最终风险较小，还能有效拓展零售市场，成为品牌宣传的有力武器。但在传统模式下，房屋抵押贷款存在获客方式单一、审批流程较长、办理时效不强等问题，导致长期以来威海银行该产品的市场竞争力不强，客户经理营销的意愿不足。利用大数据技术，可以将客户的各种行为以数据的方式进行存储，有利于充分挖掘信息，提高风险识别水平。同时，应用模型动态量化分析管理工具，可以强化风险计量水平，并实行全流程数据化、自动化决策，降低人为决策的主观性，降低贷款风险控制成本，提高风险控制效率。

"房e贷"产品，是威海银行打造"网络型智慧银行"，稳步实施"互联网+"战略，实现传统业务线上化发展的产物。简而言之，就是依托大数据平台，使传统的房屋抵押贷款实现线上化办理。与传统线下产品相比，线上办理具有五大优势：一是免费评房，可以在线评房，秒出估值；二是快速申请，实现在线申请，快速受理；三是自动审批，大数据风控有利于实现快速审批；四是期限灵活，最长可以五年，还款方式灵活；五是节约成本，随借随还，循环使用。

（一）业务流程

1. 客户线上评房

客户登录手机银行，可以免费使用线上评房功能。输入房产信息及本人联系方式，系统秒出评估值，同时根据行内设定的抵押率，出一个预授信额度。

2. 客户线上申请

如果客户对授信额度满意，则在线发起申请，输入个人借款信息，业务

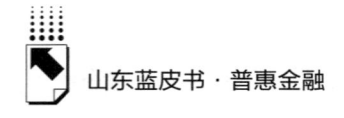

信息进入网贷平台和决策平台。

3. 系统初审

决策平台根据"房 e 贷"准入规则进行初筛，利用黑名单和反欺诈数据进行初审。如果客户通过初审，则客户经理根据客户预留电话，与客户联系，预约下户（所谓下户，就是指客户经理对客户家庭、经营等信息以及抵押房产进行现场勘查）核验的时间和地点。

4. 实地下户

客户经理（要求双人）到现场进行勘查，并至少完成以下规定性动作：现场核验借款人信息的真实性；现场搜集借款人的相关资料；现场核验房产的真实性、合规性，搜集房产信息；现场获取客户征信查询授权书。

5. 系统复审

将实地下户得到的信息，输入网贷平台和风险决策系统，对房产评估价格进行再次完善和调整；根据回传的征信查询授权书，调用征信方面的风控规则进行审批。如果通过复审，客户经理告知客户，并预约客户到银行进行面谈面签。如果不通过，客户经理告知客户未通过的原因。

6. 面签合同、办理抵押、公证手续

客户来银行进行面谈面签，带齐所有贷款材料，开户、开卡、开手机银行、开网银、开短信，现场签合同。客户经理与客户一同前往抵押登记部门办理登记手续。借款人婚姻状况为未婚、离异、丧偶的需要办理强制公证手续。

7. 用款还款

完成抵押后，登录网贷平台完成押品新增、押品引用、押品关联和权证归档流程，提交出账审核岗进行额度生效。额度生效分为见回执和见他项权证两种生效方式。

（1）见回执生效额度："房 e 贷"业务支持办理抵押后，通过办理履约保证后，可以在押品录入环节，上传回执材料和履约保证保险单，提交出账审核岗审核，完成见回执生效额度，待取回他项权证后，再在押品系统完成权证归档流程。

（2）见他项权证生效额度：拿到抵押他项权证，在押品录入环节完成权证归档流程，上传他项权证，提交出账审核岗审核，完成见他项权证生效额度，生效前系统会校验权证是否已完成核心入库。

额度生效后，借款人可在手机银行在线支用贷款，单日累计贷款金额不得超过 50 万元（含），自主支付。借款人可根据需要在线进行全部提前还款和部分提前还款操作，实现随借随还，免收利息补偿费。

8. 贷后管理

利用大数据风控进行风险信号实时预警，并根据要求完成相关贷后管理动作。按频次对抵押房产价值进行重估，对偏离度较高的房产进行及时跟踪处理。

（二）项目实施情况

整个项目实施分为三个部分：贷款进件申请、放款还款、贷后管理。

1. 贷款进件申请

系统支持两个渠道进件，分别是手机银行和中介机构，对应银行直客及中介代客两套流程。中介代客模式在系统实现上设计成外挂方式，行内网贷平台实现与中介营销管理系统的接口对接，在贷款申请信息进入行内系统之后，后续操作流程与银行直客模式完全相同，所以无论是否采用中介代客模式都不影响行内系统对"房 e 贷"产品的整体实现。

2. 放款还款

在客户的贷款申请审批通过获得授信后，客户登录威海银行的手机银行，自助实现放款支用、主动还款等操作。同时，网贷平台生成还款计划，日终批量扣划客户账完成还款操作。

3. 贷后管理

贷后管理遵循平台既有功能，实现贷后预警、逾期催收等业务功能。

（三）项目推广价值

房 e 贷充分运用线上技术，一是将客户申请、价值评估、授信审批、额度使用等环节搬到线上，优化了流程、提高了效率，使用户体验得到增强；二是保留线下核验、线下面谈面签等核心环节，控制好核心风险；三是借鉴同业经验，发掘和利用房产中介的荐客作用，丰富获客渠道。这种线上线下相结合的模式，将会极大地提升该产品的市场竞争力，提升客户经理的营销意愿，假以时日，用心运作，有望做成威海银行拳头产品。

未来优化方向如下。

1. 利用大数据分析方法，建立征信数据采集与共享平台

通过传统方式查询征信有客户信息采集不全面、分类不科学、更新慢等弊端，导致银行无法及时全面掌握客户信息，影响对客户的预判断。商业银行需利用内外部渠道获得精确的征信数据，降低信息不对称的风险，为贷前识别及贷后管理做补充。当然，就目前监管情况来看，内外部数据共享面临层层障碍，在构建征信数据采集与共享平台的同时也要严防客户信息泄露风险。

2. 加强贷后管理，细化信用风险防控措施

要做细做实贷后管理，加强对客户现金流、抵押物价值变动、生产经营、对外担保等重点情况的监管，有效预警潜在风险，防范客户违约风险。

3. 创建信用风险监控模型，加强对风险的系统性分析

通过抓取个人日常流水、企业日常营运数据，对个人与企业的现状及发展趋势进行分析判断，加强对各类风险的关联性分析。建立配套的信用风险监控模型，加强对风险的识别、计量、预警、监控。

五 对中小银行借助金融科技开拓普惠金融的启示

"学科技、爱科技、用科技"已成为银行业的共识与趋势。当前，中小银行面临资产端质量下降、负债端吸储难度加大、年轻客户吸引力下降的不利局面，金融科技应用对中小银行的发展至关重要。中小银行需借助金融科技剖析本地客户需求，并不断创新产品，才能继续保持区域性优势。大部分中小银行已充分认识到金融科技的重要作用，部分领先中小银行在金融科技应用方面已取得一些成功的经验。但整体而言，中小银行由于人才不足、数据匮乏、不具备相应风险管理体系，信息系统落后，而缺乏统筹金融科技产品、技术、组织、数据、生态等的发展规划。研究金融科技在中小银行普惠业务平台化模式中的应用，对中小银行提高普惠金融服务能力具有重要意义。

前文以威海银行科技型小微企业普惠金融业务平台、社区普惠金融业务平台和"房e贷"业务平台为案例，分析了金融科技应用在获取客户、成本控制和改善体验三个方面发挥的显著支撑作用。具体而言，在获取客户方面，通过运用金融科技，银行可以实现集群化、批量化、平台化获客，效率大大提升；在成本控制方面，利用互联网技术，可以实现数据化审查、模型化审批和自动化管理，业务成本有效降低，风险控制变得更精准；在改善体验方面，结合大数据、云计算、区块链等前沿技术，优化服务流程，提高服务效率，同时基于数据挖掘实现的用户画像、精准营销和增值服务也显著提升了客户体验。这对于中小银行发展金融科技开拓普惠金融，具有很好的启示作用。

（一）立足本地，贴近客户，产品求"专""精""深"，不求"全"

中小银行的基因是区域银行。区域化是中小银行经营的特点。中小银行只有充分发挥自身特点和优势，办出特色，建立泛金融生态圈，形成良性互动，才能在新一轮竞争中胜出。

中小银行的长项不在科技，深耕本地的业务经验才是中小银行的优势，多年积累的行内数据以及通过外部社会资源获取的数据也是银行核心资源，如何将业务—技术—数据深度融合，是中小银行发展金融科技应思考的根本问题。现在的难题在于中小银行对客户营销和洞察普遍缺乏能力，对客户需求的把握难言精准，常常出现产品定位不清晰、同质化严重的情况，"客户导向"在实践中的应用效果不尽如人意。

（二）组织变革，基因重组，夯实数据资产支撑

中小银行已普遍意识到大力发展金融科技的重要性，大部分银行专门成

立了"网络金融部"或"直销银行部"负责与之有关的系统建设和业务运营,但在实际运行中却存在诸多问题和困惑,如,网络金融部/直销银行与零售业务部、小微企业部的关系是什么?双方的职责如何划分?客户如何划分?业绩如何考核?该部门的资金资源如何配置?是单独切一块还是在零售的总盘子中?网络金融部/直销银行部与 IT 部的关系是什么?这类部门是否应该有独立专享的 IT 团队?网络金融部/直销银行部内部是否实行产品经理负责制?以上问题暂时还没有标准答案,但部分银行正在进行有益的尝试,当前比较创新的形式有两种:一种是在银行内部实行事业部制,将直销银行部视作独立的利润中心来分配资源、考核业绩,如晋城银行的"小草银行";另一种则更为彻底,成立独立的法人专门经营创新业务,如百信银行、招联金融、兴业数金等。

小微和零售业务是普惠金融平台化的主战场。中小银行当前普遍处于多渠道建设阶段,各渠道往往"各行其是",难以累积数据,而要在所有渠道提供统一的、以人为本的个性化服务,必须将数字和实体渠道融合贯通,这就要求银行在渠道建设中引入客户旅程分析,构建支持快速完成原型设计、交付并大规模实现创新体验的互动渠道,深化外部合作,完善金融科技生态体系,切入工作、社交、教育、旅行、购物、医疗等场景,使金融产品和服务跨界延伸,继而推动跨渠道协同整合。中小银行受限于数据治理水平不高和内部管理流程不完善,从数据采集、管理到应用,仍未形成成熟完整的体系,无法有效管理数据资产,对业务支撑度小。中小银行需通过提升数据资产管理能力,夯实数据资产对业务的支撑作用,基于各渠道对用户数据进行收集、整合、分析及挖掘,快速高效地实现产品创新、生态优化及客户体验提升。

(三)开放心态,合作共赢,构建生态系统

开放合作是互联网的精要。今天,各行各业都在打破藩篱、全面合作。采天地之精华,方能应万变;纳万物之灵气,才可强筋骨,这一点对于中小银行尤其重要。相比于国有大行,中小银行自身科技人才资源有明显差距,可行之路是加强与外界的合作,以最小的成本弥补自身短板,享受技术红

利,降低试错成本。同业合作、跨界合作是大势所趋,金融科技时代下银行和科技公司之间不是竞争关系,银行所拥有的资金规模雄厚、风控经验丰富、客户群体庞大等优势以及金融科技公司在大数据、人工智能、云计算等科技方面的优势正好可以形成互补,也是双方合作的基础与动力。

中小银行目前主要处在由"渠道"向"平台"迈进的阶段,外部合作形式有限,主要是线上获客引流合作以及与特色产业合作,与形成真正的生态——在互利机制下进行无界化的开放延展——还有较大距离。建议不断完善生态系统合作伙伴机制,即合作伙伴选择机制、业务和数据协同机制及利益分享机制。

参考文献

[1] 贝多广、李焰:《数字普惠金融新时代》,中信出版社、中信出版集团,2017。

[2] 卜亚:《金融科技新生态构建研究》,《西南金融》2019年第11期。

[3] 邓珊珊:《长尾理论视角下商业银行数字普惠金融的研究》,《经济纵横》2019年第28期。

[4] 韩文亮、肖梦敏、章昊:《构建中小银行普惠金融价值和运作体系 破解普惠金融难题》,《中国银行业》2019年第9期。

[5] 何广文:《合作金融发展模式及运行机制研究》,中国金融出版社,2001。

[6] 贺刚、张清、龚孟林:《数字普惠金融内涵、创新与风险研究》,《甘肃金融》2020年第2期。

[7] 黄倩、李政、熊德平:《数字普惠金融的减贫效应及其传导机制》,《改革》2019年第11期。

[8] 姜凤旭:《发展普惠金融助力和谐社会建设》,《华北金融》2007年第11期。

[9] 姜旭朝、杨杨:《合作金融的制度视角》,《山东大学学报》(哲学社会科学版)2004年第1期。

[10] 蒋剑平、张骅:《大型商业银行普惠金融数字化转型中的问题与思考》,《中国银行业》2019年第10期。

[11] 雷光明:《GS银行利用金融科技发展普惠金融策略研究》,江西财经大学硕士学位论文,2019。

[12] 李庚寅、曾林阳:《民间金融组织——合会的变迁及其思考》,《经济问题探

索》2005年第2期。

［13］李萌：《金融科技发展背景下商业银行转型策略研究》，《科技经济导刊》2019年第27期。

［14］刘鹏、周双：《高度重视金融科技在金融变革中的重要作用》，《中国物价》2019年第11期。

［15］陆磊、丁俊峰：《中国农村合作金融转型的理论分析》，《金融研究》2006年第6期。

［16］马向东：《金融科技提升普惠金融效率、服务和质量》，《中国保险报》2019年8月27日。

［17］潘士远、罗德明：《民间金融与经济发展》，《金融研究》2006年第4期。

［18］宋玉颖：《关于数字金融助推商业银行发展普惠金融的研究》，《农村金融研究》2019年第8期。

［19］王曙光、郭欣：《农村合作金融制度变迁的调研分析》，《财经科学》2006年第6期。

［20］杨畅：《我国中小银行金融科技创新与发展研究——以Z银行为例》，浙江大学硕士学位论文，2019。

［21］杨凯生：《金融科技怎样才能支持普惠金融》，《第一财经日报》2019年10月30日。

［22］周逢民：《走近金融科技》，中国金融出版社，2019。

［23］周小川：《践行党的群众路线推进包容性金融发展》，《中国金融家》2013年第10期。

［24］Abraham, F., S. L. Schmukler, and J. Tessada, "Robo-advisors: Investing Through Machines", *World Bank Policy Research Working Paper*, 2019.

［25］Bartlett, R., A. Morse, R. Stanton, and N. Wallace, "Consumer-Lending Discrimination in the Era of Fintech", *Working Paper*, 2018.

［26］Berg, T., V. Burg, A. Gombovi, and M. Puri, "On the Rise of Fintechs-Credit Scoring Using Digital Footprints", *Working Paper*, 2019.

［27］Bernardo Nicoletti, "The Future of Fintech, Integrating Finance and Technology in Financial Services", *Springer Nature*, 2017.

［28］Buchak, G., G. Matvos, T. Piskorski, and A. Seru, "Fintech, Regulatory Arbitrage, and the Rise of Shadow Banks," *Journal of Financial Economics*, 2018, 130 (3): 453-483.

［29］Fuster, A., M. Plosser, P. Schnabl, and J. Vickery, "The Role of Technology in Mortgage Lending", *The Review of Financial Studies*, 2019, 32 (5): 1854-1899.

［30］Greiner, Larry E., "Evolution and Revolution: Organizations Grow", *Harvard Business Review*, 1972 (50) 37-46.

[31] Gort, M. and Klepper, S., "Time Paths in the Diffusion of Product Innovation", *Economic Journal*, 1982 (92): 630-653.

[32] Muhammad Yunus, "A World of Three Zeros: The New Economics of Zero Poverty, Zero Unemployment, and Zero Net Carbon Emissions", *Public Affairs*, 2017.

B.6
山东省普惠金融发展指数分析

闫小敏　王大雷*

摘　要： 2020年，面对新冠肺炎疫情对经济社会的冲击，全国普惠金融服务的重心不断下沉，基础服务更加完善，产品供给更加多样。为统筹推进疫情防控和经济社会发展，山东持续深化供给侧结构性改革。全省普惠小微企业贷款延期率、信用贷款发放占比居全国前列。本报告继续沿用《山东省普惠金融发展报告（2019）》的指标体系，从可获得性、使用情况、服务质量三个维度选用13个指标测算山东普惠金融发展指数。我们发现，2020年山东省普惠金融发展指数为103.58，比2019年提高3.58%。山东省普惠金融发展指数反映的问题有银行业金融机构对小微企业的支持有待进一步加强，数字金融服务体系有待进一步完善，地方金融组织队伍有待进一步扩充。针对这些问题，本报告提出打造多元化的普惠金融机构体系，优化征信体系建设，规范发展数字普惠金融产品和服务，精准开展普惠金融知识普及的发展建议。

关键词： 山东省　普惠金融　发展指数

---

* 闫小敏，山东财经大学金融学硕士，山东省亚太资本市场研究院高级研究员，研究领域为证券市场、公司金融；王大雷，山东省亚太资本市场研究院高级研究员，研究领域为市值管理、普惠金融。

2020年是《推进普惠金融发展规划（2016—2020年）》收官之年，面对新冠肺炎疫情对经济社会的冲击，金融机构和社会各界积极推进多项金融支持政策的落地，全国普惠金融服务的重心不断下沉，基础服务更加完善，产品供给更加多样，基本建成了与全面建成小康社会相适应的普惠金融服务体系，有力地推动了普惠金融的发展。全年小微企业信用贷款、农户生产经营贷款持续增加，普惠金融基础设施持续完善，资本市场"支农支小"力度不断加大，信用体系建设逐步完善。

为统筹推进疫情防控和经济社会发展，山东坚持稳中求进的工作基调，持续深化供给侧结构性改革。全省普惠小微企业贷款延期率、信用贷款发放占比居全国前列。中国人民银行济南分行创新开展"金融诊疗助企行动"，持续深化"首贷培植行动"，两项直达实体行动落地见效，累计帮扶各类市场主体14.7万家，给予资金支持4216亿元。为综合评价山东省普惠金融的发展情况，我们在综合现有普惠金融评价体系研究的基础上，结合山东实际情况设计了包含普惠金融可获得性、使用情况、服务质量三项指标的普惠金融评价体系，开展山东普惠金融发展情况的调查、统计、分析。

随着普惠金融基础设施、征信体系的不断完善和普惠金融数字化程度的提高，普惠金融评价体系指标的选择也在不断更新和完善。2016年12月，中国人民银行发布《中国普惠金融指标体系》，从使用情况、可获得性、服务质量三个维度筛选21类共51项指标，从供需两侧反映普惠金融发展情况，2020年该指标体系完善至普惠金融23类共56项指标。2016年，在编写《山东省普惠金融发展报告（2016）》时，我们以学者焦瑾璞2006年构建的指标体系为基础，从普惠金融的可获得性、使用情况、服务质量三个维度选择了13个指标建立普惠金融评价体系，之所以选用焦瑾璞的指标体系作为研究基础，在于该学者最早将普惠金融概念引入中国。2016年至今，我们对普惠金融指标体系持续进行修改完善，并逐渐聚焦重点指标。2016～2018年的数据显示，山东省普惠金融发展水平2016年在全国排名第9位，2017年排名第10位，2018年排名第8位。2019年，山东加大普惠金融支持力度，金融改革试点不断深化，济南、枣庄、威海等地市分别选择金融支持科技创新、普惠金融以及绿色金融等重点领域，积极推进金融改革创新。2020年，山东省以高质量发展为主线，企业融资成本持续下降，临沂市获批成为全国普惠金融服务乡村振兴改革试验区。2020年，根据山东省在全国31个省份中的发展定位，我们重点分析山东普惠金融发展水平的指标变化。通过对客观数据的统计分析呈现山东普惠金融的总体发展情况，并以此为基础发现问题，提出发展建议。

一 指标解析与指数测算

（一）指标体系

本报告继续沿用《山东省普惠金融发展报告（2019）》的指标体系，从可获得性、使用情况、服务质量三个维度选用13个指标，并采用专家打分法赋权。可获得性指标、使用情况指标、服务质量指标作为一级指标分别占40%、50%和10%的权重。其中，可获得性指标包含互联网基础资源指数、银行网点密度、银行网点乡镇覆盖率、助农取款服务点覆盖率4个二级指标，分别占15%、10%、10%、5%的权重，4个二级指标均为正向指标；使用情况指标包含银行卡人均持卡量、小微企业贷款获得率、普惠信贷获得率、小额贷款获得率、网络金融便利性、保险密度、保险深度7个二级指标，分别占10%、10%、10%、5%、5%、5%、5%的权重，7个二级指标均为正向指标；服务质量指标包含金融从业人员密度、金融机构不合规服务率2个二级指标，权重均为5%，金融从业人员密度为正向指标、金融机构不合规服务率为负向指标①。具体的指标构成如表1所示。

---

① 即该指标数值变动方向与山东普惠金融发展指标的变动方向相反。

表1 山东普惠金融指标体系

序号	一级指标	二级指标	权重	指标性质
1	可获得性 （总权重:40%）	互联网基础资源指数	15	正向指标
2		银行网点密度	10	正向指标
3		银行网点乡镇覆盖率	10	正向指标
4		助农取款服务点覆盖率	5	正向指标
5	使用情况 （总权重:50%）	银行卡人均持卡量	10	正向指标
6		小微企业贷款获得率	10	正向指标
7		普惠信贷获得率	10	正向指标
8		小额贷款获得率	5	正向指标
9		网络金融便利性	5	正向指标
10		保险密度	5	正向指标
11		保险深度	5	正向指标
12	服务质量 （总权重10%）	金融从业人员密度	5	正向指标
13		金融机构不合规服务率	5	负向指标

资料来源：《山东省普惠金融发展报告（2019）》、山东省亚太资本市场研究院。

（二）指标变动情况分析

1. 可获得性指标

可获得性指标在普惠金融指标体系中占40%的权重，侧重考察普惠金融的基础设施配置情况。"互联网基础资源指数"为山东省IPV4数量占全国的比重、网站数量占全国的比重、网页数量占全国的比重、域名数量占全国的比重，分别是按照25%的权重计算后的比例。2020年底，山东省互联网基础资源指数为4.43%，比2019年底提高0.56个百分点。与2019年同期相比，2020年底山东网页和IPV4数量占全国的比重基本未发生变化，但域名和网站数量占全国的比重分别提高了0.8个和1.52个百分点。山东互联网基础资源逐步完善。

"银行网点密度"为每万人拥有的银行网点数。2020年，全国平均每万人拥有银行网点1.59个，银行网点乡镇覆盖率达到97.13%。2020年底，尽管山东省银行网点实现乡镇全覆盖，但每万人拥有银行网点1.53个，与

2019年相比每万人拥有的银行网点数量进一步提高，但是与全国相比仍然有0.06个/万人的差距。2020年底，全国共有89.33万个助农取款点，与2019年相比增加了2.27%。支付服务村级行政区覆盖率达99.31%，比2019年高0.1个百分点。山东助农取款服务点已经实现乡镇全覆盖。

表2　山东普惠金融可获得性指标情况（2019年和2020年）

二级指标	2019年	2020年
互联网基础资源指数(%)	3.87	4.43
银行网点密度(个/万人)	1.52	1.53
银行网点乡镇覆盖率(%)	100.00	100.00
助农取款服务点乡村覆盖率(%)	100.00	100.00

资料来源：中国互联网络信息中心、国家统计局、中国人民银行、山东省亚太资本市场研究院。

2. 使用情况指标

使用情况指标在普惠金融指标体系中占50%的权重，通过7个二级指标的分析考察全省普惠金融的使用情况。截至2020年底，全国平均每人拥有8.83个银行账户，与2019年同期相比，增长9.55%；平均每人持有6.34张银行卡，与2019年同期相比增长5.49%。为更好地表达山东普惠金融的普适性，我们以全国平均水平数据为基准。

我们用小微企业贷款余额占银行业金融机构本外贷款余额的比例作为"小微企业贷款获得率"。截至2020年底，全国小微企业贷款余额为42.7万亿元，全国银行业金融机构本外贷款余额为178.4万亿元，小微企业贷款获得率达到23.93%，比2019年同期提高0.66个百分点。2020年底，山东全省银行业金融机构本外贷款余额为97880.6亿元，小微企业贷款余额为17096.7亿元，小微企业贷款获得率为17.47%。2020年底，山东小微企业贷款获得率比2019年同期下降1.53个百分点，比全国周期水平低6.46个百分点（见表3）。

我们用涉农贷款余额占银行业金融机构本外贷款余额的比例作为"普惠信贷获得率"。截至2020年底，全国涉农贷款余额为38.95万亿元，占全国银行业金融机构本外贷款余额的比重为21.83%，比2019年同期下降0.36个百分点。截至2020年底，山东省涉农贷款余额29580.4亿元，占银行业金融机构本外贷款余额的比重为30.22%。2020年底，山东普惠信贷获得率比2019年同期下降1.03个百分点，比全国同期高8.39个百分点（见表3）。

我们用小额贷款公司贷款余额占区域社会融资规模的比例作为"小额贷款获得率"。截至2020年底，全国7118家小额贷款公司贷款余额8888亿元，社会融资规模余额为284.83万亿元，小额贷款获得率为0.31%，与2019年同期相比下降0.05个百分点。截至2020年底，山东371家小额贷款公司贷款余额555.50亿元，社会融资规模余额为15.2万亿元，小额贷款获得率0.37%。山东2020年小额贷款获得率比全国高出0.06个百分比点，与2019年相比下降0.04个百分点，降幅小于全国（见表3）。

我们用网上零售额占社会消费品零售总额的比例作为"网络金融便利性"。2020年，全国网上零售额117601亿元，社会消费品零售总额391981亿元，网络金融便利性为30.00%，比2019年提高4.17个百分点。2020年，山东网上零售额4613.3亿元，社会消费品零售总额29248.0亿元，网络金融便利性15.77%。2020年，山东"网络金融便利性"指标虽然比2019年提高4.28个百分点，但是与全国同期相比低14.23个百分点（见表3）。

保险深度能反映保险业在GDP中的重要程度，用保费收入占GDP的比重表示；保险密度反映区域内国民参加保险的程度，用保费收入占人口收入的比重来表示。2020年，山东省保险深度为4.76%，比2019年提高0.2个百分点；保险密度3430.11元/人，比2019年提高6.65%；同期全国保险深度4.45%，比2019年提高0.15个百分点；保险密度3205.67元/人，比2019年提高5.24%。2020年，山东保险深度高于全国0.31个百分点，保险密度比全国高224.44元/人；并且保险深度和保险密度的涨幅也高于全国水平（见表3）。

表3　山东与全国普惠金融使用情况指标对比（2019年和2020年）

二级指标	山东 2019年	山东 2020年	全国 2019年	全国 2020年
银行卡人均持卡量(张/人)	6.01	6.34	6.01	6.34
小微企业贷款获得率(%)	19.00	17.47	23.27	23.93
普惠信贷获得率(%)	31.25	30.22	22.19	21.83
小额贷款获得率(%)	0.41	0.37	0.36	0.31
网络金融便利性(%)	11.49	15.77	25.83	30.00
保险密度(元/人)	3216.32	3430.11	3045.96	3205.67
保险深度(%)	4.56	4.76	4.30	4.45

资料来源：国家统计局、中国人民银行、山东省亚太资本市场研究院。

3.服务质量指标

我们用金融从业人员密度、金融机构不合规服务率来表示普惠金融的服务质量，服务质量指标在普惠金融指标体系中占10%的权重。其中，我们用每万人拥有的银行金融机构从业人员数量来表示"金融从业人员密度"；用银行业、保险业金融机构受理投诉数量占区域内银行和保险法人机构的比例来表示"金融机构不合规服务率"。对于服务质量指标，鉴于全国数据的统计口径与山东省不一致，在此不再将山东数据与全国数据进行对比分析，仅对山东2020年数据与2019年数据进行对比分析。2020年，山东省银行业金融机构从业人数244874人，每万人拥有24.12位银行业金融机构从业者，随着金融服务基础设施的持续完善，2020年银行业金融机构"金融从业人员密度"略有下滑。2020年，山东金融机构不合规服务率为32.67件/家，与2019年同期相比下降6.2件/家（见表4）。

表4　山东普惠金融服务质量指标对比（2019年和2020年）

二级指标	2019年	2020年
金融从业人员密度(人/万人)	24.62	24.12
金融机构不合规服务率(件/家)	38.87	32.67

资料来源：山东省统计局、山东银保监局。

综合来看，与2019年相比，山东普惠金融体系可获得性指标涉及的4个指标均呈现持续向好发展趋势，可见山东普惠金融的基础设施在持续完善，服务重心持续下沉，普惠金融的可获得性稳步提高；与2019年相比，山东普惠金融的使用情况指标中，小微企业贷款获得率、普惠信贷获得率、小额贷款获得率3个指标出现下滑，这表明山东普惠金融使用情况有待进一步提高（见表5）。

表5　山东普惠金融指标体系指标汇总（2019～2020年）

一级指标	二级指标	2019年	2020年
可获得性指标（总权重:40%）	互联网基础资源指数(%)	3.87	4.43
	银行网点密度(个/万人)	1.52	1.53
	银行网点乡镇覆盖率(%)	100.00	100.00
	助农取款服务点覆盖率(%)	100.00	100.00
使用情况指标（总权重:50%）	银行卡人均持卡量(张/人)	6.01	6.34
	小微企业贷款获得率(%)	19.00	17.47
	普惠信贷获得率(%)	31.25	30.22
	小额贷款获得率(%)	0.41	0.37
	网络金融便利性(%)	11.49	15.77
	保险密度(元/人)	3216.32	3430.11
	保险深度(%)	4.56	4.76
服务质量指标（总权重:10%）	金融从业人员密度(人/万人)	24.62	24.12
	金融机构不合规服务率(件/家)	38.87	32.67

资料来源：国家互联网信息办公室、中国人民银行济南分行、中国银保监会山东监管局、山东省统计局、山东省银行业协会、中国信息通信研究院。

（三）指标计算

山东普惠金融发展指数涉及较多指标，由于各指标的计量单位不尽相同、指标性质不尽相同，不具有直接可比性。我们对负向指标采用取倒数的方式进行指标正向化，并将2020年各指标与2019年相比的增幅按照既定的权重进行计算，得出2020年山东普惠金融发展指数与2019年相比的加权涨幅。也就是说，如果将各二级经济指标定义为E_i，2020年该指标的增长率

P_i 的计算公式为：

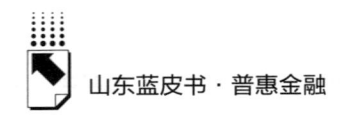

$$P_i = \frac{E_i - E_{i-1}}{E_{i-1}} \qquad (1)$$

其中，P_i 表示 2020 年某指标的增长率，E_i 表示 2020 年某二级经济指标值，E_{i-1} 为 2019 年该经济指标数值。需要说明的是，如果我们将 e_i 认定为负向指标的实际测度值，则将 E_i 认定为对负向指标进行正向化处理后的指标。在对指标进行增长率测算时，对负向指标进行正向化的处理公式为：

$$E_i = \frac{1}{e_i} \qquad (2)$$

通过对公式（1）、公式（2）的处理，再将指标权重认定为 W_i，依据下列公式逐年连续计算年度指数：

$$报告期指数 = 上一报告期指数 \times (1 + \sum W_i \times P_i) \qquad (3)$$

通过公式（3），我们对各指标涨幅进行加权计算，得出 2020 年山东普惠金融指标的综合涨幅为 3.58%。我们将 2019 年山东普惠金融发展指数设定为基础期指数，并设定为 100。利用公式（3）计算 2020 年山东普惠金融发展指数，为 103.58。

2020 年，山东普惠金融发展指数为 103.58，比 2019 年上涨 3.58%。其中可获得性指标综合贡献 2.24% 的涨幅，使用情况指标综合贡献 1.34% 的涨幅。服务质量指标与 2019 年基本持平。山东普惠金融发展指数与 2019 年相比稳健发展。从二级指标来看，山东普惠金融发展指标中有小微企业贷款获得率、普惠信贷获得率、小额贷款获得率、金融从业人员密度 4 个指标出现下滑，分别下滑 8.05%、3.30%、9.76%、2.03%。山东普惠金融发展指标中有互联网基础资源指标等 7 个指标上涨，其中网络金融便利性上涨 37.25%，涨幅较大（见表 6）。通过以上分析可以发现，山东在普惠金融发展方面还存在多个可以改进的地方。

表6 山东普惠金融指标变化情况（2020年）

一级指标	二级指标	指标性质	W_i(%)	P_i(%)
可获得性 （总权重:40%）	互联网基础资源指数	正向指标	15	14.47
	银行网点密度	正向指标	10	0.66
	银行网点乡镇覆盖率	正向指标	10	0.00
	助农取款服务点覆盖率	正向指标	5	0.00
使用情况 （总权重:50%）	银行卡人均持卡量	正向指标	10	5.49
	小微企业贷款获得率	正向指标	10	-8.05
	普惠信贷获得率	正向指标	10	-3.30
	小额贷款获得率	正向指标	5	-9.76
	网络金融便利性	正向指标	5	37.25
	保险密度	正向指标	5	6.65
	保险深度	正向指标	5	4.39
服务质量 （总权重:10%）	金融从业人员密度	正向指标	5	-2.03
	金融机构不合规服务率	负向指标	5	2.07

资料来源：中国互联网络信息中心、国家统计局、中国人民银行、山东省统计局、中国银保监会山东监管局、山东省亚太资本市场研究院。

二 山东普惠金融发展评价

2020年，山东省在《关于推进普惠金融发展的实施意见》（鲁政发〔2017〕14号）的指引下及社会各阶层共同努力下继续完善普惠金融体系，基本建成了适合省情的产品服务体系、扶持政策体系、消费者保护体系等。普惠小微贷款余额，即单户授信小于1000万元的小微企业贷款、个体工商户和小微企业主经营性贷款余额较高，全省普惠小微贷款余额与浙江、广东、江苏、福建四省普惠小微贷款余额的总和占全国普惠小微贷款余额的比重近50%，山东农户生产经营性贷款余额与浙江、江苏、河南、福建四省农户生产经营性贷款余额的总和占全国的比重为42%，山东普惠金融服务能力和服务水平走在全国前列。尽管如此，经过对山东普惠金融发展指数的分析可见，山东在普惠金融发展方面仍然存在以下可以改进的地方。

（一）山东普惠金融发展指数反映的问题

1. 银行业金融机构对小微企业的支持有待进一步加强

截至2020年底，山东普惠小微贷款余额即单户授信小于1000万元的小微企业贷款、个体工商户和小微企业主经营性贷款余额达到8176.8亿元，与2019年相比增加2345.3亿元，增幅达到40.2%。尽管全省普惠小微企业贷款余额走在全国前列，但是截至2020年底，山东小微企业贷款余额17096.7亿元，山东金融机构本外币贷款余额97880.6亿元，山东小微企业贷款余额占山东金融机构本外币贷款余额的比重为17.47%，这一比例比2019年同期下降1.53个百分点；2020年同期，全国小微企业贷款余额占全国金融机构本外币贷款余额的比重为23.93%，比2019年同期提高0.66个百分点。可见山东在鼓励银行业金融机构对小微企业信贷投放力度上有待进一步加大。

2. 数字金融服务体系有待进一步完善

截至2020年底，山东互联网基础资源指数走在全国前列，域名、网页、网站、IPV4占全国的比重分别为4.3%、1.9%、6.64%、4.89%。截至2020年底，山东互联网基础资源指数达到4.43%，比2019年提高0.56个百分点，全省互联网基础资源持续完善。在此背景下，尽管2020年山东省网络金融便利性指标比2019年出现较大提高，达到15.77%，但是2020年全国网络金融便利性指标达30.00%，高出山东14.23个百分点。随着数字化经济的发展，山东在借力互联网资源，推进"互联网+""大数据""电子化支付"等数字科技应用方面还需要持续探索，这种探索有利于提高全省普惠金融的可获得性和便利性。

3. 地方金融组织队伍有待进一步扩充

小额贷款公司、农民专业合作社等地方金融组织能够放大普惠金融服务功能，截至2020年底，全省371家小额贷款公司贷款余额为555.50亿元，全年累计发放贷款507.92亿元，涉农贷款、小微企业贷款分别发放124.75亿元、333.46亿元，也就是说小额贷款公司全年发放的贷款中有90.21%用于支持涉农及小微企业。从贷款期限来看，小额贷款公司全年发放的1～12月的贷款占全年发放贷款总额的比例为93.02%。另外，截至2020年底，全省共有农民专业合作社210家，参与社员（包括法人社员）1.76万人，互助金余额6171.98万元。小额贷款公司和农民专业合作社对提高山东普惠金融服务能力提供了支撑。截至2020年底，山东小额贷款公司和农民专业合作社分别比2019年净减少22家、89家，净减少幅度分别为5.50%、29.77%。规范发展各类新型金融机构、健全地方金融监管体系能够促使地方金融组织发挥小额、分散、便捷优势，向社会提供更加有针对性的普惠金融服务。

（二）山东普惠金融发展建议

1. 打造多元化的普惠金融机构体系

鼓励银行业金融机构的服务范围继续向县域级、乡镇级下沉，持续拓展便民场景；鼓励银行业金融机构完善现有的信贷模式，与其他机构合作创新小微企业融资产品和服务模式，银行业金融机构通过向小微企业提供批量化、规模化和标准化的金融服务，提高普惠金融服务的整体实用性。大力发展各类新型金融机构，融资租赁公司、消费金融公司、融资担保公司、典当公司、小额贷款公司、民间融资登记服务公司等作为传统金融机构的重要补充，在地方金融体系建设中发挥着重要作用。这些机构小额、分散、快捷的优势提高了其普惠金融服务的精准性。可以引导社会资本在县级、乡级设立各类新型金融机构，完善地方金融监管体系，实行差异化的金融监管政策，建设与全省村镇发展水平相适应的普惠金融服务机构体系。

2. 优化征信体系建设

完善的征信体系能够降低普惠金融服务对象的服务成本，降低融资成本和不良贷款率，提高普惠金融的使用性和服务质量。中国人民银行数据显示，截至2020年末，全国在中国人民银行备案的征信机构有131家。这些征信机构运用大数据、云计算、人工智能等技术手段，从政府部门、行业协会、上下游企业等渠道采集小微企业的运营数据，输出各类信用评价产品，对"白户"群体的征信覆盖率不断提高，能有效帮助小微企业拓宽融资渠道。山东应因地制宜，鼓励建设省级和地市级征信平台，通过将分散在各级政府部门中的社保、税收、工商等涉企信息进行归集应用，为各类金融机构提供信息支持。

3. 规范发展数字普惠金融产品和服务

提高互联网在普惠金融领域的应用。鼓励金融机构借助大数据、云计算、人工智能等技术手段搭建普惠金融服务平台，提高普惠金融服务的电子化水平，降低县域级、乡镇级小微群体获得普惠金融服务的门槛，提高全省普惠金融服务的便利性和使用水平。鼓励金融机构与互联网企业、大数据公司开展多元化的合作，创新金融产品和服务模式。持续深化数字普惠金融发展，鼓励金融机构充分利用移动互联网技术，推动移动互联网支付向县域级、乡镇级下沉，引导金融机构持续创新数字普惠金融产品和服务，推动数字普惠金融健康有序发展。

4. 精准开展普惠金融知识普及

普惠金融服务群体一般金融知识欠缺，难以有效地理解、接受和运用现有的普惠金融产品和服务，全省应精准开展普惠金融知识的宣传和普及，提升普惠金融教育的针对性和有效性。广泛利用电视、广播、报纸、杂志等方式普及金融基础知识，针对乡镇低收入人群、小微企业、涉农群体开展专项金融知识普及教育，推动金融知识向社区、企业、乡镇下沉。线上线下教育渠道有机联动，组织开展多样化金融教育活动，推动金融教育实践基地建设。

参考文献

[1] 高晶晶：《信息、抵押担保与中小企业融资》，山东大学硕士毕业论文，2019。

[2] 龚沁宜、成学真：《数字普惠金融、农村贫困与经济增长》，《甘肃社会科学》2018年第6期。

[3] 黄志忠、谢军：《宏观货币政策、区域金融发展和企业融资约束——货币政策

传导机制的微观证据》,《会计研究》2013 年第 1 期。
[4] 霍源源、冯宗宪、柳春:《抵押担保条件对小微企业贷款利率影响效应分析——基于双边随机前沿模型的实证研究》,《金融研究》2015 年第 9 期。
[5] 梁鸿飞:《西方信贷融资担保理论》,《北京大学学报》(哲学社会科学版) 2003 年第 1 期。
[6] 林毅夫、李永军:《中小金融机构发展与中小企业融资》,《经济研究》2001 年第 1 期。
[7] 宋晓玲:《数字普惠金融缩小城乡收入差距的实证检验》,《财经科学》2017 年第 6 期。
[8] 谢绚丽等:《数字金融能促进创业吗:来自中国的证据》,《经济学》(季刊) 2018 年第 4 期。
[9] 张伟斌、刘可:《供应链金融发展能降低中小企业融资约束吗?——基于中小上市公司的实证分析》,《经济科学》2012 年第 3 期。
[10] 钟凯等:《宏观经济政策影响企业创新投资吗——基于融资约束与融资来源视角的分析》,《南开管理评论》2017 年第 6 期。
[11] 周明栋、陈东平:《第三方治理对农户信用贷款可获性影响研究》,《江苏社会科学》2018 年第 5 期。
[12] 朱惠健、黄金木:《我国信用贷款发展现状》,《中国金融》2017 年第 19 期。
[13] Almeida, H., Campellom, Weisbach, M. S., "The Cash Flow Sensitivity of Cash", *Journal of Finance*, 2004, 59 (4): 1777–1804.
[14] Fazzari, S. M., Hubbard, R. G., Petersen, B. C., "Financing Constraints and Corporate Investment", *Brookings Papers on Economic Activity*, 1988, 19 (1): 141–206.
[15] Hadlock, C., Pierce, J., "New Evidence on Measuring Financial Constraints: Moving Beyond the KZ Index", *Review of Financial Studies*, 2010, 23 (5): 1909–1940.

B.7 数字普惠金融与中小企业融资约束缓解

冯 梅 李永平 董丽娃 马 铭 王玲玲*

摘　要： 本报告基于现金—现金流敏感性模型，将2014～2018年山东省16个地市的数字普惠金融指数与山东省新三板上市企业数据进行匹配，构建面板计量模型，实证检验数字普惠金融对缓解中小企业融资约束的影响效应。实证结果表明：山东省中小企业存在明显的现金—现金流敏感性，即面临显著的融资约束；数字普惠金融发展水平越高，则企业的现金—现金流敏感性越低，融资约束程度越低，说明数字普惠金融的发展有效地缓解了企业的融资约束问题；通过异质性分析可知，相较于国有企业，数字普惠金融对于缓解民营企业融资约束的作用更为显著。

关键词： 数字普惠金融　中小企业　融资约束

一　引言

（一）研究背景与研究意义

1. 研究背景

2005年，联合国在推广"国际小额信贷年"时首次提出普惠金融体系

---

* 冯梅，齐鲁工业大学金融学院副教授，研究领域为小微金融、民间金融、国际金融。

(Inclusive Finance System)的概念，其基本含义是"一个能够有效地、全方位地为社会所有阶层和群体（尤其是贫困、低收入人群）提供服务的金融体系"，达到"让每一个人在有金融需求时都能以合适的价格，享受到及时的、有尊严的、方便的、高质量的金融服务"的目的。焦瑾璞（2010）提出，全球范围内的现代普惠金融体系是在以往"小额信贷"和"微型金融"基础上的进一步延续。周小川（2013）认为普惠金融可以"通过完善金融基础设施，以可负担的成本将金融服务扩展到欠发达地区和社会低收入人群，向他们提供价格合理、方便快捷的金融服务，不断提高金融服务的可得性"。Corrado（2017）认为普惠金融应该为所有家庭和企业，尤其是最边缘化的家庭和企业提供可负担的、公平的金融产品与金融服务。2013年，"发展普惠金融"在党的十八届三中全会上被明确提出。2013年以来，随着互联网、大数据、云计算、区块链等技术的飞速发展，数字技术与传统金融不断融合，在一定程度上拓展了传统金融服务的触达范围，有效地降低了金融服务成本，成为践行普惠金融的有效方式，并在一定程度上惠及了中小企业。

2016年，伴随着数字技术与普惠金融的融合，普惠金融开始进入数字化发展阶段，例如，蚂蚁金服旗下的支付宝、余额宝、花呗、借呗等新型互联网金融产品纷纷上线，使消费者可以获得便捷的互联网支付、借贷以及理财等金融服务。新型数字金融服务通过数字技术与金融产品的深度融合，降低了金融服务成本，提高了金融服务的覆盖广度和深度。数字金融通过向边缘化的中小企业和低收入人群提供金融服务，体现了普惠金融题中应有之义。同年，杭州G20峰会制定的《G20数字普惠金融高级原则》将数字普惠金融的概念明确界定为："数字普惠金融泛指一切通过使用数字手段从而促进普惠金融的行为，它使原来无法获得金融服务的群体，可以通过数字技术获得成本可负担的金融服务。"

改革开放以来，我国中小企业如雨后春笋般地出现，在增加就业、活跃经济、激发创新、改善民生等方面发挥了不可或缺的作用。《中国民营经济报告：2019》的统计数据显示，我国民营企业数量占比超过95%，是我国经济微观基础的最大主体；税收贡献超过50%，是政府税收的最大贡献者；发明专利数量占比超过75%，成为中国科技创新的主力军；就业存量占比约80%，增量占比超过100%，有力地保障了就业。但是，据不完全统计，中小企业所获得的金融资源占比仅为25%~33%，远远低于其对经济和社会发展的贡献度。一直以来，在全球范围内，受信息不对称、企业经营管理和宏观经济环境等的影响，中小企业普遍面临融资难、融资贵的融资困境。

为了促进中小企业发展、改善中小企业金融支持不充分的状况，我国政府大力推动数字普惠金融的发展。2017年7月，习近平总书记首次提出"建设普惠金融体系"和普惠金融数字化发展方向，数字普惠金融已然成为我国新金融、新经济的重要发展风向标。2019年4月，针对中小企业面临的融资约束，国务院提出进一步完善中小企业融资机制，进一步落实普惠金融定向降准政策，进一步拓展中小企业多元化的融资途径与渠道。随着数字技术的进步，数字普惠金融蓬勃发展，与传统普惠金融相比，数字普惠金融拥有金融覆盖范围广、金融服务成本低及金融服务效率高等比较优势，将成为缓解中小企业融资约束的重要助力。全国工商联发布的《2019-2020小微融资状况报告》显示，我国小微企业充满活力，但小微企业经营者面临的融资难、融资贵、融资慢等融资约束问题仍未获得根本的缓解，尤其是受新冠肺炎疫情的影响，小微企业及个体户对资金的需求更加突出。

在国家要求完善对中小企业的金融服务背景下，数字普惠金融对中小企业融资约束存在何种影响？数字普惠金融是否能缓解中小企业的融资约束？数字普惠金融的影响效应是否存在异质性？针对以上问题，本报告将研究对象聚焦融资约束较为严重的中小企业，研究数字普惠金融发展对中小企业融资约束的影响效应，以期为解决中小企业面临的融资约束问题提供一种新的思路。

2. 研究意义

在理论意义上，本报告基于现金—现金流敏感性模型实证检验数字普惠金融对缓解中小企业融资约束的影响效应，丰富了数字普惠金融与中小企业融资相关问题的研究广度和深度。同时，进行企业性质层面的异质性分析，从而更加全面地测度数字普惠金融对民营企业融资约束的影响效应。

在现实意义上，本报告从目前我国中小企业面临的融资约束出发，探究数字普惠金融对缓解中小企业融资约束的影响效应，并根据实证分析的结果提出相应的政策建议，不仅为解决我国中小企业融资难、融资贵问题提供了具体思路，而且为提升普惠金融服务中小企业的有效性和可持续性提供了数据支撑和经验借鉴，有利于推动我国经济的高质量发展。

（二）研究思路与结构安排

1. 研究思路

首先，通过研究相关融资约束理论并结合我国中小企业所面临的融资难题，确定本课题的研究方向与研究内容。其次，界定相关基本概念，对国内外相关文献进行梳理，包括数字普惠金融指数的测度、中小企业融资约束的度量，以及二者之间的影响关系等。最后，剖析数字普惠金融缓解中小企业融资的作用机理，提出研究假设、构建计量模型并进行实证检验，总结研究结论并提出相应的对策建议。本报告的技术路线如图1所示。

2. 结构安排

本报告共包括五个部分，具体结构安排如下。

第一部分，引言。从三个方面展开论述，具体包括研究背景与研究意义，研究思路与结构安排，研究方法与数据来源。

第二部分，理论梳理与文献综述。从两方面进行论述：一方面是理论分析，探讨企业融资约束和融资约束测度方法的相关理论；另一方面是文献综述，包括数字普惠金融的相关研究、中小企业融资约束的相关研究、数字普惠对缓解中小企业融资约束的相关研究等。

第三部分，我国数字普惠金融与中小企业融资约束的现状。该部分包括两方面内容：一方面阐述我国数字普惠金融的发展历程与现状；另一方面分析我国中小企业面临的融资约束。

第四部分，数字普惠金融缓解中小企业融资约束的实证分析。基于现金—现金流敏感性模型，将北京大学数字金融研究中心构建的2014~2018年

图 1　技术路线

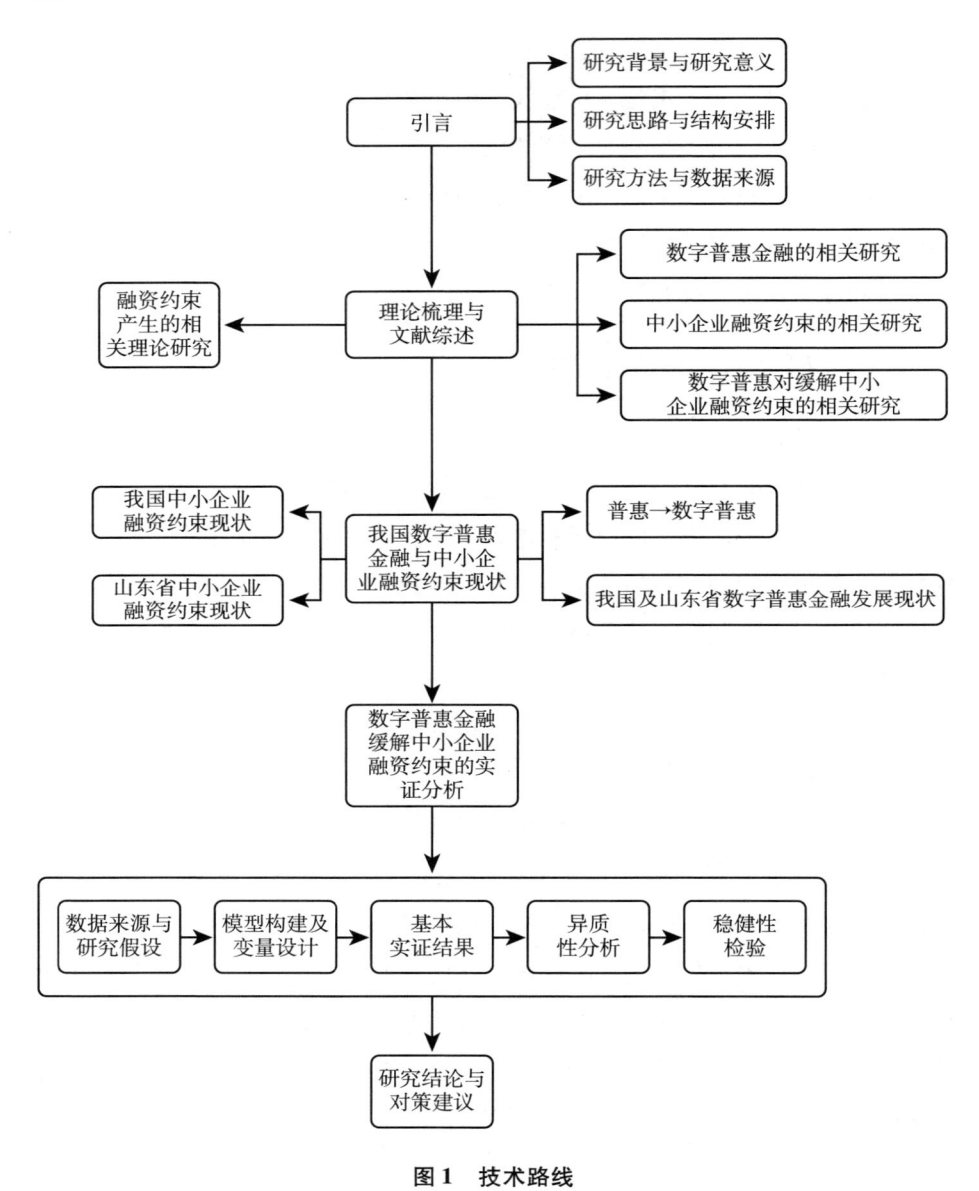

山东省16个地市的数字普惠金融指数与山东省新三板上市企业数据进行匹配，构建面板计量模型，实证检验数字普惠金融发展对中小企业融资约束的影响效应。同时，基于企业的不同性质进行异质性分析，最后进行稳健性分析。

第五部分，研究结论与对策建议。主要是提出本报告的研究结论，并从多个方面提出了相应的对策建议。

（三）研究方法与数据来源

1. 研究方法

（1）定性分析法。对数字普惠金融、企业融资约束等相关概念进行界定，梳理普惠金融和企业融资约束等相关理论，并剖析普惠金融缓解中小企业融资约束的内在机理。

（2）实证分析法。基于现金—现金流敏感性模型，选取2014~2018年山东省16个地市354家新三板上市企业数据和地市级的北京大学数字普惠金融指数，实证检验数字普惠金融对缓解中小企业融资约束的影响效应。

（3）比较分析法。将企业按照不同性质分为国有企业和民营企业，进行对比分析，以此检验对于不同性质的企业，数字普惠金融缓解企业融资约束的效果是否存在差异。

2. 数据来源

本报告选取2014~2018年山东省16个地市354家新三板上市企业财务数据以及地市级层面的北京大学数字普惠金融指数，基于现金—现金流敏感性模型，构建面板计量模型，实证检验数字普惠金融缓解中小企业融资约束的影响效应，并按照企业性质分组进行异质性分析。所有企业层面数据均来自Wind数据库。

二 理论梳理与文献综述

（一）理论分析

1. 交易费用理论

交易费用亦称交易成本，1937年经济学家罗纳德·科斯（Ronald Coase）在其论文《企业的性质》中首次提出"交易费用"的概念。科斯指出，正是因为交易费用企业才存在，由于企业组织劳动分工的交易费用比市场更低，因此企业逐渐替代了市场。交易费用是指企业在寻找交易对象、签订合约、履行交易时发生的各项费用与支出，主要包括搜寻费用、信息费用、磋商费用、签约费用、监督费用以及违约费用等。

银行业金融机构在向中小企业提供信贷资金的活动中存在金融交易成本，金融交易成本是指银行等金融机构在金融交易活动中耗费的人力、物力、财力的价值表现。银行业金融机构向中小企业提供信贷资金的成本，具体是指银行业金融机构在为中小企业提供信贷资金的活动中所产生的各项费用，主要包括两大交易成本：一是信贷资金提供之前企业的信息搜寻成本；二是信贷资金提供之后的监督成本。与大型企业相比，银行业金融机构为中小企业提供信贷资金的金融交易成本往往更高，原因在于：一方面中小企业的财务信息、信用信息等不够公开和透明，导致银行需要付出更多的信息搜寻成本；另一方面中小企业的担保资质差、经营与财务信息不完善，导致贷款风险较高，同时其融资规模小，无法产生规模效应，使得银行业金融机构的贷款管理与监控成本更高。

数字金融的发展大大降低了信贷资金借贷活动中产生的信息搜寻成本、信息传递成本以及监督成本等。随着数字金融的飞速发展，我国金融市场逐步步入分散化和多元化的发展阶段。传统金融机构的数字化变革成为我国完善征信体系、改革金融系统的关键所在。

2. 长尾理论

2004年，美国《连线》杂志主编克里斯·安德森（Chris Anderson）首次提出了长尾（The Long Tail）的概念，用以形象地描述亚马逊等新经济企业的消费数据曲线呈现头部陡峭但占比低、尾部缓长但占比高的"长尾分布"特征。

长尾理论指出，为了追求利润最大化，企业一般会把经营重点放在需求的头部，紧紧围绕头部需求组织生产经营，并与竞争对手展开激烈的市场竞争，而往往忽视巨大的尾部需求。然而，被忽略的长尾部分一般都蕴藏着广阔的市场需求，暗含着庞大的商业机会。互联网的发展让长尾概念得到延伸、在实际应用中得到生命，而数字技术的飞跃发展使企业更有能力开发长尾市场。不断发展的数字技术和逐步完善的物流网络，降低了尾部客户的交易成本，提升了企业的经营效率，同时又满足了长尾顾客的多样化和个性化需求。

在信贷市场中，商业银行一般更倾向于为大型企业提供信贷服务，即更加关注长尾理论中需求曲线的头部。由于中小企业信贷需求较分散、信贷风险较大，商业银行为其提供信贷服务的收益偏低，因此为其提供信贷服务的动力不足，这导致中小企业的融资需求往往存在较大缺口，最终中小企业的融资需求就变成了长尾理论需求曲线中的那条"长尾"。数字普惠金融可以有效地将零散的金融资源集中起来并产生规模效应，使金融市场中长尾客户的融资需求得到满足，从这个角度看，中小企业的长尾融资市场呈现良好的发展前景。

3. 金融排斥理论

Leyshon 和 Thrift（1993）从金融地理学的视角提出了金融排斥这一思想，并将其定义为"部分人群由于在地理位置上远离金融机构而导致其金融服务需求无法得到满足"。Kempson 和 Whyley（1999）对金融排斥的内涵进行了更深层次的扩展，认为金融排斥的内涵是丰富的、多维的和动态的，除了地理排斥外，还应该包括条件排斥、评估排斥、自我排斥、价格排斥、营销排斥等其他多个维度。

由金融排斥导致的中小企业融资约束，集中体现在评估排斥、条件排斥和价格排斥三个方面。评估排斥和条件排斥表现在商业银行在为中小企业提供信贷资金时，出于利润和风险的考量，通过附加条件、复杂流程和风险评估手段设定严格的准入限制，使许多中小企业的融资需求被排除在供给之外。而价格排斥则表现在某些金融产品的交易价格门槛较高，导致中小企业无法承受而被排除在外，往往因为商业银行设定的金融服务价格高于中小企业的承受能力。

4. 信贷配给理论

在众多学者研究的基础上，Stiglitz 和 Andrew（1981）将不完全信息理论运用于信贷市场的分析之中，把信贷配给理论推向了顶峰。他们提出，由于信贷市场上存在信息不对称和代理成本等，商业银行基于风险和利润的权衡采取非价格贷款模式，迫使有资金需求的部分企业退出信贷市场，从而使市场上的信贷需求与供给达到平衡，规避逆向选择和道德风险引发的信贷风险，提升信贷资金配置效率。信贷配给现象可能存在于中小企业的融资过程中，也可能体现为中小企业面临的融资身份审核和融资规模排斥。一方面，由于大型企业信誉明显好于中小企业，银行为避免违约风险可能拒绝中小企业的信贷申请；另一方面，银行出于防范风险和保证收益的考虑，也往往会拒绝中小企业的信贷申请。

（二）文献综述

1. 数字普惠金融的相关研究

数字普惠金融的定义。贺刚等（2020）认为数字惠金融包含三方面内容，即数字、普惠、金融，数字普惠金融是指以数字技术为手段，为广大金融服务无法得到满足的群体提供低成本、便利的金融服务的创新型模式。何超等（2019）提出数字普惠金融是普惠金融与数字化创新技术深度融合的产物。Wibella等（2018）将数字普惠金融定义为：无法接受金融服务的人群通过数字方式获得的金融服务。

数字普惠金融的影响效应。Kapoor（2017）提出数字普惠金融可以促进金融平衡发展，最终让所有群体享受平等的金融服务。龚沁宜和成学真（2018）利用西部地区12省份面板数据进行研究的结果表明，西部地区数字普惠金融发展在农村的减贫效果存在门槛效应。宋晓玲（2017）利用省际数字普惠金融指数的面板数据进行研究，发现数字普惠金融的发展明显缩小了城乡居民收入差距。谢绚丽等（2018）使用北大数字普惠金融指数进行实证分析，结果显示数字普惠金融对创新创业有显著的促进作用。

3. 中小企业融资约束的相关研究

（1）中小企业融资约束的影响因素

中小企业融资约束的内部影响因素。Kaplan和Zingales（1997）提出，信息不对称是企业内外部融资成本存在差异的原因，并且融资的难度随着信息不对称程度的加剧而进一步加大。Levine（2004）研究提出融资约束与企业规模呈反比关系，交易成本和信息不对称导致不同规模企业的融资渠道发生改变。林毅夫和李永军（2001）研究发现，信息不对称是金融交易中的常见现象，大企业利用财务报表等传达"硬信息"，中小企业则依赖处理起来更加麻烦的"软信息"，导致中小企业融资相对困难。张伟斌和刘可（2012）认为，大多数中小企业内源性资金不足，难以维持正常经营；而Mathis等（2010）认为外部融资受到信息披露不健全、财务报表不规范、抵押品不足以及经营能力较差等诸多因素的限制。

中小企业融资约束的外部环境因素。Baum等（2006）提出，宏观经济环境对银行贷款决策具有重要影响，当宏观经济环境发生剧烈震荡时，银行为了规避风险会减少放贷，致使企业外部融资更加困难。黄志忠和谢军（2013）研究发现货币政策对企业的融资环境和融资效率存在影响，宽松的货币政策可以在一定程度上缓解企业的融资约束。钟凯等（2017）基于我国上市公司样本，研究发现在货币政策紧缩时期创新企业面临的融资约束更为严重。尹志超等（2015）认为金融机构的结构也会影响中小企业融资约束，金融机构规模越大、组织结构越复杂，越不利于缓解中小企业融资约束。Berger等（2011）认为银行规模越大、银行业结构越集中，越不利于中小企业获得贷款。

（2）企业融资约束的测度

融资约束指标的构建。一是Kaplan和Zingales（1997）设计的基于系列财务指标综合加权的KZ指数；二是Whited和Wu（2006）基于动态结构估计方法设计的WW指数；三是Hadlock和Pierce（2010）使用企业规模和企业年龄构建的SA指数。

融资约束模型的构建。Fazza等（1988）开创性地基于信息不对称理论提出了融资约束假说，并以美国制造业上市公司为样本检验了投资—现金流敏感性在信息成本不同的公司之间的差异。Almeida等（2004）在此基础上构建现金—现金流敏感性模型，作为衡量企业融资约束的工具，认为企业在遇到融资约束时，出于预防性动机会将经营活动现金流适当留存，作为未来投资项目资金，即企业现金持有量的变化与现金流的正向效应是企业存在外部融资约束的证明。

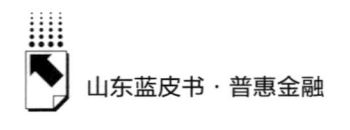

3. 数字普惠金融缓解中小企业融资约束的相关研究

从国外的研究来看，其重点集中在移动互联网等新兴技术影响中小企业融资约束的机理方面。Agarwal 和 Hauswald（2010）认为，相较于传统融资模式，以网络融资为特色的融资模式在信用审核上相对宽松，降低了中小企业的融资门槛。Shahrokhi（2008）的研究表明，借助互联网技术的融资模式相比直接融资和间接融资，在缓解中小企业融资约束方面具有更大优势，提高了中小企业的融资效率。

国内主要围绕数字普惠金融的宏观影响展开研究，主要涉及数字普惠金融对创业、扶贫、城乡居民收入差距以及经济增长等的影响，微观研究相对较少。邹伟和凌江怀（2018）基于内生金融理论，从传统普惠金融和数字普惠金融两个角度进行实证检验，发现发展普惠金融有助于缓解中小企业融资约束。喻平和豆俊霞（2020）基于2011～2018年我国中小企业板上市公司样本数据展开研究，结果表明数字普惠金融有利于缓解中小企业融资约束。梁榜和张建华（2019）基于现金—现金流敏感性模型和中国中小企业板上市公司数据，从数字普惠金融和互联网金融两个层面，实证检验普惠金融创新对中小企业融资约束的影响。任晓怡（2020）以沪深两市A股企业数据为研究样本，并以KZ指数为企业融资约束的代理变量进行研究，结果显示数字普惠金融能够有效弥补传统金融部门的漏损，对于缓解中小企业、高科技企业融资约束的作用更为显著，呈现出较强的普惠特征。

三 我国数字普惠金融与中小企业融资约束现状

（一）我国数字普惠金融发展历程与现状

1. 我国由普惠金融到数字普惠金融的发展历程

2005年，联合国首次提出了普惠金融的概念，普惠金融旨在以低廉的价格为小微企业以及个体提供可获得、可负担、可持续的金融服务。普惠金融的主要作用是降低交易成本，扩展金融服务。普惠金融的发展路径主要分为两种。一种是内部驱动路径，在市场需求的推动下，金融机构自身开拓出与普惠金融相关的产品和服务。这一路径也经历了曲折的发展过程，首先是金融排斥阶段，小微企业靠传统融资手段几乎得不到资金支持；其次是普惠金融起步阶段，技术的进步使得小微企业的融资成本逐渐下降，金融机构可从中获取一定的利润；最后是普惠金融的完善时期，这时小微信贷的利润逐步提高，逐渐向传统金融的收益水平靠拢，吸引更多的资金注入普惠金融，逐渐缓解小微企业的融资困境。另一种是外部发展路径，政府出于稳定社会、发展经济的战略目标，主动进行金融资源的分配，首先在国有银行中开展普惠性项目，逐步推动普惠金融的发展。普惠金融在我国经历了十余年的发展，为我国中小企业的融资提供了一定的便利，但也存在许多问题，如普惠金融体系不健全、征信体系不健全、普惠金融服务不均衡、风险较大等。

随着大数据、云计算以及人工智能技术的快速发展，传统普惠金融与数字技术的深度融合形成了数字普惠金融。顾名思义，数字普惠金融是由数字技术推动发展而来的金融服务，涵盖了多种金融产品和服务，如信贷、支付、证券、保险等。数字普惠金融已经深入人们的日常生活中，为经济发展带来了新的契机与活力。2016年，G20峰会将数字普惠金融列入重要议题，标志着我国数字普惠金融步入了新的历程，数字普惠金融逐渐成为普惠金融的主流发展方向。数字普惠金融以"数字"为服务手段，突出了数字化和智能化，并具有信息对称化、大众化和规模化的经济特性。

2. 我国及山东省数字普惠金融发展现状

（1）我国数字普惠金融发展现状

在我国数字技术飞速发展的新形势下，数字金融得到了快速发展，以数字技术为基础的数字普惠金融颠覆了传统金融提供差异化服务的现状，解决了普惠金融发展中的公平性问题。我国数字普惠金融业务在2011～2018年实现跨越式发展，数字普惠金融指数平均每年增长36.4%（见图2）。

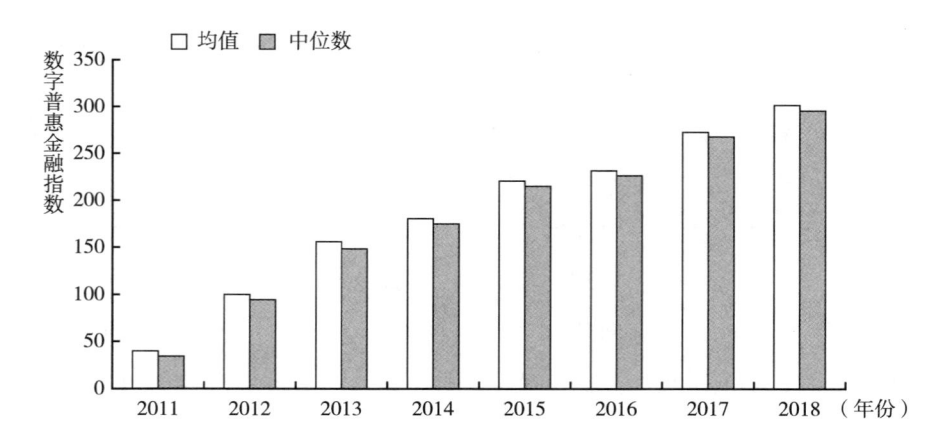

图2　2011～2018年省级数字普惠金融指数的均值和中位数

资料来源：北京大学数字普惠金融指数。

传统金融模式只能使金融服务惠及一小部分群体，与普惠金融的宗旨形成强烈的反差。数字普惠金融倡导"创新、分享、开放、协作"的理念，为解决公平性问题创造了新的契机。即便身处偏远地区，农户、小微企业主亦可以通过网络渠道享受统一的金融服务，实现金融领域的社会公平。以数字科技为基础的数字普惠金融颠覆了传统金融所依循的"二八定律"，解决了普惠金融供需不平衡的问题。普惠金融的首要目标是为不同客户提供同质化的金融产品和服务，而传统金融所依循的"二八定律"将偏远地区、小微企业主等弱势群体的需求排除在外。数字普惠金融依靠互联网渠道恰好弥补了这一不足之处。最为典型的如各大银行提供的掌上银行服务，用户足不出户便可办理理财、贷款、转账等金融业务。

以金融科技为基础的数字普惠金融突破了传统金融的地域局限性，降低了普惠金融的交易成本。经济密度与网点覆盖率等多种客观因素的限制使金融机构发展普惠金融必须首先解决服务成本高、经济效益低的问题。数字普惠金融的天然优势使其摆脱了实体物理网点的约束，突破了传统金融"时间与地域"的限制，解决了乡镇金融机构"高要素投入"的难题。

但参照"普惠"的视角来看，我国数字普惠金融在发展中仍然存在一些不足和短板。从 2011 年到 2018 年，我国各省份数字普惠金融指数年均增长 36.4%。在整体快速增长的同时，数字普惠金融也存在一定的区域不平衡。由图 3 可见，2018 年得分最高的上海是得分最低的青海数字普惠金融指数的 1.4 倍。山东排名第 12，与其 GDP 总量排名第 3 的地位并不匹配。

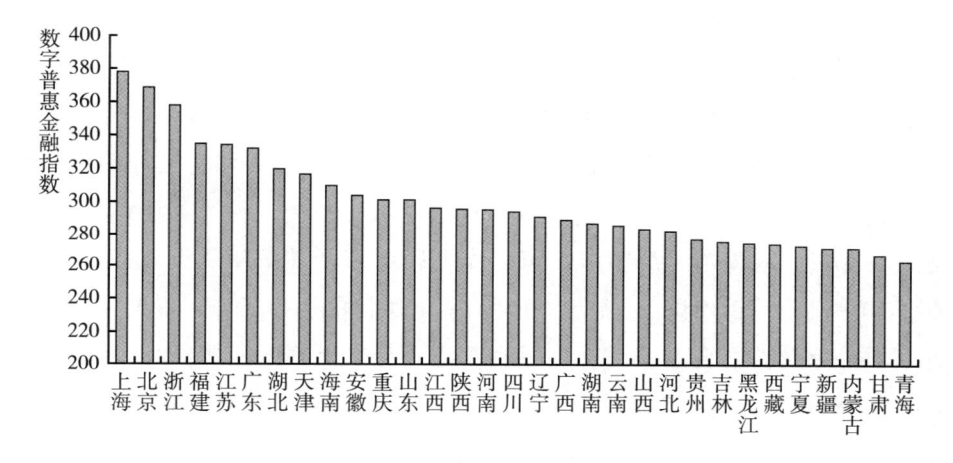

图 3 2018 年我国各省份数字普惠金融指数

资料来源：北京大学数字普惠金融指数。

尽管数字普惠金融在缓解消费信贷约束以及小微企业融资困境等方面具有一定的价值，但目前我国数字普惠金融的发展仍然缺乏规范化和系统性，并且面临一系列风险，特别是在 P2P 网贷方面更是存在较为突出的风险，支付成本过高、出借次数过多、金额不匹配、期限不匹配的问题仍然比较突出。更为重要的是，数字普惠金融在发展过程中还出现了诸多不足，如资产端与资金端发生分享的现象大量存在。

（2）山东省数字普惠金融发展现状

近年来，山东省大力推进金融改革，在数字普惠金融发展方面进行了一系列积极尝试，整体而言山东省数字普惠金融发展态势良好，金融覆盖面呈扩大趋势，金融服务效率不断提升，金融服务成本逐渐下降。统计数据显示，截至 2020 年 7 月，蚂蚁集团网商银行已与山东省 69 个县域签约合作，通过与各县域政府的合作，授信总人数近 650 万人，授信总额度超 1000 亿元。蚂蚁集团网商银行将继续探索并提供针对农业深化服务组织的金融服务，与省内主要农业县区开展深度合作，将结合卫星遥感、农业物联网等技术手段，以科技助力金融和县域经济发展。

数字普惠金融的发展为小微企业融资提供了便利，但也暴露了许多问题，如新型农村合作金融试点工作效果不佳、数字化普惠金融项目推广不利等。针对此类问题，山东省地方金融监管局积极整改，举一反三，构建了长效机制。针对菏泽市成武县金桥菜豆种植专业合作社开展信用互助业务规模不大的问题，山东省地方金融监管局进行现场解答，帮助其优化内部业务流程，协调县农业银行为其定制了"市场通"服务终端，并开展了信用互助业务。另外，泰安市、济宁市5家合作社因继续开展信用互助业务意愿不强，均主动申请退出试点，已经完成5家合作社的退出工作。针对宁津县、惠民县数字化普惠金融项目推广不利及签约后未上线的问题，2019年7月26日，德州市宁津县普惠金融项目完成数据传送整合工作，截至8月末，累计为辖内0.57万名涉农群众发放信用贷款4.23亿元，当前可用授信金额超过6.4亿元。滨州市惠民县成立了工作专班，积极整合数据资源，已于7月25日推动项目正式上线，截至8月末，累计为辖内0.55万名涉农群众发放信用贷款3.9亿元，当前可用授信额度超过5.5亿元。

（二）我国中小企业融资约束现状

工信部调查数据显示，将近40%的中小企业的融资需求未得到满足，中小企业获得的金融支持与其对国民经济的贡献存在较大差距。

1. 中小企业证券市场融资现状

我国积极推动多层次资本市场的发展。目前，多层次资本市场主要由主板、中小板、创业板、科创板和新三板等构成。深交所数据显示，截至2019年11月18日，中小企业板、创业板、科创版挂牌公司数分别为941家、782家、54家，流通市值分别为67878.06亿元、37239.85亿元、1014.33亿元。新三板挂牌企业9146家，其中，采用集合竞价企业达8422家。但由于股票市场的入市门槛较高，仍有很多小微企业受发展规模和资金限制，无法通过股票市场进行融资。

政府推出各项政策支持中小企业在债券市场进行融资。2007年推出中小企业集合债；2009年发行中小企业集合票据；2012年启动中小企业私募债试点；2013年启动小微企业增信集合债券试点；2019年优化债券发行机制，鼓励推行特定的融资工具等产品，推进债券试点，完善可转债转股机制。政府为促进中小企业债权融资做出了许多努力，但政策效果并不是很明显。从发债规模来看，中小企业债权融资规模很小。集合债券发行条件严格，中小企业发行难度大；高收益债、双创债提出时间较短，尚未发展起来。从发债主体占比来看，债券市场的发债主体大部分是大型企业，也有一定比例的中型企业，但主要发行城投债。总体来说，中小企业通过债权进行融资存在一定的困难，融资规模占所需资本金比例太小。

2. 中小企业银行信贷市场融资现状

国家出台较多扶持政策，推进商业银行加强对中小企业的信贷支持。2018年，中国银监会办公厅发布《关于2018年推动银行业小微企业金融服务高质量发展的通知》，在政策扶持下，普惠型小微企业贷款余额高速增长。根据中国银保监会数据，2018~2020年，银行业金融机构普惠型小微企业贷款从9.4万亿元增长至15.3万亿元，年均增长率高达27.6%；截至2021年第三季度，银行业金融机构普惠型小微企业贷款达到18.5万亿元。在信贷结构方面，中小企业信贷结构有了很大的优化。小微企业的信用贷款增长幅度要远远大于抵押贷款的增长幅度。企业的融资成本也明显降低，主要表现为各大银行贷款利率普遍下降。2018~2020年，我国新发放的普惠型小微企业贷款利率逐期下降，2018年全年为7.34%，2019年全年为6.7%，2020年全年为5.88%。

中小企业的信贷规模不断扩大，信贷结构持续优化，但从整体来看，中小企业信贷规模仍有扩大的空间，信贷结构仍有进一步优化的必要，从而降低信贷成本。从信贷规模角度看，中小微企业贷款规模在金融机构所提供的各项企业贷款中占比仅为38.6%，这与中小微企业对国民经济的贡献度不相匹配，同时也无法满足其所需的融资规模。从信贷结构角度来看，中小微企业融资主要通过抵押贷款和质押贷款获得，其融资能力受到较大限制，因

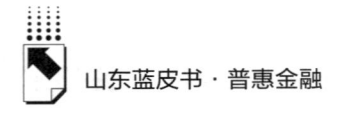

此需要拓宽融资渠道，促进其信贷结构得到进一步优化。

3. 中小企业其他融资渠道

由于股票市场入市门槛较高，债券市场发展不足，银行信贷贷款要求高，许多中小企业还会通过民间借贷渠道或互联网平台进行融资。民间借贷虽然门槛较低，但融资成本高，在监管与法律层面存在争议，风险较大。互联网平台也亟须规范，为中小企业融资提供更广阔的市场渠道。

四 数字普惠金融缓解中小企业融资约束的实证分析

（一）研究假设与数据来源

1. 研究假设

在人工智能、大数据和云计算等数字技术的支撑下，数字普惠金融突破了传统金融服务受空间和时间约束的问题，拓宽了服务的覆盖广度，加深了服务的使用深度，从而有利于满足"尾部"客户群体的需求，并通过拓宽融资渠道、降低融资成本和提高融资效率等途径缓解中小企业的融资约束，其机理如图4所示。

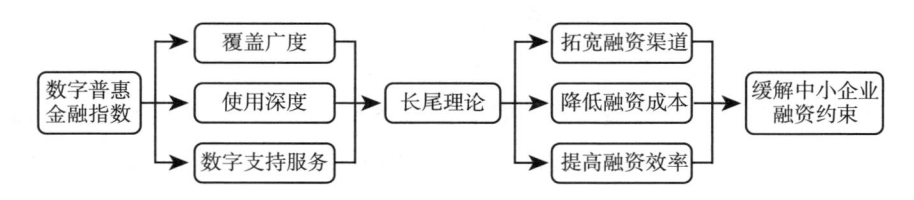

图4 数字普惠金融缓解企业融资约束的机理

基于此，提出假设H1：在其他条件不变的情况下，数字普惠金融发展对中小企业的融资约束具有缓解作用。

2. 数据来源

（1）数字普惠金融数据的来源

本报告采用北京大学数字金融研究中心发布的"北京大学数字普惠金融

指数（2011 - 2018 年）"作为衡量我国数字普惠金融发展状况的指标。北京大学互联网金融研究中心联合蚂蚁金服收集了海量数字金融数据，从数字金融覆盖广度（Coverage）、使用深度（Depth）和数字支持服务（Digitization）三个维度，选取了 33 个指标来构建反映中国实际情形的"数字普惠金融指标体系（2011 - 2018）"（见图5），包括我国 31 个省份、337 个地级及以上城市及 1754 个县三个层次的数字普惠金融指数。在总指数基础上，还编制了数字金融覆盖广度指数、数字金融使用深度指数和普惠金融数字支持服务指数，同时构建了数字金融使用深度指数所属的支付、保险、货币基金、信用服务、投资、信贷等分类指数，为数字普惠金融领域的研究提供了有力的数据支撑。

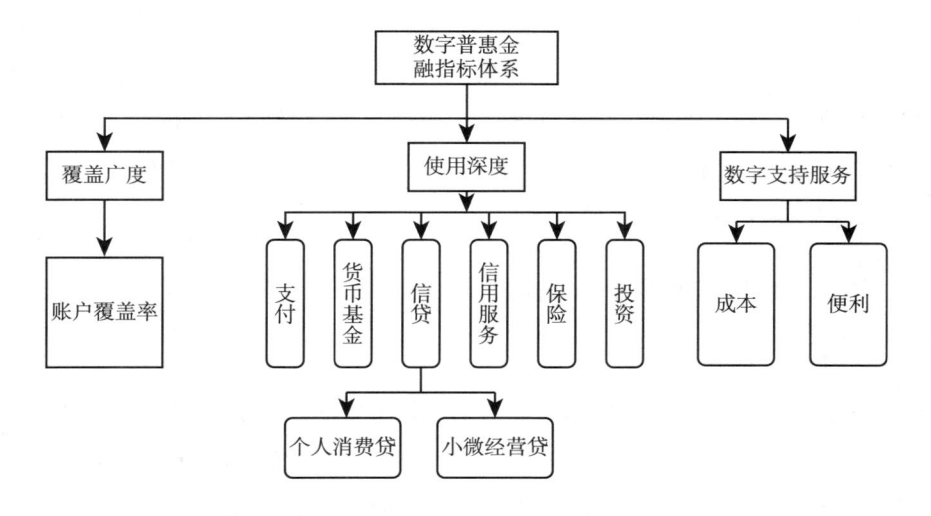

图5　数字普惠金融指标体系

本报告选取 2014 ~ 2018 年山东省 16 个地市层面的数字普惠金融指数作为实证模型中的关键解释变量，同时采用覆盖广度、使用深度和数字支持服务三个维度的指数。鉴于该变量与其他指标的数量级存在较大差异，借鉴宋晓玲（2017）的做法，将北京大学数字普惠金融指数值除以 100 后的数值作为本报告的原始数据。

（2）中小企业数据来源

在中小企业数据样本选择方面，本报告选择了山东省新三板上市企业作为研究对象，原因有以下几点。①新三板市场对上市企业没有严格的资产和盈利要求，主要考察的是企业的成长性和创新能力。很多中小企业由于不能满足中小板或创业板的上市条件，选择登陆新三板市场，可以说新三板是真正意义上的中小企业集聚地。②新三板从2006年开始逐渐成形，上市企业只有数百家，自2013年以来迅速成长，到2015年底，新三板上市企业数量已经超过主板、中小板和创业板上市公司数量之和，从样本充足性角度来考虑，将其作为研究对象，探索我国中小企业融资约束问题尤为合适。③新三板上市企业是面向社会和广大投资者的，必须定期披露企业的财务状况、重大事项等，考虑到数据的可获得性，选择新三板上市企业也较为合理。

本报告选用山东省2014～2018年16个地市新三板上市企业的公开数据。考虑到数据的有效性，剔除了以下几类数据：①金融类上市公司；②具有极端值和异常值的公司；③数据缺失和资产负债率大于1的公司。最终，得到2014～2018年山东省16个地市354家新三板上市企业数据，所有企业层面数据均来自Wind数据库。

（二）模型构建及变量说明

1. 模型构建

在实证研究中，企业外部融资约束分析主要涉及投资—现金流敏感性模型和现金—现金流敏感性模型。Fazza（1988）等率先提出投资—现金流敏感性模型，然而该模型本身存在一定的局限性，托宾Q衡量偏误以及投资—现金流敏感性动因识别问题导致投资—现金流敏感性并不能真实地反映企业所面临的融资约束。Almeida等（2004）参照Fazza等（1988）等关于投资需求方面的研究建立了现金—现金流敏感性模型。其主要思想是，在存在融资约束的情况下，企业出于预防动机，会对来自经营活动的现金流进行适当的留存，以满足企业未来的需要，而不存在融资约束的企业，其现金—现金流敏感性不强。因此，企业现金资产持有量的变化与现金流的正向关联是企业存在外部融资约束的证据。现金—现金流敏感性模型日益受到重视，许多学者以此为基础展开了新的研究，在与中国相关的研究中，连玉君等

(2008) 对比不同学者的研究,发现中国上市公司的融资约束与现金持有行为有很强的关联,现金—现金流敏感性模型可以作为考察中国上市公司融资约束问题的有效依据。

基于 Almeida 等 (2004) 提出的现金—现金敏感性模型来度量融资约束,本报告构建基本模型如下:

$$\delta Cash_{it} = \alpha_0 + \alpha_1 CF_{it} + \alpha_2 Growth_{it} + \alpha_3 Size_{it} + \alpha_4 Expend_{it} + \alpha_5 \delta NWC_{it} + \alpha_6 \delta SD_{it} + \alpha_7 Flow_{it} + \alpha_8 lev_{it} + \alpha_9 Board_{it} + \varepsilon_{it} \quad (1)$$

在模型 (1) 中,被解释变量 $\delta Cash_{it}$ 反映企业现金及现金等价物的变化;解释变量 CF_{it} 反映企业的现金流;控制变量 $Growth_{it}$ 反映企业的成长能力;$Size_{it}$ 反映企业的规模;$Expend_{it}$ 反映企业长期资本的支出;δNWC_{it} 反映企业非现金净营运资本的变动;δSD_{it} 反映企业短期债务的变动;$Flow_{it}$ 表示企业流动比率;lev_{it} 反映企业资产负债水平;$Board_{it}$ 表示企业董事会成员规模;ε_{it} 是误差项。i 和 t 分别代表企业和时间。α_1 若为正,则说明企业现金对现金流正向敏感,即企业存在融资约束问题。

为了研究数字普惠金融对企业融资约束的影响,借鉴 Khurana 等 (2006) 的研究,在基本模型中加入 CF 与数字普惠金融指数 (DIFI) 的交互项,并加入时间虚拟变量和行业虚拟变量,构建如下扩展模型:

$$\delta Cash_{it} = \alpha_0 + \alpha_1 CF_{it} + \beta DIFI \times CF_{it} + \alpha_2 Growth_{it} + \alpha_3 Size_{it} + \alpha_4 Expend_{it} + \alpha_5 \delta NWC_{it} + \alpha_6 \delta SD_{it} + \alpha_7 Flow_{it} + \alpha_8 lev_{it} + \alpha_9 Board_{it} + \gamma_t + \delta_i + \varepsilon_{it} \quad (2)$$

模型 (2) 中,γ_t 表示时间的虚拟变量,δ_i 表示行业的虚拟变量,用来控制时间和行业的影响;DIFI 是数字普惠金融指数;DIFI 和 CF 的交互项,用来衡量数字普惠金融发展对融资约束的影响,如果交互项的系数显著为负,即数字普惠金融发展水平越高,则企业的现金—现金流敏感性越低,融资约束程度越低,说明数字普惠金融可以有效缓解企业的融资约束问题。

此外,本报告还考察了数字普惠金融的三个二级指标,即覆盖广度、使用深度和数字支持服务,并分别构建了以下扩展模型:

$$\delta Cash_{it} = \alpha_0 + \alpha_1 CF_{it} + \beta Coverage \times CF_{it} + \alpha_2 Growth_{it} + \alpha_3 Size_{it} + \alpha_4 Expend_{it}$$

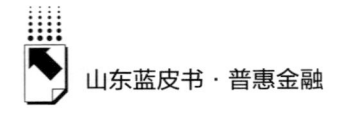

$$+ \alpha_5 \delta NWC_{it} + \alpha_6 \delta SD_{it} + \alpha_7 Flow_{it} + \alpha_8 lev_{it} + \alpha_9 Board_{it} + \gamma_t + \delta_i + \varepsilon_{it} \quad (3)$$

$$\delta Cash_{it} = \alpha_0 + \alpha_1 CF_{it} + \beta Depth \times CF_{it} + \alpha_2 Growth_{it} + \alpha_3 Size_{it} + \alpha_4 Expend_{it}$$
$$+ \alpha_5 \delta NWC_{it} + \alpha_6 \delta SD_{it} + \alpha_7 Flow_{it} + \alpha_8 lev_{it} + \alpha_9 Board_{it} + \gamma_t + \delta_i + \varepsilon_{it} \quad (4)$$

$$\delta Cash_{it} = \alpha_0 + \alpha_1 CF_{it} + \beta Digitization \times CF_{it} + \alpha_2 Growth_{it} + \alpha_3 Size_{it} + \alpha_4 Expend_{it}$$
$$+ \alpha_5 \delta NWC_{it} + \alpha_6 \delta SD_{it} + \alpha_7 Flow_{it} + \alpha_8 lev_{it} + \alpha_9 Board_{it} + \gamma_t + \delta_i + \varepsilon_{it} \quad (5)$$

2. 变量说明

（1）被解释变量

被解释变量是现金持有量的变动（$\delta Cash$）。出于内外融资成本存在差异或外部融资渠道受限等原因，具有融资约束的企业会从当期现金流中预留一部分来应对未来有可能出现的投资机会，因此其现金流变动额会对当期现金流表现出较大的依赖性；而没有融资约束的企业为降低预留资金所带来的机会成本则倾向于持有较少的现金流，其现金流变动对当期现金流依赖性较小，现金流变动额可以较好地反映企业的融资约束程度。

（2）解释变量

企业现金流（CF）是模型的核心解释变量。因为企业一般出于预防动机会留存现金，这被认为是企业存在融资约束的证据，其数值用企业当期经营活动现金流量净额除以企业期初总资产测算得出。

（3）主要控制变量

企业规模（$Size$）是企业期末总资产的自然对数。通常而言，规模较大的企业，会在以下方面影响其融资成本。首先，规模较大的企业资金实力雄厚，市场竞争力和影响力都比较强，所积累的社会资源丰富，融资渠道多样。其次，企业在形成规模经济以后，经营绩效能够反映其效益，容易吸引投资与合作。最后，大规模企业在容易引起关注的同时，也会受到更多的监督，因此这样的企业会更容易获得融资，融资成本也相对较低，现金持有量也会相对较小。

企业成长性（$Growth$），一般用企业总资产增长率来衡量企业成长性。企业成长性高意味着企业拥有不断扩张的趋势，需要不断扩大经营规模，提高赢利水平，各方面费用会增加，对现金的需求也会不断增加。

净营运资本（δNWC），净营运资本为流动资产减去流动负债的值。

此外，还包括资本支出（$Expend$）、短期负债变动（δSD）、流动比率（$Flow$）、资产负债率（lev）和董事会成员规模（$Board$）等控制变量。

各变量指标含义说明如表1所示。

表1 变量含义

变量符号	变量名称	度量方法
$\delta Cash$	现金持有量的变动	现金及现金等价物增加额/期初总资产
CF	企业现金流	企业当期经营活动现金流量净额/企业期初总资产
$DIFI$	数字普惠金融指数	北京大学数字普惠金融指数（2011–2018年）
$Coverage$	覆盖广度	北京大学数字普惠金融指数（2011–2018年）
$Depth$	使用深度	北京大学数字普惠金融指数（2011–2018年）
$Digitization$	数字支持服务	北京大学数字普惠金融指数（2011–2018年）
$Growth$	企业成长性	当年营业收入的变化值与上一年度营业收入之比
$Size$	企业规模	企业期末总资产的自然对数
$Expend$	资本支出	长期资产支出/期初总资产
δNWC	净营运资本	流动资产 – 流动负债
δSD	短期负债变动	流动性负债增加额/期初总资产
$Flow$	流动比率	流动资产对流动负债的比率
lev	资产负债率	总负债与总资产的比值
$Board$	董事会成员规模	董事会成员数量的自然对数
$Year$	年度虚拟变量	控制时间和行业的影响
$Industry$	行业虚拟变量	

3. 变量的描述性统计

变量的描述性统计如表2所示，$\delta Cash$ 的平均值为0.023，表明持有现金在中小企业的经营活动中是一种普遍现象，这与中小企业在初创或经营过程中面临资金困难的现象对应。同时，$\delta Cash$ 的中值为0.005，远小于平均值，表明中小企业现金持有比例分布很不均匀，大多数处于平均值之下。CF 的平均值为0.025，中值为0.029，相当一部分企业现金净流入为负，表明中小企业的经营状况并不好，但是大部分处于高于平均值的区间。δNWC 的平均值为0.076，中值为0.035；$Expend$ 的平均值为0.369，中值为

0.355，说明中小企业长期资产支出占期初总资产的比例多数在平均值以下。Growth 的平均值达到了 0.223，中值为 0.119，符合部分中小企业具有高成长性的特点，但多数处于平均增长速度之下。DIFI 的平均值为 2.032，中值为 2.076，说明数字普惠金融发展水平地区分布较为均匀。Flow 的平均值为 2.272，中值为 1.514，说明大多数企业流动比率比较高，保持较好的流动性。lev 的平均值为 0.446，中值为 0.440，说明大多数企业资产负债率较高。

表 2 变量的描述性统计

变量	N	平均值	标准差	最小值	P25	P50	P75	最大值
$\delta Cash$	1725	0.023	0.128	-0.541	-0.027	0.005	0.050	0.997
CF	1725	0.025	0.150	-0.913	-0.040	0.029	0.096	0.931
Growth	1725	0.223	0.768	-1.000	-0.035	0.119	0.314	15.772
Size	1725	19.704	2.160	14.579	18.099	19.177	21.506	26.139
Expend	1725	0.369	0.227	0.002	0.181	0.355	0.533	0.992
δNWC	1725	0.076	0.308	-0.565	-0.028	0.035	0.117	8.246
δSD	1725	0.051	0.192	-0.716	-0.040	0.030	0.118	1.792
Flow	1725	2.272	2.721	0.000	0.980	1.514	2.347	44.183
lev	1725	0.446	0.211	0.022	0.285	0.440	0.607	1.342
Board	1725	1.718	0.526	0.000	1.609	1.609	2.079	2.890
DIFI	1725	2.032	0.423	0.356	1.731	2.076	2.391	2.634
Coverage	1725	1.977	0.378	0.175	1.797	2.014	2.214	2.556
Depth	1725	1.971	0.493	0.604	1.556	2.032	2.462	2.652
Digitization	1725	2.326	0.572	0.181	2.297	2.507	2.669	2.943

（三）实证结果与分析

1. 基本实证结果与分析

采用 Stata 软件对全样本进行了 OLS 多元回归操作，对现金—现金流敏感性基准模型以及各扩展模型进行了估计，模型（1）到模型（5）的估计汇总结果如表 3 所示。

表3 基本实证结果

变量	（1） $\delta Cash$	（2） $\delta Cash$	（3） $\delta Cash$	（4） $\delta Cash$	（5） $\delta Cash$
CF	0.289***	0.310***	0.314***	0.302***	0.308***
	(0.0172)	(0.0171)	(0.0172)	(0.0171)	(0.0170)
$CF \times DIFI$		-0.158***			
		(0.0208)			
$CF \times Coverage$			-0.158***		
			(0.0219)		
$CF \times Depth$				-0.151***	
				(0.0208)	
$CF \times Digitization$					-0.1350***
					(0.0165)
$Growth$	-0.0078**	-0.0078**	-0.0079**	-0.0078**	-0.0075**
	(0.0035)	(0.0034)	(0.0034)	(0.0034)	(0.0034)
$Size$	-0.0003	0.0009	0.0009	0.0008	0.0008
	(0.0015)	(0.0016)	(0.0016)	(0.0016)	(0.0016)
$Expend$	0.0337***	0.0377***	0.0382***	0.0360***	0.0381***
	(0.0120)	(0.0129)	(0.0129)	(0.0129)	(0.0128)
δNWC	-0.1620***	-0.1570***	-0.1560***	-0.1570***	-0.1570***
	(0.0086)	(0.0085)	(0.0085)	(0.0085)	(0.0085)
δSD	-0.1460***	-0.1530***	-0.1520***	-0.1530***	-0.1540***
	(0.0141)	(0.0138)	(0.0139)	(0.0139)	(0.0138)
$Flow$	0.0028**	0.0029***	0.0029***	0.0029***	0.0029***
	(0.0011)	(0.0011)	(0.0011)	(0.0011)	(0.0011)
lev	0.0145	0.0039	0.0039	0.0038	0.0044
	(0.0147)	(0.0152)	(0.0152)	(0.0152)	(0.0151)
$Board$	-0.0210***	-0.0237***	-0.0241***	-0.0240***	-0.0223***
	(0.0062)	(0.0063)	(0.0063)	(0.0063)	(0.0063)
$Constant$	0.0062	-0.0278	-0.0300	-0.0249	-0.0246
	(0.0263)	(0.0422)	(0.0423)	(0.0422)	(0.0421)
Year	×	√	√	√	√
Industry	×	√	√	√	√
Observations	1725	1725	1725	1725	1725
R^2	0.322	0.363	0.362	0.362	0.367

注：***、**、* 分别表示在1%、5%和10%的显著性水平上显著，括号内为标准误。

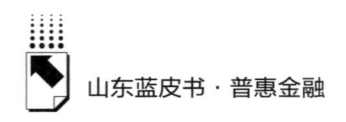

从所有模型的回归结果来看，CF 的系数均显著为正，表明中小企业存在显著的现金—现金流敏感性，即面临显著的融资约束。可见，中小企业由于受信贷抵押品不够优良、无形资产比重较高等因素的限制，仍存在明显的融资约束。

从扩展模型（2）看，在加入了现金流 CF 与数字普惠金融指数 DIFI 交互项和控制了时间、行业影响后，交互项的系数显著为负，表明数字普惠金融发展确实有利于缓解中小企业面临的融资约束。作为比较和初步的稳健性检验，模型（3）到模型（5）从覆盖广度、使用深度与数字支持服务三个维度与现金流 CF 的交互项进行测算，结果显示估计系数同样显著为负，表明数字普惠金融发展对中小企业融资约束具有缓解作用，从而提供了数字普惠金融发展与中小企业融资约束缓解具有稳健关系的证据。

此外，从控制变量来看，中小企业自身的一些经营特征也会影响其融资约束。Growth 的回归系数显著为负，表明中小企业的成长能力越强，现金资产的持有成本越高，现金的持有量也就越少。δNWC 的回归系数显著为正，说明企业净营运资本变动越大，越不利于缓解中小企业融资约束。相较于传统金融机构的"嫌贫爱富"，数字普惠金融可提供支付、保险、货币基金等多样化的金融服务，可以降低金融服务的门槛，使以前受到金融排斥的弱势群体能够获得金融服务，有助于缓解中小企业融资约束。Flow 的回归系数显著为正，和 CF 表示的意义相似，企业持有现金越多，越说明存在现金—现金流敏感性，即存在融资约束问题；Size、lev 的估计系数符合预期但并不显著，表明企业规模和资产负债率与企业持有现金资产并无必然关联。

因此，实证结果支持了假设 H1：在其他条件不变的情况下，数字普惠金融发展对中小企业面临的融资约束具有缓解作用。

2. 异质性分析

为了探究数字普惠金融存在的异质性问题，按照企业的性质划分国有企业和民营企业子样本，进行异质性分析。相比国有中小企业，民营企业的财务信息透明度不高，考虑到贷款处理成本等因素，商业银行往往更愿意为信息相对透明的国有企业提供信贷服务。而数字普惠金融使信息处理、风险评估以及资信公开等更加透明,进而能够提升民营企业的信息透明度,有助于缓解其融资约束。所以,下文将样本按照企业性质分为国有企业和民营企业两组子样本,分别进行实证回归与分析。

回归结果如表4所示,从第一行的回归结果看,CF的系数显著为正,说明国有企业和民营企业都存在显著的融资约束。从第二行交互项的回归结果看,民营企业的交互项系数显著为负,表明数字普惠金融对缓解民营企业融资约束的作用更为显著,而对国有企业的影响并不显著。

表4 国有企业和民营企业的实证结果

变量	国有企业 $\delta Cash$	民营企业 $\delta Cash$
CF	0.3650***	0.2780***
	(0.0822)	(0.0185)
CF × DIFI	−0.0598	−0.3480***
	(0.0410)	(0.0335)
Growth	−0.0160	0.00807**
	(0.0155)	(0.00353)
Size	−0.0022	−0.0025
	(0.0042)	(0.0019)
Expend	0.0142	0.0486***
	(0.0262)	(0.0147)
δNWC	−0.205***	−0.157***
	(0.0351)	(0.00882)
δSD	−0.114***	−0.160***
	(0.0350)	(0.0148)
Flow	−0.0057***	0.0034***
	(0.0022)	(0.0013)
lev	0.0438	0.0044
	(0.0323)	(0.0173)
Board	−0.0115	−0.0241***
	(0.0161)	(0.00674)
Year	√	√
Industry	√	√
Constant	0.0844	0.0365
	(0.0818)	(0.0474)
Observations	270	1455
R^2	0.298	0.406

注:***、**、*分别表示在1%、5%和10%的显著性水平上显著,括号内为标准误。

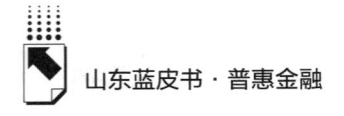

（四）稳健性检验

为了解决可能存在的内生性问题，从三个方面进行稳健性检验。第一，使用滞后一期的数字普惠金融发展指数替换当期的数字普惠金融发展指数，依然使用前文模型进行检验。第二，使用数字普惠金融二级指标，使用覆盖深度的下一级指标，即支付（payment）、保险（insurance）、货币基金（monetary）、投资（investment）、信用服务（credit）、信贷（credit）替代数字普惠金融发展指数，依然使用前文模型进行检验。第三，中小企业持有现金有可能是为了发放现金股利而不是受制于融资约束，因此本报告将股利分配率作为控制变量加入扩展模型，进行回归检验。

1. 滞后一期检验

反向因果是内生性问题产生的原因之一，尽管在实证中已经控制了一些对中小企业融资约束产生影响的相关变量，但仍可能因存在不可观测因素而存在遗漏变量偏误。对于反向因果关系造成的内生性问题，借鉴Wooldridge（2010）的做法，在所有实证模型中对解释变量、控制变量均采取滞后一期处理，在一定程度上减弱反向因果问题造成的内生性干扰。本报告进一步改进模型设计，重新估计了使用滞后一期的 $DIFI$、$Coverage$、$Depth$、$Digitization$ 指标及其与 CF 交互项的扩展模型以控制可能的内生性问题。由表5滞后一期的实证结果可以看出，中小企业仍面临着融资约束问题，交互项仍显著为负，支持了前文的实证结果。

表5　滞后一期实证结果

变量	(1) $\delta Cash$	(2) $\delta Cash$	(3) $\delta Cash$	(4) $\delta Cash$
CF	0.8580***	0.9230***	0.6970***	0.6650***
	(0.0932)	(0.1060)	(0.0768)	(0.0735)
$CF \times DIFI_{t-1}$	-0.3260***			
	(0.0492)			

续表

变量	（1） δCash	（2） δCash	（3） δCash	（4） δCash
$CF \times Coverage$		－0.3620***		
		(0.0561)		
$CF \times Depth$			－0.2530***	
			(0.0424)	
$CF \times Digitization$				－0.2770***
				(0.0535)
Control	√	√	√	√
Year/Industry	√	√	√	√
Constant	－0.0677	－0.0706	－0.0658	－0.00937
	(0.0469)	(0.0469)	(0.0470)	(0.0426)
Observations	1380	1380	1380	1725
R^2	0.3350	0.3340	0.3310	0.3520

注：***、**、*分别表示在1%、5%和10%的显著性水平上显著，括号内为标准误。

2. 利用数字普惠金融分指标进一步验证

使用数字普惠金融二级指标使用深度的下一级六个指标，即支付（payment）、保险（insurance）、货币服务（monetary）、投资（investment）、信用服务（credit）、信贷（credit），替代数字普惠金融发展指数，依然使用前文模型进行检验。通过对使用深度的六个分指标的实证分析，可知其各个影响路径对中小企业融资约束的缓解程度。回归结果如表6所示，从结果来看均与前文结论保持一致，再次支持前文结论，发展数字普惠金融有助于缓解中小企业的融资约束。

表6 使用数字普惠金融分指标进行检验的实证结果

变量	（1） δCash	（2） δCash	（3） δCash	（4） δCash	（5） δCash	（6） δCash
CF	0.6970***	0.8770***	0.6990***	0.895***	0.6190***	0.6650***
	(0.0768)	(0.0930)	(0.0942)	(0.121)	(0.0518)	(0.0735)

续表

变量	(1) δCash	(2) δCash	(3) δCash	(4) δCash	(5) δCash	(6) δCash
$CF \times Depth$	-0.2530*** (0.0424)					
$CF \times payment$		-0.2680*** (0.0421)				
$CF \times insurance$			-0.1020*** (0.0235)			
$CF \times monetary$			-0.2660*** (0.0529)			
$CF \times investment$					-0.2140*** (0.0323)	
$CF \times credit$						-0.2770*** (0.0535)
Control	√	√	√	√	√	√
Year/Industry	√	√	√	√	√	√
Constant	-0.0658 (0.0470)	-0.00594 (0.0424)	-0.0142 (0.0427)	-0.00926 (0.0426)	-0.00683 (0.0424)	-0.00937 (0.0426)
Observations	1380	1725	1725	1725	1725	1725
R^2	0.3310	0.3570	0.3490	0.3520	0.3580	0.3520

注：***、**、*分别表示在1%、5%和10%的显著性水平上显著，括号内为标准误。

3.加入新的控制变量

中小企业持有现金有可能是为了发放现金股利而不是受制于融资约束，因此本报告将股利分配率作为控制变量加入扩展模型，进行回归检验。加入新的控制变量股利分配率，回归结果如表7所示。所得出的实证结果与前文一致，再次支持前文的结论，即发展数字普惠金融可以有效缓解中小企业的融资约束。

表7 加入新的控制变量回归结果

变量	δCash
CF	0.3110*** (0.0171)

续表

变量	δCash
CF × DIFI	-0.1570***
	(0.0208)
Dividend	0.000223*
Control	√
Year/Industry	√
Constant	-0.0272
	(0.0422)
Observations	1725
R^2	0.3640

注：***、**、*分别表示在1%、5%和10%的显著性水平上显著，括号内为标准误。

五 研究结论与对策分析

（一）研究结论

本报告基于现金—现金流敏感性模型，将2014~2018年山东省16个地市层面的数字普惠金融指数与山东省新三板上市企业数据进行匹配，构建面板计量模型，实证检验数字普惠金融对于缓解中小企业融资约束的效应。

实证结果表明：山东省中小企业存在明显的现金—现金流敏感性，即面临显著的融资约束问题；数字普惠金融发展水平越高，则企业的现金—现金流敏感性越低，融资约束程度越低，说明发展数字普惠金融可以有效缓解企业的融资约束问题。通过异质性分析，可知相较于国有企业，数字普惠金融对于民营企业融资约束的缓解作用更为显著。为了解决可能存在的内生性问题，通过滞后一期、分指标进行进一步验证，在加入新的控制变量进行稳健性检验，结果进一步论证了本报告结论的稳健性。

由于中小企业受到抵押品质量不高、无形资产比重大等诸多因素的限制，加之中小企业对接资本市场渠道还不畅通，因此我国中小企业普遍存在融资约束问题，股票市场、债券市场、信贷市场等融资渠道对于缓解上市中小企业的融资约束还有待加强。数字普惠金融的发展，对企业特别是对民营中小企业缓解融资约束更加有效，数字普惠金融发展程度越高，越有利于缓解企业融资约束。民营中小企业通常面临更高的信用风险，银行业金融机构不愿意为其提供贷款，数字普惠金融借助新技术支持可以提高民营中小企业金融服务的可获得性。

（二）对策分析

1.促进数字普惠金融健康发展

政府要鼓励金融机构紧紧抓住当前数字经济快速发展的时机，研究制定数字普惠金融专项发展战略，推动加大对新兴技术的投入力度，并共享税收缴纳、信用状况等信息，使金融机构可以通过跨界数据融合，延展金融服务边界。同时，金融机构要注意通过大数据不断提升对中小企业风险的判断能力，更加精准地对客户进行画像，建立完善的风险识别、准入、预警和信息披露机制。

2.提供平等的资源获取机会

发展数字普惠金融可以大大缓解中小企业所面临的融资约束，可以依托物联网、大数据、云计算和区块链等先进的数字技术，克服信贷关系中的信息不对称问题，建设更为完善的社会融资体系，为中小企业构建一个公平公正的营商环境。

3.改善地区金融供给侧基础条件

地区性金融供给侧基础发展水平低，必然对区域企业融资形成约束，进而不利于中国经济转型。因此，要加快提升金融基础条件较差地区的金融设施水平，推动金融机构利用数字普惠金融赋能业务发展，构建系统集成、协同高效、运作有序的新时代金融供给体系，从根本上打破传统金融藩篱，破解中小企业融资困局。

发展数字普惠金融是缓解中小微企业融资约束的一条有效途径，政府应不断加强普惠金融基础设施建设，推动数字普惠金融创新发展，着力打造服务中小微企业融资需求的多层次金融体系，促进我国中小微企业蓬勃发展。

参考文献

[1] 龚沁宜、成学真：《数字普惠金融、农村贫困与经济增长》，《甘肃社会科学》2018年第6期。

[2] 何超、董文汇、宁爱照：《数字普惠金融的发展与监管》，《中国金融》2019年第23期。

[3] 贺刚、张清、龚孟林：《数字普惠金融内涵、创新与风险研究》，《甘肃金融》2020年第2期。

[4] 黄志忠、谢军：《宏观货币政策、区域金融发展和企业融资约束——货币政策传导机制的微观证据》，《会计研究》2013年第1期。

[5] 焦瑾璞：《构建普惠金融体系的重要性》，《中国金融》2010年第10期。

[6] 连玉君、苏治、丁志国：《现金—现金流敏感性能检验融资约束假说吗？》，《统计研究》2008年第10期。

[7] 梁榜、张建华：《数字普惠金融发展能激励创新吗？——来自中国城市和中小企业的证据》，《当代经济科学》2019年第5期。

[8] 林毅夫、李永军：《中小金融机构发展与中小企业融资》，《经济研究》2001年第1期。

[9] 任晓怡：《数字普惠金融发展能否缓解企业融资约束》，《现代经济探讨》2020年第10期。

[10] 宋晓玲：《数字普惠金融缩小城乡收入差距的实证检验》，《财经科学》2017年第6期。

[11] 谢绚丽等：《数字金融能促进创业吗？——来自中国的证据》，《经济学》（季刊）2018年第4期。

[12] 尹志超等：《银企关系、银行业竞争与中小企业借贷成本》，《金融研究》2015年第1期。

[13] 喻平、豆俊霞：《数字普惠金融发展缓解了中小企业融资约束吗》，《财会月刊》2020年第3期。

[14] 张伟斌、刘可：《供应链金融发展能降低中小企业融资约束吗——基于中小上市公司的实证分析》，《经济科学》2012年第3期。

[15] 钟凯等：《宏观经济政策影响企业创新投资吗——基于融资约束与融资来源视

角的分析》，《南开管理评论》2017年第6期。

［16］周小川：《践行党的群众路线推进包容性金融发展》，《中国金融家》2013年第10期。

［17］邹伟、凌江怀：《普惠金融与中小微企业融资约束——来自中国中小微企业的经验证据》，《财经论丛》2018年第6期。

［18］Abubakr Saeed, Muhanmad Sameer, "Financial Constraints, Bank Concentration and SMEs: Evidence from Pakistan", *Studies in Economics and Financial*, 2015, 32 (4): 503-524.

［19］Agarwal, S., Hauswald, R., "Distance and Private Information in Lending", *Review of Financial Studies*, 2010 (7): 2757-2788.

［20］Almeida H. Campellom, Weisbach, M. S., "The Cash Flow Sensitivity of Cash", *Journal of Finance*, 2004, 59 (4): 1777-1804.

［21］Anderson, "The Long Tail", *Journal of Service Science and Management*, Vol. 7 No. 2, April 23, 2004.

［22］Baum, C. F., Caglayan, M., Ozkan, N. and Talavera, O., "The Impact of Macroeconomic Uncertainty on Non-financial Firms Demand for Liquidity", *Boston College Working Papers in Economics*, 2006, 15 (4): 235-304.

［23］Berger, A. N., Black, L. K., "Bank Size, Lending Technologies, and Small Business Finance", *Journal of Banking & Finance*, 2011, 35 (3): 724-735.

［24］Coase, R. H., "The Nature of the Firm Economic", *Journal of Monetary Economics*, 1937 (11): 39-45.

［25］Corrado G. Corradol, "Inclusive Finance for Inclusive Growth and Development", *Current Opinion in Environmental Sustainability*, 2017, 24 (2): 19-23.

［26］Fazza, S. M., Hubbard, R. G., Peterson, B. C., "Financing Constraints and Corporate Investment", *Brookings Papers on Economic Activity*, 1988, 19 (1): 141-206.

［27］Hadlock, C., Pierce, J., "New Evidence on Measuring Financial Constraints: Moving Beyond the KZ Index", *Review of Financial Studies*, 2010, 23 (5): 1909-1940.

［28］J. E. Stiglitz and Andrew Weiss, "Credit Rationing in Markets with Imperfect Information", *The American Economic Review*, 1981, 71 (3): 393-410.

［29］Kaplan, S. N., Zingales, L., "Do Investment-cash Flow Sensitivities Provide Useful Measures of Financing Constraints", *Quarterly Journal of Economics*, 1997, 112 (1): 169-215.

［30］Kapoor, A., "Financial Inclusion and the Future of the Indian Economy", *Futures*, 2017 (10): 35-42.

[31] Kempson, E. and Whyley, C., "Understanding and Combating Financial Exclusion", *Insurance Trends*, 1999, pp. 18–22.

[32] Khurana, I. K., Martin, X., Pereira, R., "Financial Development and the Cash Flow Sensitivity of Cash", *Journal of Financial & Quantitative Analysis*, 2006 (4): 787–808.

[33] Leyshon, A., Thrift, N., "The Restructuring of the UK Financial Services in the 1990s: A Reversal of Fortune", *Journal of Rural Studies*, 1993, 9 (3): 223–241.

[34] Mathis, F. J., Cavinato, J., "Financing the Global Supply Chain: Growing Need for Management Action", *Thunderbird International Business Review*, 2010 (6): 467–474.

[35] Ross Levine, *Finance and Growth: Theory and Evidence*, Social Science Electronic Publishing, 2004, 1 (5): 37–40.

[36] Shahrokhi, M., "E-finance: Status, Innovations, Resources and Future Challenges", *Managerial Finance*, 2008 (6): 365–398.

[37] Talavera, O., Tsapin, A. and Zholud, O., "Macroeconomic Uncertainty and Bank Lending: The Case of Ukraine", *Economic Systems*, 2012, 36 (2): 279–293.

[38] Whited, T., and G. Wu, "Financial Constraints Risk", *Review of Financial Studies*, Vol. 19 (2), 2006, 531–559.

[39] Wibella, Nevvi, Idqan Fahmi, and Imam Teguh Saptono, "Factors Affecting Consumer Accertance of Digital Financial Inclusion: An Anecdotal Evidence from Bogor City", *Independent Journal of Management & Production*, 2018: 1338–1357.

[40] Wooldridge, J. M., *Econometric Analysis of Cross Section and Panel Data*, Cambridge, MA: MIT Press, 2010.

B.8
外部赋能与内生动力：普惠小微信用贷款业务可持续性

中国人民银行德州市中心支行*

摘　要： 小微企业融资长久以来的痛点是普遍缺少抵质押物，迫切需要获得纯信用贷款，而银行却高度依赖抵押担保，小微企业信用贷款存在供需矛盾。本报告通过对2020年以来银行普惠小微业务发展情况的观察，发现在央行"两项直达货币工具"中普惠小微信用贷款支持政策的引导下，在信用体系完善、科技金融融合、监管激励强化等外部赋能的共同推动下，信用贷款呈现量增、面扩、价降的趋势，银行普惠小微信用贷款"愿贷""能贷""会贷""敢贷"机制逐步构建，银行发放信用贷款的内生动力明显增强，为信用贷款可持续发展奠定了基础。

关键词： 信用贷款　金融科技　小微企业

一　引言

2020年以来，面对新冠肺炎疫情的冲击，为提升小微企业的融资可获得性，国务院要求"强化稳企业的金融支持，鼓励银行敢贷、愿贷、能贷，

---

* 执笔人：葛新，供职于中国人民银行德州市中心支行，研究方向为普惠金融、农村金融；刘保麟，供职于山东省财金票据服务集团公司。

大幅增加小微企业信用贷、首贷、无还本续贷,利用金融科技和大数据降低服务成本,提高服务精准性"。中国人民银行联合有关部门出台了一系列政策,要求商业银行优化风险评估机制,减少对抵押担保的依赖,在风险可控的前提下,力争实现新发放信用贷款占比显著提高。同时,中国人民银行创设了普惠小微信用贷款[①]支持工具,按符合条件的地方法人金融机构发放普惠小微信用贷款本金的40%的标准,给予一年期无息再贷款支持,该项支持政策延续至2021年末。

根据央行发布的《2020年第四季度中国货币政策执行报告》,2020年我国银行业金融机构累计发放普惠小微信用贷款3.9万亿元,比上年多发放1.6万亿元。中国人民银行累计向地方法人银行提供优惠资金1700亿元,支持其3~12月累计发放小微企业信用贷款4808亿元,缓解了小微企业融资难问题。从数据上看,普惠小微信用贷款在2020年出现大幅增长。普惠小微信用贷款能否保持可持续增长态势?对此,本报告以部分金融机构为样本,剖析小微企业信用贷款业务制约因素、普惠小微信用贷款发展趋势以及业务模式的可持续性,以期为普惠小微信用贷款业务的高质量发展提供有益的参考和借鉴。

二 理论综述

根据贷款的信用程度划分,目前商业银行贷款主要有四种:信用贷款、保证贷款、抵押贷款和质押贷款,保证贷款、抵押贷款和质押贷款合称为担保贷款。与担保贷款相比,信用贷款根据借款人的信誉发放,不需要抵质押和第三方担保人。

(一)担保方式对信贷可得性的研究

信贷配给理论指出,小微企业贷款难,主要原因在于银企信息不对称引

---

① 普惠小微信用贷款,即向单户授信1000万元及以下小微型企业、个体工商户、小微企业主发放的纯信用经营性贷款。

发的逆向选择和道德风险。针对信贷市场上信息不对称造成的融资难问题，国内外大部分研究集中在完善抵押担保制度上。尹志超等（2011）基于银行的企业信贷数据进行研究，发现抵押物对贷款违约率具有显著正向影响，高信用等级企业为显示自身信用好，会主动提供抵押品以降低逆向选择，低信用等级企业因银行要求被动使用抵押物，从而防范潜在的道德风险。近年来，部分学者也开始反思抵押担保融资形式存在的缺陷，中小微企业由于可抵押资产有限，无法提供足值的抵押品，仍然是银行信贷配给的对象。霍源源等（2015）发现如果贷款模式中过于依赖抵押物和担保条件，将会削弱银行在进行贷款利率决策时的主导性，且抵押品对资金的占用可能导致企业的投资不足，不利于社会资产配置及资金使用效率的提升。高晶晶（2019）通过设计信息甄别模型，发现在不完全信息条件下，低风险且无抵押担保的中小企业只能接受类似于高风险企业的混同合约，甚至被逐出信贷市场。

（二）信用贷款开展情况的研究

在实践中，银行信用贷款业务长期以来集中在大中型企业，因而针对小微企业信用贷款的理论研究较少，也有部分学者关注农户、个人小额信用贷款业务。陈立等（2017）对中小微企业纳税信用指标体系进行分析，利用"银税互动"模式，帮助银行依据纳税信用等级证明核定信用贷款额度，推动中小微企业纳税信用贷款的发展情况。黄庆华等（2018）总结了建行普惠金融模式、网商银行互联网金融模式、花溪农商行小微专营服务体系三种小微信用贷款模式。周明栋等（2018）认为信用贷款以其无抵押、无担保、灵活高效、随借随贷的特点，提高了部分抵押担保不足的农户的信贷可获得性。

（三）信用贷款技术创新情况的研究

大数据技术在金融领域的应用推动了信用贷款技术的创新，商业银行应该充分利用大数据整合客户接触渠道，进行精准营销。黄子健等（2015）通过构建信贷模型体系，发现互联网金融大数据能够创造足额的"信用资本"和强约束的"信用质押",以破解小微企业抵押品不足的融资困境。杨竹清、张华(2021)运用2016~2019年我国商业银行信用贷款和城市发展等数据,通过实证研究发现,发展数字经济有利于提高银行信用贷款投放规模和占比,数字普惠金融是数字经济影响银行信用贷款的重要中介变量。

三 信用贷款可持续性分析

(一)信用贷款供给不足的原因分析

为了解小微企业信用贷款的供需矛盾,我们选取500家小微企业进行了问卷调查。结果显示,85%的小微企业认为自身缺少可抵押资产;在不考虑贷款成本的情况下,92%的企业希望通过纯信用方式获得贷款;在考虑贷款成本的情况下,67%的企业希望通过纯信用方式获得贷款;但实际在样本企业中,仅有12.8%的企业获得了纯信用贷款。根据《中国普惠金融指标分析报告(2020年)》,2020年末普惠小微信用贷款占比仅为20.1%。可见,在需求端,小微企业信用贷款需求旺盛;在供给端,银行以往的信用贷款业务门槛高、规模小、覆盖面窄,小微企业信用贷款存在供需矛盾。银行小微企业信用贷款供给不足的主要原因有以下几个方面。

1. 抵押担保更具刚性约束的风控逻辑导致银行对抵押担保具有路径依赖

风险是银行信贷投放关注的首要问题,贷款风险大小主要取决于借款人的还款能力和还款意愿。在还款意愿上,贷款人与借款人之间客观上存在一定的博弈关系,即借款人是否违约取决于违约成本的大小。因此,银行在实际风险防控中,一方面通过考察企业偿还贷款的第一来源,即考察企业经营及资金流状况,来确定其还款能力;另一方面通过追加还款的第二来源,即要求企业提供有效抵押担保,来提高违约成本,减少恶意逃废债风险。长期以来,在我国征信系统不健全、信用数据不足、缺乏违约处置机制的情况下,银行缺乏有效控制借款者履约的手段,相对于企业、个人"看不见、摸不着"的信誉,银行普遍认可抵押担保更具刚性约束力。因此,与抵质押贷款和保证贷款等相比，信用贷款因缺乏风险缓释工具，一方面加大了违约时的风险控制难度和实际损失程度；另一方面也减弱了对客户资源占有的要求权，缓解了对客户过度融资的约束。按照这种风控逻辑，在经济形势复杂多变、担保圈和担保链风险传染、银行不良贷款压力上升的背景下，银企互信关系恶化而造成"惧贷"，多数银行更加依赖于设置多重抵押担保。小微企业由于自身抗风险能力比较弱，信息不对称问题突出，贷款风险相对更高，银行小微贷款对抵押物的依赖也更高。

2. 收益风险不匹配，导致银行信用贷款投放内生动力不足

在贷款业务中，银行定价需要覆盖成本、费用、风险溢价和利润。相对于抵押担保贷款，信用贷款风险系数高、风险缓释弱，为弥补风险，银行必然会提高风险溢价。但由于小微企业信息真实性和可信性不足等因素，在传统信贷模式下，商业银行对多数小微企业难以进行准确的风险定价。且银行在小微客户筛选、信贷审核和贷后管理中对资产、财务类数据信息依赖度较高，大部分产品仍然需要与线下贷前调查相结合，需要投入大量的人力成本，单笔小微信用贷款的成本和管理费用较高，并存在获客率及活客率低的情形。收益风险不匹配导致银行更愿意将有限的信用贷款资源配置到收益高、风险低的大中型企业和行业，以提升效率和单次服务价值。从信贷结构的历史变化看，金融机构信贷资金一度向国有大中型企业、基建项目、政府融资平台、房地产行业过度集中，形成了"垒大户"的局面，小微信用贷款整体没有形成规模效应，无法降低信贷操作的边际成本。

3. 监管要求也在一定程度上强化了银行对担保的依赖

长期以来，在银行监管政策和实务操作中均存在依赖第二还款来源和风险缓释手段的现象。2015年新修订的《商业银行法》第36条明确规定："商业银行贷款，借款人应当提供担保。商业银行应当对保证人的偿还能力，抵押物、质押物的权属和价值以及抵押权、质押权的可行性进行严格审查。经商业银行审查、评估，确认借款人资信良好，确能偿还贷款的，可以不提供担保。"在风险权重的设置和资本计提上，抵质押和担保债权适用"较低风险权重"。同时，信用贷款也较其他担保类贷款占用更多的

经济资本，这些制约了银行信用贷款规模的增长。如某城商行反映，在新金融工具准则下，无论在内部资金转移定价还是在风险准备计提方面，小微企业信用贷款都属于成本最高的一类业务，根据要求，其信用贷款需按照6%～8%的违约概率（PD值）×71.97%的违约损失率（LGD）计提风险准备，合计为4.3%～5.8%，而保证、抵质押贷款风险准备仅为信用贷款的1/5。

（二）普惠小微信用贷款发展趋势

2018年以来，金融系统遵循"几家抬"工作思路，创新信用贷款产品服务，缓解小微企业融资难题。根据《中国小微企业金融服务报告（2018）》《中国普惠金融指标分析报告（2019年）》和《中国普惠金融指标分析报告（2020年）》，2017～2020年，全国普惠小微贷款[①]余额中信用贷款占比分别为6.2%、12.5%、13.5%和20.1%，占比逐年提升。尤其是2020年以来，在结构性货币政策工具和差别化监管的合力引导下，普惠小微信用贷款呈现"量增、面扩、价降"的发展态势。

1. 普惠小微信用贷款投放大幅增加，覆盖面普惠式扩展

2020年末，普惠小微企业贷款中信用贷款占比20.1%，比上年末高6.6个百分点。2020年，银行业金融机构累计投放普惠小微信用贷款3.9亿元，比2019年增加1.6亿元。2021年延续了较高的增长态势，前9个月，累计投放普惠小微信用贷款4.7亿元，已达到2020年的1.2倍。从覆盖面看，随着贷款投放量的大幅增加，金融资源更多地流向小微企业和个体工商户。以全国地方法人银行为例，2021年6月末，累计发放小微企业信用贷款6204亿元，支持小微经营主体3830万户，同比增长29.2%。

2. 普惠小微信用贷款利率明显下降

随着贷款市场报价利率（LPR）改革效能的持续释放，小微企业综合融资成本稳中有降。2020年，银行业金融机构新发放的金额在1000万元及以

[①] 2017年末、2018年末为单户授信500万元及以下的小微企业贷款。

下的小微企业贷款平均利率为5.15%,同比下降了0.81个百分点。根据中国人民银行最新统计数据,2021年9月,新发放的普惠小微企业贷款利率为4.89%。从机构调研情况看,银行贷款定价对抵押担保的偏好度下降,信用贷款与抵押担保贷款利率差距明显缩小。

3. 信用贷款产品体系日益丰富,线上贷款呈主流趋势

近年来,银行业金融机构不断创新信贷模式,依托企业的信用记录、市场前景、现金流等,积极发放无担保、无抵押的信用贷款。工商银行推出的"经营快贷"基于政采、税务、海关窗口等平台数据,为企业提供"随借随还"类信用贷款,形成税务贷、结算贷、商户贷、用工贷等。同时,线上信用贷款成为普惠小微信用贷款投放的主要模式。建设银行通过互联网渠道办理的全流程自助信用贷款业务"小微信用快贷",可通过网银、手机银行、普惠平台等多渠道快捷申请,实现一键到账式放款,最高授信额度200万元;中国银行借助互联网与大数据技术开发中银企E贷线上产品,投向触及传统线下授信不大接触到的贸易、餐饮、教育等产业。众多地方商业银行深化"银税互动"合作,创设基于纳税信息的信贷产品,为按时足额纳税的小微企业提供生产经营周转资金支持。

(三)内生动力和外部赋能:普惠小微信用贷款可持续性机制逐步构建

2020年以来,在货币政策和监管激励措施强力推动下,金融机构开展普惠小微信用贷款业务的积极性提高,信用贷款长效机制正在逐步构建。

1. 转型升级内生动力增强,"愿贷"理念初步树立

市场倒逼银行转变理念,随着我国商业银行赢利空间收窄、内外竞争加剧,小微客户群体融资市场已经成为商业银行新的业务增长空间。小微企业和个体工商户信贷需求具有"短、小、频、急"的特征,随着政策的实施,信用贷款的可获得性和便捷度得到显著提高,客户对便捷化信用贷款产品的需求明显增加。在需求增加和同业竞争的双重压力下,为增强客户黏性、提高市场占有率,普惠小微信用贷款已经成为各行竞争的主要对象。政策实施

前，地方法人机构基本没有主动推广信用贷款的想法，农商行尽管开展了类似的业务，但在实际办理中仅限于对个人发放经营性信用贷款，且规模较小。随着政策的引导，2020年以来，城商行、农商银行和村镇银行普遍开展了普惠小微信用贷款业务，甚至不享受政策激励的一些机构也大力拓展该项业务，这是因为一是期待后续能享受政策支持，二是辖区内其他机构办理相关业务导致了客户流失，不得不开办此类业务以留住客户。

2. 信用资本价值获得认可，"能贷"环境持续优化

随着我国社会信用体系的不断完善，信用社会资本价值逐渐显现，成为信用贷款业务发展的基础。一方面，大数据技术改变了以往单纯以资产、收入来源、还款记录等静态数据为信用评价重要指标的方式，将日常生产生活等行为数据转化为信用评价的重要组成部分，扩大了信用建设范围，降低了信用评价成本，使得"人人有信用"。另一方面，诚信守约激励、失信违约惩戒理念和正反馈机制建设都不断加快。法院对失信执行人采取曝光，限制出境、高消费、乘坐高铁以及子女不得就读高收费私立学校等措施，大大增加了违约失信的成本，使得"人人重信用"。近年来，贷款人维护征信记录的意识增强，逃废金融债务现象有所减少。调研中多家商业银行反映，近年来均有不同数量客户主动偿还拖欠多年的贷款。从这个意义上讲，信用也成为一种抵质押品起到了风险缓释的作用。总体来看，信用贷款整体风险管控水平良好，银行拓展信用贷款心理压力较小。

3. 科技金融融合赋能加快，"会贷"能力显著提升

随着大数据等新兴信息技术的蓬勃发展，其所支持的数字普惠显现出巨大的信息、成本、风控优势以及长尾效应，金融科技赋能成为信用贷款发展的重要支撑。目前，部分银行已通过科技赋能，加快推进贷款营销、授信与风险管控一体化流程。一是对客户进行准确定位，全员营销，有效提升贷款服务覆盖率。国有大行采取App自助办理普惠小微信用贷款业务，通过以客户为中心的线上服务平台，实现线上综合服务、全员营销。建设银行普惠小微信用贷款大都通过"惠懂你"App线上形式申请发放，客户访问量累计超过1亿次，提供授信金额3300多亿元。二是自动授信，运用"大数

据"等手段精准匹配额度。各银行的"银税互动"业务,通过与税务局进行业务合作,对按时足额纳税的小微企业,根据其增值税、企业所得税及信用评级水平综合测算信用额度。2020年,全国"银税互动"类小微企业贷款余额8156.34亿元,同比增长63.21%。三是风控前置,利用核心系统批量筛选推送白名单客户。工商银行对白名单客户信用贷款应贷尽贷、能贷快贷,线上申请由系统进行风控,经办人员全部免责,提高了贷前调查和贷后检查环节效率。

4. 监管激励发挥"正向推力","敢贷"机制逐步完善

监管部门强化监管激励约束,引导金融机构将尽职免责、绩效考核等内部制度向普惠小微倾斜。一是细化落实不良容忍度和授信尽职免责规定。监管部门将普惠型小微企业贷款不良率容忍度放宽至不高于各项贷款不良率3个百分点,减轻了客户经理追责压力。要求金融机构改进内部认定标准和流程,逐步提高小微信贷从业人员免责比例,缓解了业务拓展约束。二是改进对小微企业的资源配置和绩效考核激励,加大内部考核激励力度。监管部门明确提出"普惠金融类指标在内部绩效考核指标中权重占比在10%以上",大型银行、股份制银行"内部转移定价(FTP)优惠力度不低于50个基点",地方法人银行对小微信贷业务实施内部转移定价优惠或经济利润补贴。同时,要求降低对小微条线利润、中间业务收入的考核权重,鼓励银行将考核重心放在客户数、覆盖面和信贷增量上。

四 制约普惠小微信用贷款业务发展的因素分析

尽管信用贷款投放的内外部动力有所增加,但在实际业务的开展中仍存在一些问题,制约着信用贷款长效机制的进一步完善。

(一)大额信用贷款发展不充分

从目前情况来看,企业类线上信用贷款的实际审批额度大都在100万元及以内,对于大额信用贷款需求,银行仍需参照企业账户行为等多信息进行

线下验证，线下信用贷款的营销成本高、效率低，目前推出的相关信贷产品较少。同时，大额信用贷款没有抵质押物作为担保，银行缺少清收化解的抓手，大大提升了风险控制难度，使实际损失加大，未来业务拓展面临较大瓶颈制约。

（二）金融机构科技水平发展不均衡

科技赋能虽然能极大地提升普惠小微信用贷款业务营销和贷后管理水平，但其一次性投入大，导致金融机构之间发展极不均衡。全国性商业银行均由总行统一搭建科技平台，根据已披露的上市公司年报数据，2020年工农中建四大国有银行研发投入分别为238亿元、183亿元、167亿元和221亿元，科技投入水平较高。而中小机构尤其是地方法人机构科技水平与国有银行差距明显，通过大数据技术缓解小微企业信息不对称的能力仍显不足，面临资金投入高、科技人才少、数据治理难"三大瓶颈"。特别是对于规模较小的城商行，开发功能完备的系统需要几千万元甚至上亿元的资金，难以承担。

（三）部分公共信息大数据支撑力度有待进一步增大

大部分小微企业财务信息不规范，银行需要整合大量外部信息，尤其是政府部门的公共信息，对企业进行精准画像。目前涉企公共信用信息分布在多个部门，存在数据格式不一致、授权标准不统一等问题，金融机构尤其是中小银行对接难度较大、成本较高，难以满足通过大数据手段精准获客和进行风险识别的需求。

五 政策建议

总体来看，金融机构发放信用贷款的动力仍需提升，而机制仍需完善，建议进一步细化普惠小微信用融资顶层制度设计、疏通内外部传导机制，提高小微企业融资获得感和便捷性。

（一）继续加大普惠小微信用贷款支持计划政策力度

在前期各项措施的共同作用下，尤其是在信用贷款支持计划激励下，金融机构发放信用贷款的积极性开始提高，风险顾虑有所缓解，过去较少发放信用贷款的中小金融机构逐步建立起了发放信用贷款的内部管理机制，业务量也逐步上升。为巩固政策支持成效和培育中小法人机构发放信用贷款的能力，强化金融机构发放信用贷款的政策导向，建议继续对信用贷款发放提供激励，调整政策激励对象，扩大政策惠及面。

（二）加快大数据信用信息推广应用

在国家层面，建议有关部门加快建立信息大数据平台，整合税务、工商、海关、司法、社保、公安、环保、银行支付等信息，自动化采集线上和线下商务类数据，以此为基础，使用大数据和云计算技术为小微企业精准"画像"，为银行提高风险识别能力提供支撑。在银行层面，进一步运用大数据、云计算等技术，加快推动小微授信业务实现标准化、线上化、集约化运作，实现批量拓展业务；广泛开发融资场景，并适度提高信用贷款授信额度上限。

（三）加快培养金融机构信用贷款投放能力

在监管层面，建议金融监管部门继续发挥合力，进一步在普惠小微信用贷款体制机制上出台政策措施，在助力降低法人银行资金成本、拓展信用贷款不良处置渠道等方面加大政策协同支持力度，加快培养金融机构的信用贷款投放能力。在银行层面，要继续探索构建"能贷、愿贷、敢贷、会贷"的普惠小微信用贷款长效机制，在资源配置、内部贷款利率定价、尽职免责、绩效考核、不良容忍度等方面对普惠小微信用贷款业务继续加大倾斜力度。

参考文献

[1] 陈立、李然：《中小微企业融资方式创新：纳税信用贷款》，《财会通讯》2017年第2期。

[2] 高晶晶：《信息、抵押担保与中小企业融资》，山东大学硕士毕业论文，2019。

[3] 郭峰、孔涛、王靖一、张勋、程志云、阮方圆、孙涛、王芳：《数字普惠金融指标体系与指数编制》，北京大学互联网金融研究中心工作论文，2016。

[4] 黄庆华、段玲玲、周密、张校溱：《小微金融改革服务实体经济研究：银行例证》，《宏观经济研究》2018年第7期。

[5] 黄子健、王龑：《大数据、互联网金融与信用资本：破解小微企业融资悖论》，《金融经济学研究》2015年第1期。

[6] 霍成义、耿欣：《从两项直达工具看结构性货币政策的新特征》，《金融时报》2021年10月25日。

[7] 霍源源、冯宗宪、柳春：《抵押担保条件对小微企业贷款利率影响效应分析——基于双边随机前沿模型的实证研究》，《金融研究》2015年第9期。

[8] 梁鸿飞：《西方信贷融资担保理论》，《北京大学学报》（哲学社会科学版）2003年第1期。

[9] 杨竹清、张华：《数字经济促进了银行信用贷款吗？——基于中国城市数据的实证研究》，《浙江金融》2021年第4期。

[10] 尹志超、甘犁：《信息不对称、企业异质性与信贷风险》，《经济研究》2011年第9期。

[11] 周明栋、陈东平：《第三方治理对农户信用贷款可获性影响研究》，《江苏社会科学》2018年第5期。

[12] 朱惠健、黄金木：《我国信用贷款发展现状》，《中国金融》2017年第19期。

案例研究
Case Studies

B.9
青岛银行惠农金融报告（2020）

青岛银行股份有限公司

摘　要： 2011年起，中共中央、中国人民银行、中国银保监会等多部门出台了多项指导性政策，推动惠农金融业务发展。为展现青岛银行惠农金融业务发展现状，本报告以全省18家开展惠农金融业务的分支行为重点研究对象，从发展现状、开展模式、风险防范、履行社会责任等方面来综合评价其惠农金融服务能力。作为总行推动、管理部门，青岛银行惠农金融事业部紧抓政策落实，引导各分支行对惠农金融领域进行重点支持，以镇村居民、民营经济、新型农业主体、小微企业为重点服务对象，推动金融服务乡村振兴战略，服务"大众创业、万众创新"。目前，全省分支行着手搭建以普惠金融综合服务站为主体的金融服务生态圈，并会同微贷中心推出了线上办贷产品"乡村振兴贷"，大力拓展零售业务，持续提升客户体验。

关键词： 青岛银行　惠农金融　乡村振兴

发展惠农金融是党中央、国务院提出的战略部署，有利于促进金融业可持续均衡发展，增进社会公平与社会和谐，引导更多金融资源配置到经济社会发展的重点领域和薄弱环节，推动金融服务乡村振兴战略。对山东而言，发展惠农金融是缓解农村金融服务需求和金融供给不平衡不充分之间矛盾的重要途径，是打造乡村振兴齐鲁样板的必然要求。青岛银行作为地方法人银行，紧跟国家政策导向，积极把握乡村振兴的战略机遇，大力推进惠农金融业务发展。本报告以青岛银行为重点研究对象，从发展现状、开展模式、风险防范、履行社会责任等方面综合评价青岛银行惠农金融服务能力。

一　青岛银行惠农金融发展现状

为积极响应落实政府大力提升农村金融服务能力的号召，进一步解决农村地区"服务难"问题，提升农村地区金融服务水平，助推农村地区和谐社会建设，履行地方城商行企业责任，青岛银行结合银行卡业务开展的实际情况，根据《中国人民银行关于推广银行卡助农取款服务的通知》（银发〔2011〕177号）、《中国人民银行关于全面推进深化农村支付服务环境建设的指导意见》（银发〔2014〕235号）和《山东省助农取款服务点业务管理办法》（济银发〔2016〕103号）等有关规定，于2018年8月正式申请开办银行卡助农取款业务，并于2018年11月正式获中国人民银行青岛市中心支行批准（青银函〔2018〕19号）。2019年，青岛银行响应国家号召开始惠农金融试点工作。2020年1月，青岛银行总行成立惠农金融事业部，并将下沉金融服务、助力乡村振兴作为全行发展战略，全行18家涉农机构全面展开普惠金融综合服务站建设工作，并逐步确定了"12345"的总体工作思路，"1"是一个理念：广阔天地大有可为。"2"是两项目标：助力乡村振兴，履行企业担当；下沉金融服务，打造零售金融新增点。"3"是三方共建：采取"青岛银行+三方公司+站长"三方合作的轻资产模式，实现三方共建、优势互补、共同投资、共同受益。着力打造以银行卡为载体，以智能机具和移动App为工具，以农村服务点为依托，设在农村服务"三农"的综合金融服务平台。"4"是四支队伍：惠农经理、惠农专员、三方公司员工、服务站站长，四者相互合作，资源共享，协调一致推进业务发展。"5"是五项保障：建设惠农队伍、惠农政策倾斜、完善风控制度、打造惠农文化、创新惠农产品。

青岛银行利用线上、线下融合发展的惠农金融服务渠道，系统地打造全面多元的惠农金融服务，结合差异化市场需求与镇村居民自身生活经营业态提供有针对性的服务方案，不断扩大镇村居民的金融服务范围、提高服务能力。截至2021年5月，青岛银行共计签约1576家普惠金融综合服务站，其中达标开业319家，服务农村客户超10万人。

二 青岛银行惠农金融业务开展模式

（一）按照"一村一策，稳步推进"原则，以青岛地区县域为试点，稳步推进惠农金融业务

青岛银行分支机构遍布范围广，辖区内行政村、自然村情况各不相同，经济发展水平、当地监管政策、村民的金融需求等均存在较大差异，针对这一情况将各分支行划分片区，对经济发展落后的地区，以重点满足农民的基础性支付需求为原则，逐步培育壮大客户群体及市场范围；对经济较为发达的行政村，不断探索农村支付服务跨领域、跨产业融合发展的新模式。真正做到深耕、细耕农村市场，拓宽、拓广服务渠道，搭建全方位、特色化的综合金融服务体系，为当地经济发展注入新的活力。

坚持"由近及远、由点到面、由简至繁"三大原则。即以物理网点为中心，由近及远地铺设助农取款服务点，以便于服务管理；以青岛地区为试点区域，积累总结经验后逐步扩大服务点建设范围，全省推广布设；以单一

现金取款业务为主，根据农民实际需求逐步扩大业务范围，丰富贷款、理财等金融服务。青岛银行通过助农取款服务点的建设，改善省内农村支付服务环境，逐步践行落实国家"强农、惠农、利农、便农"的金融政策。

青岛银行采取统一管理、三方配合落地的模式经营助农服务点。青岛银行在与三方的合作中采取核心业务不外包的原则，合作三方主要负责对助农服务点的日常非银行核心业务的运维和辅助管理，如负责宣传材料的配备、日常巡视站点（门头、标识牌、站点服务状况等）、站长日常营销培训等。

（二）注重以助农取款业务科技及产品为支撑，为农民提供最便捷、最优惠的服务

（1）在助农取款服务点统一布设POS机，办理中国人民银行相关政策许可的银行卡助农取款各项业务。开发银行卡助农取款业务系统，支持办理助农取款、余额查询、现金汇款、转账汇款、代理缴费等业务。同时，积极贯彻国家关于"互联网+"的相关政策，积极与农村电商合作，不断丰富助农服务点的综合服务功能。

（2）为更好地把金融资源及相关科技服务配置到农村经济社会发展的重点领域和薄弱环节，以满足乡村振兴多样化需求，青岛银行在中国人民银行青岛市中心支行的指导下，联合中国银联，面向山东农村地区客户发行用于农业农村生产、生活等场景的乡村振兴卡。该卡不仅具有存取款、转账结算、消费、理财等金融功能，还具有青岛银行借记卡十项费用全免优惠和"惠农贷"等特色功能。同时，持卡人可通过资产业务、投资业务、刷卡消费等操作获得多项业务综合权益，并可通过银联"云闪付"App免费领取涉农意外保险，进行免费法律咨询、医疗咨询，参与支付优惠活动等。下一步，青岛银行将根据山东省各地特色，赋予该卡优惠购买农产品、农资和工业品等其他权益。同时，助力村民农资销售，为种植养殖村民拓宽销售渠道，将山东各地优质特产通过青岛银行信用卡商城销售，助力农民脱贫致富，让全省持卡人可以品尝到省内各地农户直供的土特产。

（3）青岛银行设置了0532-96588客服电话，专业解答服务点日常疑难问题。同时，开设了短信通知服务，及时传递客户交易信息，防范操作风险。

（三）注重助农取款服务点宣传，拉近与农民客户的距离，成为农民客户金融服务好助手

（1）做好服务，注重口碑传播。通过惠农金融政策宣贯、乡镇村委干部宣导、居民口碑相传来影响乡镇居民，树立品牌认知和好感度。主动响应参与政府活动，配合乡镇、村委组织的社会募捐、美丽乡村评比、希望工程捐款等活动，树立形象，赢得口碑。

（2）办好活动，注重营销传播。通过服务点开业活动、入户拜访、节假日营销策划等方式，提高知名度，扩大客户群。冠名支持当地农民活动、组织广场舞比赛，增加与当地农民的接触机会，在活动阶段落实宣传，提高效果。

（3）采用多种渠道、多种方式推广，扩大宣传。通过折页发放、海报张贴、村内宣传栏、村内广播等形式，持续进行服务点业务讲解推广。在农产品销售集市提供现场交易收款、大额交易POS机刷卡、移动发卡、新零钞兑换、盒饭慰问等服务，用最亲民的方式拉近与农民客户的关系。

三 青岛银行惠农金融业务风险防范

农业自身所具有的弱质特性使农村金融具有较大的风险，因此，要保障惠农金融业务可持续发展，需要制度先行，合规经营，做好业务保障。对此，青岛银行严格按照国家及监管机构的相关规定，借鉴各个同业在业务开展中的优秀经验做法，重点加强制度建设和业务管理，切实防范风险，确保高质量运行。

一是建立业务合规经营的管理制度。为更好地保障业务合规经营，青岛银行制定了《青岛银行银行卡助农取款业务管理办法（试行）》，统一银行

卡助农取款业务的各个业务管理和业务操作环节，确保依法合规开展业务。

二是加大对服务点及合作方的管理力度。制定了助农取款服务点选点选址选人标准，同时制定了与合作机构、服务点合作的协议范本，通过法律形式明确各个方面责任、权利和义务，指导各行加强对外包服务工作的管理，做好服务点推荐筛选确定工作，确保业务能够在示范服务点的基础上快速规范开展。

三是建立标准化工作程序，确保各项工作规范开展。根据中国人民银行相关规定，制定了助农取款服务点标准化手册，统一了服务点门头牌、制度牌、服务公示牌及内部办公用品布设标准。在服务点醒目处统一悬挂"助农取款服务点"标识牌，实现持卡人安全用卡、假币识别、举报投诉电话、防范非法集资和诈骗以及金融安全知识上墙，确保所有服务点形象统一，加强对农民的宣传，引导农民全面了解并正确使用银行卡服务，培养农民用卡习惯，提高农民群众信任度和认可度。

四是为助农取款服务点统一配置 POS 机、验钞机、保险柜、监控等器具，定期指导助农取款服务点经理开展工作以及对机具的运维，通过专业化规范管理，助推助农取款服务的规范推广。

五是加强助农取款服务的业务培训，确保服务点管理员掌握服务点设备的基本操作流程、业务常见问题的处理方法等。定期组织行内相关工作人员开展工作交流会，针对各自助农业务的开展状况进行交流，全面分析服务点的经营状况，对可能存在的风险因素提出有效的预防措施，逐步细化相关业务管理细则，完善银行卡助农取款服务的风险防范体系。

六是建立普惠金融综合服务站巡检机制。总分支行分别设置专门机构和岗位，配备了专职人员负责管理银行卡助农取款业务，加强对服务点和受理终端的管理，建立总分支三级巡检机制，总行惠农金融事业部助农业务巡检小组不定时对辖内所有站点进行抽查，分行助农专员对辖区内助农取款服务站至少每季度开展一次巡检，支行助农客户经理要按月对助农取款服务站至少开展一次巡检，对发现的问题及时进行处理，从根源上杜绝助农取款服务点站长打白条、非法集资等违法犯罪行为，确保助农取款业务合规、健康、高效发展。

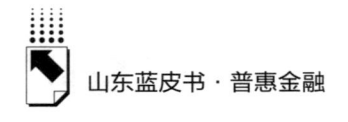

四　青岛银行积极履行社会责任

（一）创新党建引领的业务发展模式

青岛银行创造性地推出"党群 E 家"模式，通过创建活动平台、分享双方资源、交流工作经验等方式，创新银政党建模式，解决党建工作中的痛点、难点、短板。向中国人民银行济南分行汇报后，得到中国人民银行济南分行的高度赞扬，称赞青岛银行"党群 E 家"模式构建了"党建引领、共创共赢"的党建工作格局，实现了党的建设与区域发展良性互动，达到了"推动发展、服务群众、凝聚人心、促进和谐"的目标要求，并将青岛银行开展"党群 E 家"业务模式的助农取款服务点评为助农取款服务示范点。

（二）打造农村金融教育宣传阵地

为更好地扩大农村地区金融教育宣传效果，针对白天村民大多在田里劳作的情况，青岛银行以助农取款服务点为基点推广"金融夜校"活动。夜晚华灯初上，在农村村委大院、党员活动之家、休闲广场，青岛银行助农团队送金融知识下乡开展得有声有色。青岛银行通过村里的大喇叭、微信朋友圈、抖音等各种新旧宣传媒介共同发力，渠道多样、内容丰富、互动及时，取得了很好的宣教效果，真正做到了下沉式、渗透式的金融服务，让普惠金融扎根于齐鲁沃土。

（三）搭建惠农特色的慈善品牌

青岛银行普惠金融综合服务站联合泗水县微公益协会在济宁开展"助学基地"慈善品牌试点工作。青银慈善基金、青岛银行普惠金融综合服务站站长共同出资，为失学儿童送去关爱和帮助，送去学习的机会和生活的勇气，打造了一座最有爱的城市、一个最有温度的小站。

（四）建立政银协作服务品牌

青岛银行充分发挥辖内站点覆盖范围广、服务下沉能力强的特点，不断为站点赋予服务新功能，逐步解决"三农"客户办理业务难、政策享受难的问题。目前，青岛银行联合青岛市医保局将医保签约办理功能下沉至各惠农点。凡持有青岛市社会保障卡并确保每年正常缴医保费的村民，可在就近的诊所、卫生室、卫生院签约门诊统筹或门诊慢特病两项服务，签约后买药可享受在签约机构现场报销50%~80%的服务优惠，可极大地减轻村民长期治疗产生的医药费用负担，并且签约不需要额外交任何费用。另外，社保办理、公积金查询等一系列政务功能也被嵌入服务点，"政银快车"政务服务品牌正在逐步推广，真正做到了"三农"业务一站式办理，逐渐形成了"离得最近，办得最全，感情最全"的服务理念，在农村逐步打造以青岛银行普惠金融综合服务站为核心的金融服务生态圈，践行金融机构的责任担当。

五　青岛银行开展惠农金融产品创新

随着乡村振兴战略的推进，农村经济快速发展，农村客户生产经营和消费升级需求日趋旺盛。但受我国农村地区金融服务基础薄弱、客户数据缺失、客户信用记录空白等因素影响，农村地区客户特别是广大农户贷款难、担保难问题突出，难以获得信息技术和金融创新带来的便利。为更好地服务客户，践行惠农金融，推动乡村振兴战略发展，青岛银行借助大数据、人工智能等金融科技，结合普惠金融综合服务站覆盖广、情况熟的特点，推出了线上办贷产品"乡村振兴贷"，为广大客户提供优质、快捷、普惠的融资服务。

（一）产品概述

"乡村振兴贷"运营模式通过线上、线下渠道深度融合的方式，线下推荐、线上审批，两者互相协同，手续简便、风险可控、效率高。该产品以普惠金融服务站为主阵地，由服务站长线下推荐白名单，线上利用互联网和大数据技术，基于站长推荐的白名单，为客户贷款主动批量授信，实现系统自动审批、农户快捷用信。该产品授信额度高，无须提供担保，融资成本低，随借随还，是服务乡村振兴的创新举措，是金融回归本源、专注专业、支持实体经济的重要体现。

"乡村振兴贷"在客户准入阶段利用站点覆盖范围广、站长威望高、村情熟的优势，站长提供名单，工作人员审核后确定生产客户白名单；在审批、授信、发放阶段，均利用大数据技术和数据模型计算客户授信额度、利率，实现客户评级、额度测算全自动化，确保计算科学合理。"乡村振兴贷"通过线上线下相融合的形式，解决了农村信用体系不完善导致的贷款难、成本高问题，并且，金融科技的应用减少了授信审批阶段的人为干预，有效防范了道德风险，提高了信贷质量。同时，"乡村振兴贷"实现了线上信贷业务全自动化，客户通过电子渠道即可实现自助签订合同、发放贷款、归还贷款，且随用随贷，足不出户即可使用贷款，方便快捷，大大提升了客户体验。

（二）工作创新点

"乡村振兴贷"产品充分考虑到"三农"客户的特色，在产品研发上将金融科技与普惠金融综合服务站深度融合，提高信贷风险防控能力，项目建设有以下创新点。

（1）基于移动互联网、人脸识别等新兴技术，提高业务办理效率，提升客户体验。客户全程通过互联网渠道办理业务，无须跑银行网点。同时，利用人脸识别、数字签名技术等人工智能技术实现客户的身份识别，可有效杜绝冒名顶替、中介欺诈等业务场景发生。

（2）依托大数据建立风险模型，有效提高审批效率，防范信贷风险。根据准入客户基本信息、资产负债信息及征信信息等，按客户行业属性、贷款投向、贷款产品等维度，创建客户准入、评级额度测算、利率定价、贷后预警等规则策略模型，并根据业务发展情况定期进行模型的优化。

（三）业务流程

普惠金融总服务站站长推荐符合条件客户后，青岛银行通过短信、电话、线下人员推广等方式开展营销。客户登录银行互联网渠道即可申请，贷款审批通过后，纯线上放款。贷款发放后，系统在约定日期自动扣划本息，同时支持客户自助偿还贷款。

（四）技术架构

2021年初，青岛银行引入腾讯云智慧网贷系统，该套系统近年来被多家同业银行实施运用，取得了业内一致好评。整套网贷系统包括客户业务申请渠道、业务管理平台、风险管理系统等多个模块，业务处理效率高，系统稳定性强，能够很好地满足业务发展要求。

B.10
青岛农商银行普惠金融发展报告（2020）

青岛农商银行股份有限公司

摘　要： 2015年12月31日，国务院印发《推进普惠金融发展规划（2016—2020年）》，从国家层面确定了发展普惠金融的战略。自2012年改制成立以来，青岛农商银行积极发挥地方法人银行优势，坚守本源，严格落实省市委工作安排部署，坚守初心，持续秉承深耕普惠市场经营理念，将普惠金融业务定位为全行发展战略目标之一，全面助力推进乡村振兴攻势作战方案，积极推进机构体系网点建设，深化各类银政平台合作，不断创新金融产品，丰富服务模式，拓宽服务渠道，普惠小微贷款金额和涉农贷款数连续多年居全市各商业银行首位，有力地支持了地方经济发展。

关键词： 青岛农商银行　普惠金融　地方法人银行　乡村振兴

一　青岛农商银行发展现状

青岛农商银行成立于2012年6月26日，是经国务院同意、中国银监会批准，在有着60年历史的原青岛市农村信用社（农村合作银行）的基础上，以新设合并方式组建而成的。其总部位于全国财富管理金融综合改革试验区核心区域，同时也是全国副省级城市中7家全市整体改制成立的农商银行之一，2019年3月26日在深交所上市，是全国最年轻的A股上市银行和长江以北第一家A股上市农商银行。

改制开业以来,青岛农商银行以"服务'三农'主办银行、城乡统筹主力银行、中小企业伙伴银行、城乡居民贴心银行"为市场定位,快速成长、跨越发展,存款、贷款、市值总额、国际业务结算量、资产质量、拨备覆盖率、净利润等指标跃居山东省主要地方法人银行第一位,成为青岛市银行业中坚力量、山东省系统性重要法人银行和全国农商银行转型创新典范。2020年,青岛农商银行坚持以党的十九大精神和习近平新时代中国特色社会主义思想为指导,紧紧围绕市委、市政府工作部署,结合自身实际,坚持领先、特色和高质量发展的工作总基调,坚守服务普惠战略定位,抓内控、强内功、补短板,各项工作取得积极成效。截至2020年末,青岛农商银行资产总额4068亿元,存款、贷款余额分别达到2507亿元、2178亿元,五级分类不良率1.44%,资本充足率12.32%。2020年完成国际业务结算量175亿美元,实现归母净利润29.60亿元,拥有营业网点358家,覆盖青岛、烟台和章丘区域,是青岛市营业网点和从业人员最多、服务范围最广的综合性、多功能地方法人银行,凭借良好的经营业绩位列英国《银行家》杂志发布的"2020年全球银行1000强"榜单第329位、中国银行业协会发布的"2020年中国银行业100强"榜单第56位,入围福布斯发布的2020全球企业2000强榜单和山东省发展和改革委员会发布的2020山东省"十强"产业集群领军企业。

二 金融普惠产品服务体系

青岛农商银行坚定"服务'三农'主办银行、城乡统筹主办银行、中小企业伙伴银行、城乡居民贴心银行"战略定位,围绕"惠众、实惠、便利、多元、可持续"普惠主线,积极落实供给侧结构性改革和服务实体经济要求,主动适应数字化、智能化、线上化、场景化、平台化发展方向,以互联网和金融科技赋能经营模式转变和产品创新,以线上线下渠道融合增强金融服务获得感,以内外部数据整合促进服务精准触达,提升服务体验,

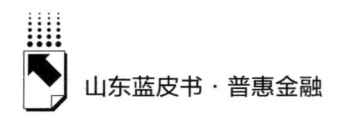

着力塑造具有全国影响力的、本土特色鲜明的、科技应用领先的、场景融入紧密的标杆普惠银行。

（一）聚力普惠，构建"以客户为中心"的全产品服务体系

随着经济的发展和时代的进步，个人客户包括普惠类客户的金融需求、融资方式、消费理念等都发生了巨大的变化。青岛农商银行从客户实际需求出发，围绕客户日益多元化的资产配置需求，在个人存款、保本理财、代理保险基础上，逐步构建了种类齐全、灵活多样的金融产品和服务体系，充分满足了广大客户的财富管理和生产生活方面的金融需求。一方面，青岛农商银行构建了涵盖50余种零售类信贷产品的"微、笑、农、商"个人信贷服务体系，并打通了客户线上线下协同服务渠道。另一方面，青岛农商银行持续加大产品引进力度，陆续开办了贵金属、国债、基金、信托等代理类资产投资产品，产品序列进一步丰富，建立了符合现代商业银行发展要求的产品体系。

（二）科技领先，积极优化客户服务渠道布局

近几年，青岛农商银行秉承"科技兴行、移动优先"发展战略，持续加大对金融科技的投入，科技创新研发走在全国农商银行前列。面对互联网蓬勃发展的新趋势，青岛农商银行主动拥抱金融科技，依托青岛市唯一一家增强级A级数据中心，推动"智慧金融"建设，为百姓过上美好生活提供广泛便利和舒心体验。在具备手机银行、网上银行、电话银行等传统服务渠道的基础上，青岛农商银行在山东省地方法人银行中率先上线直销银行、汇青客、扫码付、鑫动E商电商平台、小微云便民服务终端、智慧柜员机等线上、便民服务渠道，依托358家营业网点、2142处便民服务终端和780处智慧厅堂，基本形成了"线上+线下"的双银行服务体系。截至2020年末，青岛农商银行服务个人客户数超过700万人，线上渠道用户数超过300万户、年度交易金额突破2500亿元；汇青客累计点击量超过210万人次，交易笔数达到2万笔、金额25.8亿元。

（三）坚守初心，多措并举提升普惠小微和涉农贷款投放

立足服务地方，青岛农商银行坚守初心，矢志创新，秉承深耕小微、深耕农村市场经营理念，将小微和涉农业务定位为全行发展战略目标之一，积极推进机构体系网点建设，深化各类银政、银会、银银平台合作，不断创新金融产品，丰富服务模式，拓宽服务渠道，小微、涉农贷款金额和服务客户数连续多年居全市各商业银行首位，有力地支持了地方经济发展，保障了城乡居民就业，在"六稳"、"六保"、支持复工复产等工作中均做出了积极贡献。在普惠业务管理服务机制方面，通过指定业务牵头部门、推进普惠小微金融服务专营机构建设、加强业务人员培训等方式，有效加强普惠服务机制建设。在业务考核督导方面，通过措施到位、权限匹配到位、流程优化到位、风险防控到位、尽职免责到位等服务机制，全面促进各营业机构敢于"放贷"。通过规模保障、团队保障、督查引导等方式，优先安排信贷规模，确保小微企业和农企农户"能贷"。同时，通过有效降低小微企业贷款FTP成本，实行线上定价，降低指导价格，吸引客户"愿贷"。截至2020年末，青岛农商银行普惠小微贷款余额超300亿元，涉农贷款余额达到508.41亿元（见图1），均居青岛市各金融机构首位。

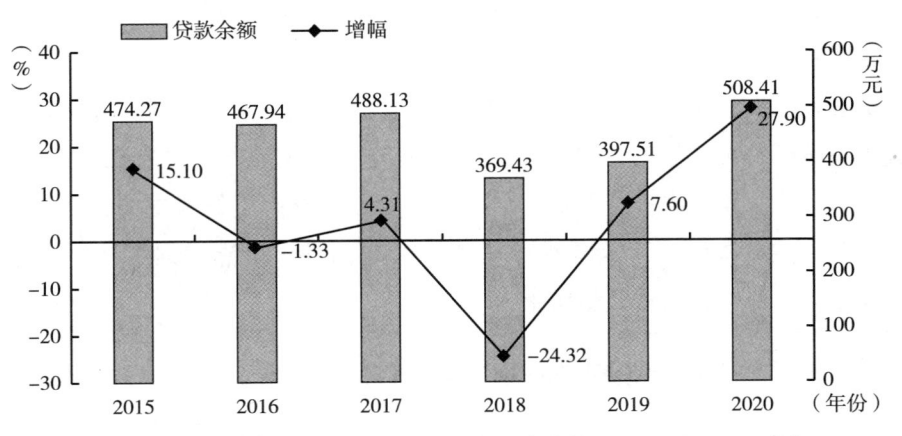

图1 青岛农商银行涉农贷款余额及增幅变化情况（2015~2020年）

资料来源：青岛农商银行、山东省亚太资本市场研究院。

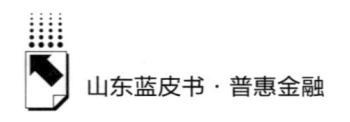

三 普惠金融发展服务措施

（一）统筹加大资源配置，全力提升支农服务成效

严格落实"六稳六保"工作要求，将抗击疫情助力实体经济复工复产与普惠金融服务紧密结合，发挥法人银行优势，统筹加大资源配置，持续提升金融服务能力。一是快速落实金融纾困政策。在全市金融机构中率先发布"金融支持疫情防控十条措施"，率先启动金融支持复工复产"春风行动"。严格落实监管部门下调利率、延期还本付息等金融纾困政策，免收企业网银手续费、防疫物资汇划费等。对农产品进出口企业采取"两免一减"优惠措施，为县域外贸企业提供容缺办理便利化外汇服务，全面降低包括普惠类客户在内的企业融资成本。二是强化考核及资源倾斜。继续设置"新增普惠金融领域贷款"指标，并加大分值权重。在信贷规模安排上，结合县域地区发展规划，调配资源优先支持普惠区域业务发展，全年仅莱西、平度、胶州三个县域地区新增贷款合计超过120亿元。三是实施专项工作推动。作为全行2020年组织实施的"十大工程"之一，开启"标杆普惠银行塑造工程"，围绕生产经营赋能、生活消费升级、乡村便民平台打造、银政合作示范，出台硬措施，全方位推进服务能力革新升级。四是多渠道丰富支持普惠信贷资金来源。争取央行再贷款及"两项货币政策工具"支持，降低融资成本，缓解普惠类客户资金短缺及担保问题。共获得央行"支农支小"再贷款70.57亿元；办理延期贷款20.74亿元，投放信用贷款支持计划36亿元。此外，在全行持续开展"行长访小微"活动，聚焦"融资难"问题，推动小微企业系列支持政策落地。

（二）全方位优化服务机制，提升贷款运行效率

聚焦贷款业务运行效率提升，从决策架构、授权模式、限时办结等多个方面优化支农服务机制，增强服务效能。一是优化决策链条。定位个人贷款

和公司贷款业务审批模式，从二级支行、分支机构和总行三个层面优化信贷决策架构，用专业化运作提升信贷决策效率。二是灵活授权模式。建立灵活授权机制，总行结合宏观经济政策、货币政策、监管要求等临时增加或调整授权与分支机构差异化申请并行，更好、更及时地回应市场需求。三是实施限时办结。授信业务全部实现线上无纸化、标准化操作，并按照不同权限层级、担保方式、线上线下等维度，制定调查、审查、审批时限要求，明确告知客户办结时间，并在审批结束当日向客户反馈。

（三）挖掘数据信息潜能，致力于提供均等化金融服务

关注普惠区域尤其是涉农客户数据信息收集较难与信用贷款需求明显的客观情况，以全流程自动化的"信 e 贷"产品为主打，坚持网格化宣传推介，致力于为普惠客户提供均等化的金融服务。同时，相继创新推出了"信 e 贷线下审批，线上放款""惠摊快贷""备用金 e 贷"等产品，构建了适合农村客户的、独具特色的线上信用贷款产品组合，系列产品推出以来累计投放贷款资金 34.72 亿元，支持客户 2.34 万户。创新推出全国银行机构首款基于关税数据的线上融资产品"关税 e 贷"。在支持外贸企业方面，率先在全省法人银行中接入"单一窗口"新一代海关税费电子支付系统和全国"跨境金融区块链服务平台"，大幅提升了外贸企业贸易融资的便利化程度。为农业产业化龙头企业创新了"跨境资金池"业务，帮助企业规避汇率风险，降低融资成本。

（四）强化平台合作思维，借势驱动金融支农工作

树立用平台思维"做乘法"的工作理念，充分发挥地方法人银行优势，全力深化平台合作，取得较好成效。加强与青岛农担公司的合作，聚焦解决普惠类客户担保难、融资难问题的"农担贷"规模突破 7 亿元，保持全市首位。以该产品为依托，2019 年、2020 年两次中标农业农村部支农创新项目，其中 2020 年为山东省唯一中标银行，并获得青岛市金融创新奖。相继与市人社局、妇联、共青团、中院、退役军人事务局合作，联合推出"人

才贷""巾帼信用贷""巾帼创业贷""青创先锋贷""法拍贷""退役军人创业贷款""食宜贷"等产品，并快速见效。此外，社保医保延伸服务有效推进，为广大参保企业、个人进一步提供了渠道便利。借助本行金融超市"汇青客"，联合第三方推出线上购物、免费问诊、口罩预约、农产品销售等场景服务，实现了线上产品精准触达和客户申请精准派送。

（五）主动承担社会责任，持续打通金融服务"最后一公里"

依托在全市广泛布设的2142个互联网小微云支付终端，全面构建直达村庄、社区的金融服务平台，同时，融合嫁接行政审批、社保、公积金等政务服务项目，积极打造集政务、金融、便民、生活于一体的服务平台，有效打通政务和金融服务"最后一公里"。一是在2020年初严格防疫状态下，借助服务终端，在全市开展防疫知识宣传，并为农村、社区居民提供充分的金融便利，在家门口办理业务。其中，疫情期间办理业务79万笔，超过同期柜面业务量，有效减少了人口流动和聚集。二是借助互联网小微云支付终端服务渠道前置的独特优势，积极融入"放管服"改革，在政府部门支持下，全面嫁接融合政务服务，已成功实现行政审批、社保、医保、公积金、不动产等70余项相关业务落地，推动政务服务从"实体办事大厅"向"移动办事大厅"转移，让每一处互联网小微云支付终端都成为一个窗口，促进政务服务直达村庄、社区。三是结合脱贫攻坚收官工作要求，发挥地方法人银行"点多、面广、情况熟"的独特优势，按照网格化原则压实责任，狠抓"脱贫不脱政策"精神要求贯彻落实，为全市扶贫工作顺利开展发挥了积极作用。

（六）重视电子支付服务，提高农村区域产品应用

高度重视农村电子支付服务，结合系统功能优化，组织开展了扫码支付手续费减免活动，并结合疫情影响带来的线上业务办理需求，加大宣传推广力度，扩大电子支付在农村地区的应用，带动2020年手机银行客户新增36万户。结合社保卡推广，上线电子社保卡线上申请功能，为参保人提供社保

线上服务渠道，并上线"社银便民服务平台"，借助互联网小微云支付终端满足了社保卡激活、口头挂失解挂、医保账户余额及明细查询等常用业务的办理需求。同时，配套开展了刷社保卡享商户折扣优惠等活动，对培养社保卡使用习惯发挥了积极作用。

（七）强化党建引领，促进金融支农走向纵深

紧紧围绕青岛市"燃烧激情、建功青岛"主题教育活动要求，组织全行120余名骨干员工，实施了"百名金融助理服务乡村振兴工程"，通过"六个一"模式，即每周开展一次驻点服务、每月组织一场金融宣讲、每季度组织一次专题培训、每半年开展一次走访慰问、每年确定实施一个联建共建项目、组织一次爱心捐助，着力打造"一名金融助理、一个金融服务点、一组微信服务群、一份阳光信贷承诺、一套金融服务方案"五位一体的服务体系，共同搭建城乡对接、双向赋能、互惠共赢的服务平台。该项工作启动以来，相继组织了联建共建项目启动仪式、党员联席座谈会、主题党日教育活动、金融宣讲、爱心捐助等多种形式活动，推进金融支农工作开展得有声有色。

四 普惠金融发展之未来展望

以习近平新时代中国特色社会主义思想为指导，以高质量发展为主题，以精细化管理、数字化转型、对标上市银行为工作主线，坚持创新、协调、绿色、开放、共享发展理念，深化体制机制改革和经营管理创新，完善法人治理结构，提高公司治理水平。坚守服务"三农"主力银行、城乡统筹主办银行、中小企业伙伴银行、城乡居民贴心银行的市场定位，深耕青岛本地市场和济南、烟台市场，加大对中小微企业、社区居民、绿色产业和战略性新兴产业支持力度，加快业务结构和盈利模式转型，提高资产收益和资本回报，保持稳健良好的资产质量，塑造强大的企业品牌，全面提升核心竞争力。深度聚焦乡村振兴、新型城镇化、城乡一体化和农业农村现代化，坚持服务实体经济，转变发展方式，提高发展质量，走领先、特色、高质量发展

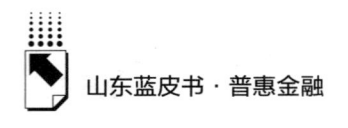

道路。规划期末，力争财务表现、公司治理、资本市场认可度达到或接近国内优秀上市银行水平。

（一）建立健全保障机制，加大普惠金融供给力度

加大资源倾斜力度，优先满足普惠金融发展需求。一是突出普惠金融支持优先地位。从信贷审批流程、授信权限、产品研发、内部资金转移定价、人员配备、考核激励、费用安排等方面对普惠金融予以政策倾斜。加大普惠贷款投放力度，确保普惠贷款投放规模、投放速度和占比的稳步提高，普惠贷款增速不低于各项贷款平均水平、增量不低于上年同期水平，为金融支持乡村振兴加快农业农村现代化提供有力支撑。二是建立普惠金融重点工程、项目库。通过名单制管理，归集普惠金融支持的重点目标对象，实施"预授信"管理，启动信贷直通服务，提升办贷服务效率。对需加急处理或突破现有政策要求的特别项目，提供单户单议、绿色通道服务。对重点工程、重点项目常规信贷需求，下放贷款审批权限、简化业务决策流程。三是优化风险评估机制。注重审核普惠贷款第一还款来源，减小对抵押担保的依赖，提高普惠类首贷和信用贷款发放能力，持续增加首贷客户数。在风险可控的前提下，扩大信用贷款，推广随借随还贷款。四是完善激励约束机制。建立普惠贷款与其他贷款投放挂钩机制。逐步增加分支机构普惠金融相关绩效考核权重，提高不良贷款容忍度，持续完善尽职免责制度，合理界定尽职认定标准和免责情形，将普惠类信贷不良容忍度政策嵌入内部考核评价之中，进一步激发基层机构服务乡村振兴的积极性。

（二）加快推进数字化转型，持续提升科技赋能成效

一是积极融入青岛市农业大数据中心建设，加强科技规划和业务规划的融合，围绕普惠产品创新、场景布局与增信机制、信贷技术、数字金融以及新型风控，依托互联网流量平台、大数据和特定场景进行批量获客，持续优化互联网金融服务功能，丰富直销银行、微信银行、互联网缴费平台等互联网系统功能，加强线上线下金融服务衔接，充分运用数字化技术，促进普惠

金融业务朝线上化、平台化、生态化变革方向发展，切实提高农村地区长尾客户的服务效率，提升核心竞争力。二是加大线上信贷产品创新推广力度。完善并积极推进"信e贷""税e贷"，积极创新符合乡村振兴特点的线上金融产品和服务方案，不断满足普惠主体融资需求。三是充分运用"互联网+"、大数据、云计算、人工智能等技术，打造互联网金融服务平台，助力推动"互联网+农产品"出村进城工程，发展农村电商，增加对即墨区蓝村镇古城村、胶州市胶西镇马家村等"触电、触网、触农"的农业农村经营主体、农产品加工流通企业与电商企业的信贷支持和金融服务，打造一批淘宝村镇。依托"播商学院"，通过直播电商新业态，为农产品企业、农户打造助农兴商新平台，为农业经营主体进行知识赋能，通过搭建农产品直播基地，建设网红小院，借助新媒体渠道，架通客户获客桥梁，实现银商互惠双赢，助推农村电商新业态、新模式不断发展，推动普惠金融发展和乡村产业振兴。四是积极对接数字乡村建设，依托平台融合，提高村级经济组织金融服务能力。持续加大各区市农业主管部门对接力度，依托各区市加强对村级集体资金管理和使用监督形势要求，在胶州、莱西、黄岛等区域已构建"银农直联"平台服务的基础上，不断扩大平台对接服务区域，通过财务软件与核心系统直联，提升村级资金使用安全性、透明度和资金支付效率。同时，加大"整村授信"推广力度。复制推广平度、胶州、即墨和硅谷支行整村授信试点成功经验，加大一体化营销力度，不断扩大政策覆盖面，将金融活水引入千家万户，有效解决农户家庭小额信贷和小微企业融资问题，让符合条件的农户、个体工商户、农村新型经营主体和小微企业的贷款需求都能得到满足，初步形成整村授信青岛经验，创建整村授信青岛特色品牌。

（三）加大创新研发力度，极力丰富支农服务产品

立足普惠金融实际需要，坚持以市场为导向、以需求为基础，积极探索可复制、易推广的农村金融服务方式和产品。一是进一步推广"银税互动"等服务模式和微贷技术、农村产业链融资业务，创新开展小微企业"双惠"银行工作，加强政银合作，对现代农业、绿色农业、一二三产业融合发展的

金融产品与服务创新加大支持力度。继续围绕农业"卡脖子"技术、智慧农业、农机装备等农业科技领域加强金融供给与创新。开发针对不同主体的小额贷款产品，根据当地农业生产的季节特点、贷款项目生产周期和综合还款能力等，灵活确定贷款期限，推广"一次授信、随借随还、循环使用"。二是创新担保方式。扩大新型农业经营主体可用于担保的抵押品范围，全面推广林权和自然资源产权等抵押贷款模式，探索开展农民住房财产权抵押贷款及农村集体资产股权融资，扎实推进平度市农村集体资产股权质押贷款试点工作。积极开展农户小额信用贷款、保单质押贷款、大型农机具、温室大棚、养殖圈舍、生物活体抵押贷款等业务新产品。三是持续深化银担、银保合作，加快与青岛市农业融资担保公司、保险公司全方位对接，提高合作水平，扩大合作范围，充分发挥政策性担保分险增信作用，创新完善"贷款+保险""贷款+担保"模式，持续发挥"农担贷"产品优势，扩大业务规模。积极探索农业保险、履约保证保险与融资类业务的结合。

（四）巩固拓展脱贫攻坚成果，实现金融扶贫与金融支持乡村振兴的有效衔接

一是严格落实"四个不摘"要求，在过渡期内保持现有帮扶政策、支持力度总体稳定。继续加大过渡期脱贫人口"富民农户贷"投放力度，对建档立卡贫困户 5 万元以下、3 年以内的贷款，延续免担保免抵押、优惠利率贷款政策。二是做好金融扶贫与金融支持乡村振兴的有效衔接，保持金融帮扶措施延续性。继续做好过渡期脱贫人口小额信贷工作。持续巩固拓展脱贫攻坚成果，继续推进脱贫地区乡村振兴，对已脱贫人口实行"脱贫不脱政策"，继续通过发放扶贫小额信贷和新型农业经营主体扶持增收致富，防止出现"因贷致贫返贫"现象。集中支持青岛市 20 个左右的镇作为市乡村振兴重点帮扶镇。三是与青岛市乡村振兴工作队全面对接，协助做好东西部协作工作。

（五）坚持差异化金融服务，精准对接普惠金融需求

依托乡村特色优势资源，以金融促进"农业+"旅游、文化、创意、

康养等融合发展，打造农业全产业链。一是加大立足县域布局特色农产品产地初加工和精深加工金融支持力度，助力建设现代农业产业园、农业产业强镇、优势特色产业集群。助力打造一镇一业、多镇一业、一村一品和创建一批特色农产品优势区，助力推进田园综合体建设。二是以农业现代化示范区为推进农业现代化的着力点，加大对现代农业产业园、农村一二三产业融合发展示范园和科技示范园区建设项目的支持力度，强化与园区管委会的沟通合作，探讨实施"产业园区＋企业＋银行"的批量贷款模式，推动形成梯次推进农业现代化的格局。加大对即墨区、平度市、莱西市国家城乡融合发展试验区试点支持力度，加大信贷对农村居民的消费支持力度。三是发掘农业"产品供给、文化体验、生态涵养、休闲旅游、健康养生、文创教育、安排就业"等多种功能和乡村生产、生活、生态等多重价值，提供全流程的信贷支持。对休闲农业、乡村旅游、特色民宿和农村康养等产业重点进行前端信贷支持，优化与旺季旅游相关的餐饮、住宿、采摘等普惠类短期小额贷款办理流程，探索开展旅游景区经营权质押和门票收入权质押业务，积极采取多种有效信贷模式和服务方式支持乡村休闲旅游"夜经济"、农家宴、乡土菜、研学教育、田园养生、亲子体验、拓展训练等项目。四是大力发展养老金融，积极融入老年友好型社会建设，发展服务老年人的特色网点。保留和改进网点人工服务，为老年人办理业务提供引导，完善柜面服务，在营业网点内增加爱心座椅、老花镜等设施和工具，切实提高无障碍服务水平。积极部署可移动智能柜台或智能服务终端，入村入社区为老年人办理日常业务，方便老年人办理业务。尊重老年人使用习惯，保留仍在使用中的纸质存折、存单等老年人熟悉的服务方式。聚焦老年人日常高频金融场景，研发符合老年人需求和风险承受能力的网络消费金融产品及服务，打造线上线下一体化、贴合老年人需要的"适老"金融服务，满足老年人客群特征及需求。

（六）完善农村地区基础设施，持续优化农村金融环境

一是进一步优化网点和自助设备布局。不断扩大金融服务覆盖面，将金融基础服务设施布放到全市每一个村庄。加强服务点的运行管理，动态监测

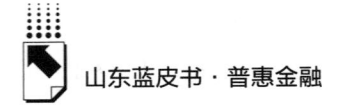

服务点的交易情况及设备运行情况。加快推进网点向小型化、智能化、数字化转型，提高服务品质，提供多元化优质普惠金融服务。逐个分析现有小微云服务点，对照标准全面进行规范，本着"按需布设、高效使用"的原则，充分对地理位置、服务环境以及管理员的服务意识和操作能力等进行前期考察，择优选点进行设备布设，扩大小微云覆盖范围。二是着力打造"政银互联e站通"示范点。依托小微云自助终端建立"政银互联e站通"，在原有存取款、转账、缴费等金融服务的基础上拓展政务服务功能，实现就业创业、准营准办、住房公积金查询、社保卡激活解锁四大类30余种政府服务事项的办理，打通银政服务"最后一公里"，满足农户足不出户办理金融和政务业务需求，有效提高基层政务和金融双向服务能力，助力青岛市"一次办好"改革不断向纵深推进。2021年计划打造30个服务示范点，在示范带领下加快扩大推广范围，为城乡居民提供更加便捷高效的政银服务，助力乡村振兴更好更快发展。构建涵盖自助服务终端、智慧厅堂服务和派出柜台服务"三位一体"的政银服务体系。三是进一步完善网上银行、手机银行、直销银行服务功能，提升使用便捷度和人性化程度，提高客户使用率和使用体验，推动线上线下渠道融合，加快将存量客户由线下向线上转移。

B.11 数字普惠金融与惠农小贷业务

——基于鲁信小贷公司的案例分析

苏文强 马庆超 李宁 刘昕 王大鹏[*]

摘　要： 世界各国普惠金融发展的经验表明，在实际业务中，应用数字技术和金融科技是促进农村普惠金融发展的有效途径。我国正在实施的乡村振兴战略为数字普惠金融发展创造了巨大空间和历史机遇。本报告以基于数字普惠金融平台开展惠农小贷业务的小贷公司为案例，对数字普惠金融模式进行探索。通过对线上与线下模式、助贷与自营模式等小贷业务模式的比较与剖析，认为在普惠金融实践中普惠金融竞品、小贷公司品牌和贷款人信用三方面因素影响了实际的应用效果。开展惠农小贷业务应减少助贷机构等中介方的参与，以自营为主，保证客户信息的真实性。此外，应从创新小贷业务模式、打造小贷公司品牌和建立农村征信体系等方面着力，为小贷公司营造更好的生存环境，使其在乡村振兴中发挥更大的作用。

关键词： 普惠金融　数字普惠金融平台　惠农小贷　小贷公司

2016年9月，G20杭州峰会通过的《二十国集团数字普惠金融高级原

---

[*] 苏文强，鲁信小贷公司董事长；马庆超，鲁信科技公司副总经理；李宁、刘昕、王大鹏，鲁信小贷公司业务经理。

则》（以下简称《高级原则》）对数字普惠金融的定义是，泛指一切通过使用数字金融服务以促进普惠金融发展的行动。根据《高级原则》提出的8项原则和66条行动建议，可以从三个层面理解数字普惠金融的含义。第一个层面是"金融"，即众多经济活动中的一种，可以与供给、需求、市场等经济术语并列，这是数字普惠金融的起点。第二个层面是"普惠"。"普惠"+"金融"的社会意义，是从社会公平的角度，希望能够为农民、老人、学生、小微企业等金融弱势群体提供更多的服务，使其能够利用金融服务获得更好的经济改善和更大的生活便利。在这个意义上，普惠金融的重点服务对象是弱势群体，重点目标是帮助弱势群体获得融资，摆脱困境。第三个层面是"数字"，这是实现普惠金融发展的手段。近20年来，数字技术的快速发展，深刻影响到金融业的发展规模与水平，"普惠金融"和"数字"叠加，涉及普惠金融如何与时代特征结合的问题，这里的数字代表了互联网时代的所有成就，数字普惠金融的核心内涵是如何利用互联网技术来提高普惠金融水平。因此也可以认为，数字普惠金融其实就是通过以互联网为基础的一系列相关数字技术，为金融消费者提供服务。这种服务与以往传统的金融服务的本质区别在于，它不受地域、空间以及很多物理条件的限制，能够扩大金融服务的范围和覆盖面，大大降低了金融交易中的信息不对称，并催生了一系列新的金融业态。现实中，一方面金融机构借助大数据、云计算、数字通信、人工智能等技术，可以促进信息的共享，降低交易成本和金融服务门槛；另一方面，利用数字金融共享、便捷、安全、低成本、低门槛的优势，金融机构可以构建基于数据的风险控制体系，从而全面提升风险防控能力。

"鲁信集团数字普惠金融平台建设项目"是鲁信集团为落实国务院《推进普惠金融发展规划（2016—2020年）》和山东省人民政府《关于推进普惠金融发展的实施意见》承担的"泰山产业领军人才工程"建设项目，由集团内部的金融科技公司和各业务板块子公司共同参与。项目的主要建设内容和创新点是，在省属国有金融控股公司内打造综合的数字普惠金融平台。项目的业务创新分步骤进行实施，本报告主要介绍鲁信小贷公司（以下简称鲁信小贷）基于数字普惠金融平台开发的创新产品惠农小贷业务。

进入21世纪以来，党中央、国务院连续发布了18个聚焦"三农"工作的一号文件。近年来的中央一号文件几乎都提到发展农村普惠金融，这对做好"三农"工作、加快乡村振兴有着特殊的指导意义。2021年既是我国实现全面脱贫攻坚的收官之年，也是全面建成小康社会目标的实现之年，更是中国乡村振兴的元年。中央一号文件指出，乡村振兴将产业兴旺作为头等大事，针对乡村产业做足了文章，从产业结构、产业创新、丰富产业主体、解决终端问题等维度给予了具体指示，这对于振兴乡村产业来说是重大利好。在中央一号文件精神的指引下，鲁信小贷积极响应国家农业农村优先发展战略及乡村振兴战略号召，依托鲁信集团和鲁信金控公司的资源与力量，践行国企社会责任担当，扎根农村，深耕农村金融，深入探索惠农贷业务发展模式。通过对农村市场的深入调查分析，确定业务拓展方向，根据产业特征，进一步细分了产品体系，为实现全面建成小康社会和乡村振兴计划贡献力量。

本报告第一部分依据中央和山东省政策，分析惠农贷业务开展的意义；第二部分对鲁信小贷经过多轮次实践并结合前期业务开展确定的主要惠农业务模式进行了描述；第三部分详细介绍了业务创新取得的成果；第四部分分析了业务创新中遇到的难点；第五部分依据前期经验和遇到的问题，对未来业务模式进行了探索；第六部分为初步结论。

一 数字金融发展与小贷业务转型

近年来，随着数字技术和金融科技的快速发展，普惠金融实践与数字金融显示出很强的相关性。数字平台企业提供的金融服务是典型的新型数字金融业务，其定位之一就是以低收入群体和弱势群体为服务拓展对象，利用信息化技术进行产品创新，降低金融服务产品的成本，扩大金融服务的覆盖范围，实现机构和客户的共赢。因此，创新性数字金融是中国当前普惠金融发展的重要原动力。具体而言，从覆盖的区域来看，由于传统金融机构需要通过设置机构网点来提高覆盖面，但机构网点的高成本导致传统金融机构难以渗透到经济相对落后地区。而数字技术与金融服务的跨界融合避开了这种弊端，一些地区即使没有银行网点、ATM 等硬件设施，客户仍能通过电脑、手机等终端设备获得所需的金融服务。与传统金融机构将主要资源分布于人口、商业集中地区的状况相比，数字金融使得金融服务更直接，客户覆盖面更广泛。从覆盖的社会群体来看，数字金融的产品创新降低了客户准入门槛，使得金融服务的贵族属性大大降低，平民化趋势日益显现。与传统金融机构的排他性相比，数字金融可以满足那些通常难以享受到金融服务的小微企业、低收人群和农村居民的需求，彰显了普惠金融存在的意义和价值。

在我国，乡村是具有自然、社会、经济特征的地域综合体，兼具生产、生活、生态、文化等多重功能，与城镇互促互进、共生共存，共同构成人类活动的主要空间。乡村兴则国家兴，乡村衰则国家衰。从党的十九大到二十大，是"两个一百年"奋斗目标的历史交汇期，既要全面建成小康社会、实现第一个百年奋斗目标，又要乘势而上开启全面建设社会主义现代化国家的新征程，向第二个百年奋斗目标进军。中共中央、国务院印发的《乡村振兴战略规划（2018—2022 年）》提出，乡村振兴，产业兴旺是重点。实施乡村振兴战略，在于深化农业供给侧结构性改革，构建现代农业产业体系、生产体系、经营体系，实现农村一、二、三产业深度融合发展。

习近平总书记指出，发展多种形式适度规模经营，培育新型农业经营主体，是建设现代农业的前进方向和必由之路。随着新型工业化、信息化、城镇化进程的加快，农村劳动力大量进入城镇就业，农村 2 亿多承包农户就业和经营状态不断发生变化，"未来谁来种地、怎样种好地"问题日益凸显。家庭农场、农民合作社、农业社会化服务组织等各类新型农业经营主体和服务主体根植于农村，服务于农户和农业，在破解"谁来种地"难题、提升农业生产经营效率等方面发挥着越来越重要的作用。新型农业经营主体和服务主体规模化、集约化、组织化程度高，是未来现代农业经营的重要方式和必然趋势，在推动农业高质量发展中承担着重要使命，面临着重大机遇。

习近平总书记对新时期山东省的发展提出了"两个走在前列"的要求，

为做好各项农业工作指明了方向。山东省作为我国传统的农业大省，一直以来高度重视"三农"问题，加快农村一、二、三产业融合发展是打造乡村振兴齐鲁样板的现实需要，是推进农业新旧动能转换、实现高质量发展的当务之急，也是新形势下切实解决"三农"问题的重要手段。山东省农业农村厅发布的《2019年全省农业农村经济工作总结》提出，山东省有国家级现代农业产业园7个、省级52个，国家级农业产业强镇43个，省级以上田园综合体46个，农业产业融合发展示范区国家级示范园6个，初步形成了国家、省、市、县四级产业园体系。全省年销售收入500万元及以上的农业龙头企业9600多家，家庭农场7.1万家，农民合作社21万家。累计认定电子商务进农村综合示范县19个。产业融合发展可以对农民增收形成有效支撑，使农村居民人均可支配收入增长8%以上。

为实现深化农村供给侧结构性改革，发展多种形式适度规模经营，打造乡村振兴齐鲁样板的宏伟目标，鲁信小贷对农村产业结构进行深入调查研究分析，通过不断实践，探索惠农贷业务发展方向，为实现产融结合、农村居民增产增收和乡村振兴贡献力量。

二 惠农贷主要业务模式

（一）线上与线下结合模式

从技术层面看，惠农贷业务可以按照线上与线下模式进行划分。线下模式，主要是指营销人员通过电话、陌拜等方式与意向客户沟通，再进行现场考察，利用客户各项数据指标形成项目报告，经贷审委审批后，履行合同面签手续，依据合同发放贷款和回收贷款。但是，严格意义上说，线下模式并不能算作标准的数字普惠金融业务。线下模式是靠人来完成信贷业务的全流程作业，具有成本高、效率低、人为操作风险高等特点。线上模式则是依托线上支付、社交网络、搜索引擎以及App等互联网工具，依据客户提供的信息及数据进行画像还原，业务审批、合同签约及收发贷款全部通过信息化

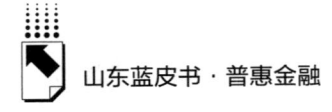

业务系统进行。线上模式是将人的部分工作用计算机语言来替代,具有产品标准、规则统一、效率高等特征。目前,鲁信小贷依据线下业务经验,将惠农贷业务打造成"线下+线上"相结合的模式,是传统金融行业与互联网有效融合的产物,未来将实现全流程线上作业。具体模式如图1所示。

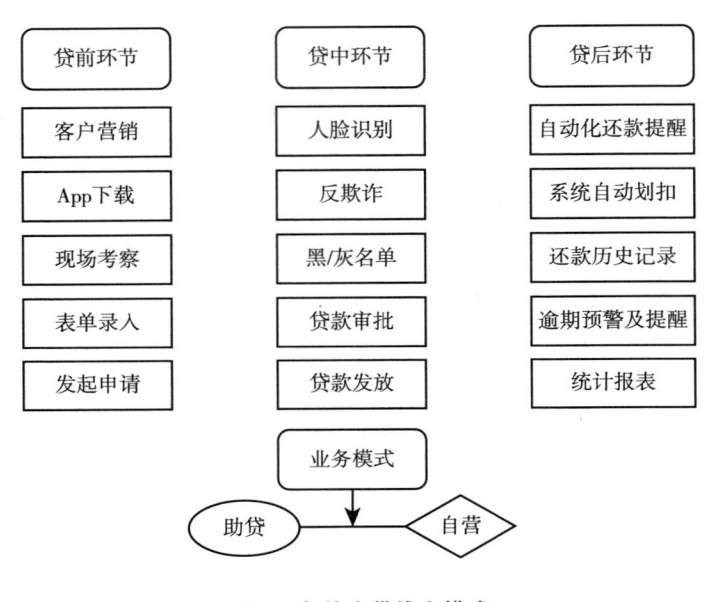

图1 鲁信小贷线上模式

（二）助贷与自营模式

1. 助贷模式

惠农贷的目标客户分散在各个村镇,为了更加详细地了解客户情况,核查软信息,控制项目风险,需要庞大的人员队伍进行贷前调查和贷后管理,由此,催生了助贷模式。助贷业务模式是指助贷机构通过自有系统或渠道筛选目标客群,在完成自有风控流程后,将较为优质的客户输送给持牌金融机构、类金融机构,经持牌金融机构、类金融机构风控终审后,完成发放贷款的一种业务。在助贷业务实施过程中,放款机构与助贷机构合作,由助贷机构进行产品宣传及营销,对意向客户进行现场调查,将符合条件的客户推荐给放款机构，由放款机构进行复审（可根据需要进行现场尽调），对筛选通过的客户给予放款，由助贷机构负责客户的维护、管理以及贷款的催收等，并为贷款提供担保。从业务整体流程看，助贷业务模式主要参与者有助贷机构、资金方和借款用户三方。资金方即为资金提供者，主要有银行、信托公司、消费金融公司、网络小贷公司等。根据是否持牌可将助贷机构分为持牌机构和非持牌机构，持牌机构主要包括网络小贷公司、消费金融公司等，非持牌机构主要是贷款超市、金融科技公司等。助贷模式优缺点都比较明显，优点是可迅速扩大业务规模；缺点是对项目风险的控制力度不足，主要表现在公司与农户之间信息不对称，易造成误解，增大贷后管理难度。同时，极易发生人为因素导致的道德风险，如助贷机构故意隐瞒客户真实信息误导贷款审批，提升项目发生风险的概率。

鲁信小贷公司在开展惠农贷初期，由于经验不丰富，人员不足，选择与助贷机构合作，由助贷机构派员进行客户开拓，核查软信息，将其了解的情况录入鲁信小贷业务系统。鲁信小贷负责客户信息的数据处理，利用系统风险规则引擎进行决策后，结合助贷机构的情况说明，对客户疑点信息进行电话核实，综合分析判断客户发生风险的概率。在业务开展初期，规模得到一定扩展，队伍得到一定锻炼。但是在业务开展过程中，助贷模式在风险和成本控制等方面的缺点则明显暴露出来。当下，鲁信小贷公司已逐步停止与助贷机构合作。

2. 自营模式

"惠农贷—牛信宝"产品是鲁信小贷第一款自营产品，运行了一个周期，总结后发现其具有客户接受度高、风险发生概率低、放款规模大等特点，与鲁信小贷可持续化发展的战略规划契合度高，具体模式如图2所示。

自营模式以对行业、目标客户进行深入了解和分析为基础，可准确地把握行业的特征和风险因素，进而设计出与行业、客户相匹配的风险规则引擎和额度模型，对丰富惠农贷产品体系，提升业务规模，打造更加符合市场规律的标准化产品，有着极其重要的推进作用。因此，未来惠农贷产品发展方向应以自营模式为主。

肉牛养殖户 → 提出申请 → 现场考察 → 信息录入

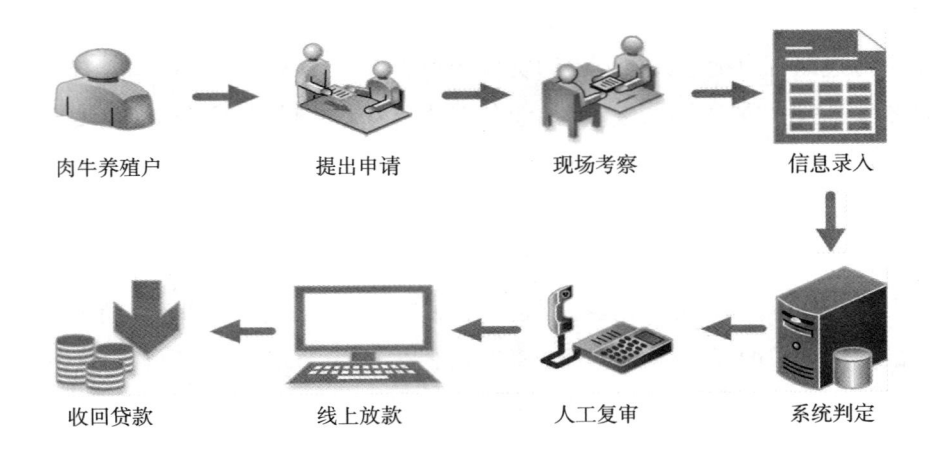

收回贷款 ← 线上放款 ← 人工复审 ← 系统判定

图 2　鲁信小贷自营模式

三　业务模式创新

目前，惠农贷业务主要有两个业务方向，一是直接向农户提供贷款，二是为与农业相关企业提供资金支持。具体可细分为多种业务模式。

（一）"特定区域优势农业"模式

在行业及农户高度集中的地区，通过对行业的深入研究分析，找准行业特征及发展方向，同时对区域内的金融环境进行调查分析，了解供需关系，找到切入点，打造既符合行业特征又能满足当地农户需求的标准化产品，同时也为未来业务实现完全线上化运作奠定基础。"惠农贷—牛信宝"采用的就是"鲁信小贷+特定区域+集中优势行业农户"的业务模式。经过1年多的实践，已为210余户肉牛养殖户提供8000余万元贷款，无一笔逾期发生。

（二）"特定行业"模式

通过对潍坊寿光、济南等地的大棚种植户的现场考察发现，大棚种植面积比较集中的区域，客户共性强，种植户的大棚建造方式、成本、种植品类、销售模式等基本相似。鲁信小贷对大棚种植户进行深入调查，从大棚建造成本、作物种植成本、销售途径、结算方式、经营利润、权属认定、作物种植风险等角度进行详细调研和测算，设计开发了"惠农贷—大棚宝"产品。

从实际情况看，"惠农贷—大棚宝"产品适用于大部分大棚种植户，因此该产品的业务围不断扩大，已在临沂、聊城、菏泽、济南等地进行推广。

（三）"金融+保险"模式

在生猪养殖行业，2019年，山东省综合运用种猪直补、保险提标、标准化改扩建等系列扶持政策，争取省级及以上财政资金近5亿元扶持产业发展。在政府政策保障生猪产业稳定发展、疫病及自然地质灾害等风险由保险公司承保的前提下，鲁信小贷与农业保险公司合作，设计研发了"生猪贷"产品，定向服务于投保生猪保险业务的养殖户。

鲁信小贷通过与保险公司的合作，了解其他农业行业保险政策和险种，对行业及农户进行深入调研分析，探索惠农贷"金融+保险"的业务模式，打造标准化产品，丰富惠农贷产品体系，提升惠农贷业务规模。

（四）"农业供应链"模式

山东省作为重要农业大省，全国知名的农副产品深加工企业比较多，鲁信小贷走访烟台莱阳的龙大集团、潍坊诸城的得利斯集团、临沂的金锣集团、临沭金正大集团等全国著名大型农业企业了解其产品需求，认为大型农业企业各个环节皆有银行等金融机构渗入，对利率要求较高，处于相对强势地位，突破较难。

鲁信小贷及时调整方向，走差异化发展思路，与山东洪涨水泵、金丰公社、汇君环能等发展中的涉农企业或机构建立联系，依据行业动态和需求，设计研发了"惠农贷—水泵宝"产品，已实现落地。未来，供应链模

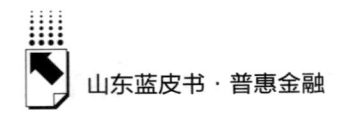

式将坚持走差异化营销路线，避免与银行等金融机构形成正面竞争，发挥小贷公司"小、快、灵"的优势，积极践行国企担当，支持企业做大做强。

（五）"家庭农场"模式

2020年，山东省农业农村厅联合多部门出台了《关于开展家庭农场培育行动的实施意见》（以下简称《实施意见》），该意见目标任务着眼于打造乡村振兴齐鲁样板，在种植、养殖、种养结合等领域培育一批产业特色鲜明、经营规模适度、运作管理规范、总体效益明显的家庭农场，重点支持县级及以上示范农场发展。

在《实施意见》的指导下，小贷公司对部分地区家庭农场进行现场调研，借助当地政府的力量，与家庭农场建立联系。家庭农场以单个种养殖农户家庭为单位，种植面积或养殖头数达到相关标准即可在当地工商部门申请注册，具有经济效益好、带头能力强、生态环境好等特点，是惠农贷业务重点支持对象，未来将重点进行营销。

四 业务创新面临的难点

（一）普惠金融竞品影响

在新冠肺炎疫情背景下，为支持复工复产，地方政府联合地方农商行、农业银行、建设银行等金融机构加大力度满足农户贷款需求，"疫情贷""复工复产贷""兴农贷"等产品陆续上市，主要面向地方种养殖农户或涉农企业提供信用贷款。"疫情贷"由地方政府全额贴息，期限一年，还款方式为先息后本，农户先自行偿还利息，到期后当地政府一次性全额补偿农户，农户偿还本金；"复工复产贷"由地方政府部分贴息，贴息后农户承担的年利率在4%左右，期限一般为3年，还款方式为先息后本，每年还本一次。"兴农贷"年利率为基准利率，期限一年，还款方式为先息后本，额度

50万~200万元。金融机构的农户贷款补贴高、利率低、额度大，审批时效也有了明显的提升，部分优质农户可选择面更加广泛，对鲁信小贷惠农贷业务的开展造成了一定的影响。

省农担的"鲁担惠农贷"进一步下沉，由原来的涉农企业扩展到优势产业，地方财政贴息后，农户贷款成本在4%左右，对鲁信小贷探索的"鲁信小贷+特定区域+集中优势行业农户"模式产生比较大的影响。潍坊寿光蔬菜种植户、临沂平邑西红柿种植户、济宁鱼台龙虾养殖户、济宁梁山肉牛养殖户等均有"鲁担惠农贷"产品推广和使用，借助当地财政部门和村委的力量，在优势行业农户群中使用率较高。

（二）小贷公司品牌影响

多年来小贷公司的身份问题悬而未决，从业人员的职业身份缺乏权威性，社会影响力不大，因此不能及时获得客户信任。社会上普遍将放高利贷的民间组织与小额贷款公司混为一谈，媒体对小贷行业的作用与意义缺乏必要的宣传。普通民众甚至不知道小贷公司是经过地方政府金融办审批、进行牌照化管理的类银行信贷机构，更不知道小贷公司的审批对其发起人、大股东的要求都有相当的门槛。小贷公司在农村市场参与度不高，客户潜在的疑虑得不到消除，给营销带来了难度。缺乏有效的宣传手段和方式，也是品牌效应难以发挥的主要原因之一。

（三）贷款人信用影响

由于历史原因，农村居民的信用信息较为缺乏，可用抵押物又有限。这意味着小贷公司面向农村提供金融产品和服务时将承担更大的风险。目前，农村个人信贷存在的风险较高且影响因素众多。风险控制是小贷公司业务开展的重中之重，风险控制最关键的步骤就是信息获取与积累。因此，在农村金融领域加快数据收集与积累、加大信贷机构间合作力度、扩大数据共享面显然十分重要。前些年，在国家信用体系不健全的情况下，部分农户因还款意愿不高或担保责任履行不到位，个人征信存在逾期或失信等相关记录。在

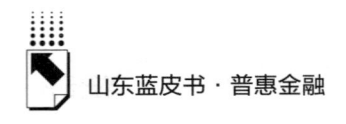

国家大力修复信用体系的大环境下,农户对诚信的重视程度依然不高,法律意识有待提升,"拖延、晚还、不还"的情况时有发生,增加了贷后管理的成本。

五 业务创新方向与展望

在党中央推动"三农"工作理论创新、实践创新、制度创新,坚持把解决好"三农"问题作为全党工作重中之重,坚持不断深化农村改革,激发农村发展新活力,坚持推进农业供给侧结构性改革,加快提高农业供给质量等政策环境下,农村金融市场将成为一个"蓝海"市场。开展惠农贷业务也是鲁信小贷助力乡村振兴、践行国企担当的重要表现。鲁信小贷将坚持"因地制宜、特色发展"的理念,错位经营,设计符合当地农户、行业特征的"接地气"产品,构建个性化风险防控体系,推出更多特色产品。

(一)"农村党建+普惠金融"模式

鲁信集团作为山东省重要的投融资主体和资产管理平台,多年来一直依托金融投资主业优势,坚持扶真贫、真扶贫,努力构建精准扶贫的长效机制,探索助力精准扶贫的有益经验。鲁信集团子公司鲁信金控坚持探索惠农贷业务模式,面向种养殖农户、农资或农机经营部、涉农个体工商户推出"惠农贷"业务,累计已为近千户农户提供贷款7000余万元,其中的"牛信宝"业务,累计放款金额超过3000万元。鲁信小贷利用鲁信集团和鲁信金控公司影响力,借助地方政府优势资源,开展"1+1"支部联学共建活动,将"党建共建联系点"打造成惠农贷业务推广、品牌宣传的主要阵地,调研农村金融市场、了解农户需求、宣传金融知识、助力乡村振兴。下一步,鲁信小贷将充分发挥党支部头雁作用,党员和业务骨干深入农村一线,在充分调研农村市场的基础上,探索开展惠农贷业务新模式。

（二）"公司+农户"普惠金融模式

"公司+农户"模式是20世纪80年代诞生的农业产业化经营制度，是对统分结合的双层经营体制的创新和发展，自诞生以来，一直被社会各界寄予改变农业弱质性、农民弱权性和农村弱位性的期望。我国连续18年出台的一号文件都将加大农业扶持力度作为重中之重，使农业产业化经营发展迅速，各类农业产业化经营组织已成为农村经济发展中极具活力的市场主体，推动着农民增收、农业增效和农村增富进程，"公司+农户"逐渐成为农业产业化的主导模式。鲁信小贷将这种模式应用到普惠金融实践中，以声誉好、品质优、发展稳、前景广的涉农企业或农业产业合作社等为平台，充分发挥小贷公司"快速、灵活"的优势，在物流、资金流清晰可见的经营流程中切入金融服务，既支持了上下游农户扩大经营规模，又能帮助企业快速回笼资金，提标扩面。

（三）"家庭农场"模式

作为乡村振兴齐鲁样板基石，家庭农场的发展及政府相关补贴政策的出台，有利于提高农户加大投入技术、资本等生产要素的积极性；有利于开展适度规模经营，提高农业集约化、专业化、社会化经营水平和土地产出效益；有利于促进农业创新、可持续化发展；有利于培育发展和壮大职业农民队伍。惠农贷资金的投入，可有效缓解农户家庭投入过大、补贴暂时未到位等带来的资金压力，稳定信心。

（四）"致富带头人"模式

2020年9月27日，山东省妇联启动"乡村振兴巾帼行动"齐鲁行活动，凝聚巾帼力量，聚焦人才集聚、示范培育、精准服务，助力乡村振兴。现已评选出100位山东省最美乡村女致富带头人及100个省乡村振兴巾帼示范基地。2021年，将通过实地考察，开发新产品，重点扶持，通过"领头雁"的示范效应，扩大惠农贷产品影响力。

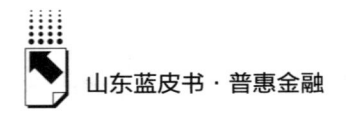

六　研究结论

中共中央、国务院《关于实施乡村振兴战略的意见》提出，普惠金融重点要放在乡村。近年来，随着国家对"三农"工作的高度重视和大力扶持以及相关支持"三农"发展政策的出台，农村普惠金融正迎来政策红利期。经过对农村金融市场的分析和了解，农村市场金融供需关系依然不平衡，农村信贷市场依然是"蓝海"市场，惠农贷业务大有可为。

小贷公司作为普惠金融机构，通过数字普惠金融平台，参与构建现代农村金融体系，对实现乡村振兴战略，促进农村经济发展至关重要。在具体开展模式方面，鲁信小贷的惠农贷业务应减少助贷机构等中介方的参与，以自营为主，保证客户信息的真实性。在多频次的农村市场调研过程中，积极寻找业务发展方向，确定目标客户和业务开展方式，为业务规模的提升奠定基础。未来，鲁信小贷将凝心聚力，扎根农村，以点扩面，坚定不移地提升品牌影响力，把惠农小贷业务做大做强。

参考文献

[1] 董晓林、徐虹：《我国农村金融排斥影响因素的实证分析——基于县域金融机构网点分布的视角》，《金融研究》2012年第9期。

[2] 郭田勇、丁潇：《普惠金融的国际比较研究——基于银行服务的视角》，《国际金融研究》2015年第2期。

[3] 黄志忠、谢军：《宏观货币政策、区域金融发展和企业融资约束——货币政策传导机制的微观证据》，《会计研究》2013年第1期。

[4] 姜旭朝、杨杨：《合作金融的制度视角》，《山东大学学报》（哲学社会科学版）2004年第1期。

[5] 李爱君：《互联网金融法律与实务》，机械工业出版社，2015。

[6] 梁鸿飞：《西方信贷融资担保理论》，《北京大学学报》（哲学社会科学版）2003年第1期。

［7］孙国茂、安强身：《普惠金融组织与普惠金融发展研究——来自山东省的经验与案例》，中国金融出版社，2017。

［8］万俊毅等：《"公司＋农户"模式：社会资本、关系治理与联盟绩效》，中国农业出版社，2014。

［9］中国人民大学中国普惠金融研究院：《家庭微型经济融资与乡村振兴研究报告》，2020年9月。

［10］中国人民大学中国普惠金融研究院：《数字普惠金融的中国经验》，2020年10月。

［11］钟凯等：《宏观经济政策影响企业创新投资吗——基于融资约束与融资来源视角的分析》，《南开管理评论》2017年第6期。

［12］周孟亮、王琛：《普惠金融与新型农村金融组织的目标重构》，《农村经济》2014年第10期。

参考文献

[1] 艾永梅：《农村合作金融的风险控制——以山东、浙江供销社资金互助为例》，《中国金融》2015年第14期。

[2] BR互联网金融研究院：《互联网金融报告2016》，中国经济出版社，2016。

[3] 巴曙松、刘少杰、杨倞：《2014年中国资产管理行业发展报告》，中国人民大学出版社，2014。

[4] 贝多广、李焰：《数字普惠金融新时代》，中信出版社、中信出版集团，2017。

[5] 博鳌亚洲论坛：《亚洲金融发展报告——普惠金融篇》，2020年7月。

[6] 卜亚：《金融科技新生态构建研究》，《西南金融》2019年第11期。

[7] 蔡洋萍：《我国农村普惠金融内生化发展现状、障碍及对策研究》，《浙江金融》2016年第1期。

[8] 蔡洋萍、谢冰：《我国农村普惠金融内生化发展机理、障碍及对策研究》，《金融与经济》2016年第2期。

[9] 曹凤岐：《建立多层次农村普惠金融体系》，《农村金融研究》2010年第10期。

[10] 陈华、李国峰：《互联网金融：现状、存在问题及应对策略》，《金融发展研究》2014年第5期。

[11] 陈莎、周立：《中国农村金融地理排斥的空间差异——基于"金融密

度"衡量指标体系的研究》,《银行家》2012 年第 7 期。

[12] 邓珊珊:《长尾理论视角下商业银行数字普惠金融的研究》,《经济纵横》2019 年第 28 期。

[13] 董晓林、徐虹:《我国农村金融排斥影响因素的实证分析——基于县域金融机构网点分布的视角》,《金融研究》2012 年第 9 期。

[14] 杜晓山:《发展农村普惠金融的思路和对策》,《金融教学与研究》2015 年第 3 期。

[15] 范秀红:《国外普惠金融发展实践》,《中国金融》2014 年第 22 期。

[16] 范秀红:《国外普惠金融可持续发展对我国的启示》,《经济研究参考》2014 年第 59 期。

[17] 耿欣、冯波:《小额贷款公司运营及其可持续发展研究——以山东小贷公司为例》,《山东社会科学》2015 年第 1 期。

[18] 顾玲玲:《商业银行普惠金融考核实施建议》,2021 年 8 月。

[19] 郭军、冯林:《小额贷款公司可持续发展研究——以山东省为例》,《东岳论丛》2013 年第 10 期。

[20] 郭田勇、丁潇:《普惠金融的国际比较研究——基于银行服务的视角》,《国际金融研究》2015 年第 2 期。

[21] 郭兴平:《基于电子化金融服务创新的普惠型农村金融体系重构研究》,《财贸经济》2010 年第 3 期。

[22] 韩俊:《建立普惠型的农村金融体系》,《中国科技投资》2010 年第 3 期。

[23] 韩文亮、肖梦敏、章昊:《构建中小银行普惠金融价值和运作体系 破解普惠金融难题》,《中国银行业》2019 年第 9 期。

[24] 何德旭、苗文龙:《金融排斥、金融包容与中国普惠金融制度的构建》,《财贸经济》2015 年第 3 期。

[25] 何广文:《合作金融发展模式及运行机制研究》,中国金融出版社,2001。

[26] 何广文:《建立普惠金融体系应搞活小额信贷》,《中国经济时报》

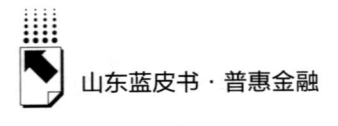

2010年1月12日。

[27] 胡金焱、梁巧慧：《小额贷款公司多重目标实现的兼顾性——来自山东省的证据》，《财贸经济》2015年第5期。

[28] 胡金焱、刘险峰、李永平：《"两区、一圈、一带"战略深入实施及区域协调发展研究——基于山东省金融发展战略视角》，《金融发展研究》2015年第6期。

[29] 胡智强：《普惠金融视野下我国民间借贷的发展与规制》，《审计与经济研究》2014年第3期。

[30] 黄国平、伍旭川：《中国网络信贷行业发展报告（2014-2015）》，社会科学文献出版社，2015。

[31] 黄倩、李政、熊德平：《数字普惠金融的减贫效应及其传导机制》，《改革》2019年第11期。

[32] 姜凤旭：《发展普惠金融助力和谐社会建设》，《华北金融》2007年第11期。

[33] 姜旭朝、杨杨：《合作金融的制度视角》，《山东大学学报》（哲学社会科学版）2004年第1期。

[34] 蒋剑平、张骅：《大型商业银行普惠金融数字化转型中的问题与思考》，《中国银行业》2019年第10期。

[35] 焦瑾璞、陈瑾：《建设中国普惠金融体系》，中国金融出版社，2009。

[36] 焦瑾璞：《构建普惠金融体系的重要性》，《中国金融》2010年第10期。

[37] 焦瑾璞、黄亭亭、汪天都等：《中国普惠金融发展进程及实证研究》，《上海金融》2015年第4期。

[38] 焦瑾璞：《微型金融学》，中国金融出版社，2013。

[39] 雷光明：《GS银行利用金融科技发展普惠金融策略研究》，江西财经大学硕士学位论文，2019。

[40] 雷曜：《小微企业融资的全球经验》，机械工业出版社，2020。

[41] 李爱君：《互联网金融法律与实务》，机械工业出版社，2015。

[42] 李东荣：《以移动金融促普惠金融发展》，《中国金融》2014年第18期。

[43] 李庚寅、曾林阳：《民间金融组织——合会的变迁及其思考》，《经济问题探索》2005年第2期。

[44] 李萌：《金融科技发展背景下商业银行转型策略研究》，《科技经济导刊》2019年第31期。

[45] 李明贤、叶慧敏：《普惠金融与小额信贷的比较研究》，《农业经济问题》2012年第9期。

[46] 李涛、王志芳、王海港等：《中国城市居民的金融受排斥状况研究》，《经济研究》2010年第7期。

[47] 李子彬、刘迎秋：《中国中小企业2015蓝皮书——混合所有制：中小企业发展的机遇与选择》，中国发展出版社，2015。

[48] 梁骞、朱博文：《普惠金融的国外研究现状与启示——基于小额信贷的视角》，《中央财经大学学报》2014年第6期。

[49] 刘鹏、周双：《高度重视金融科技在金融变革中的重要作用》，《中国物价》2019年第11期。

[50] 刘政：《关于互联网金融法律监管问题的探讨》，《中国市场》2015年第27期。

[51] 陆磊、丁俊峰：《中国农村合作金融转型的理论分析》，《金融研究》2006年第6期。

[52] 马向东：《金融科技提升普惠金融效率、服务和质量》，《中国保险报》2019年8月27日。

[53] 潘士远、罗德明：《民间金融与经济发展》，《金融研究》2006年第4期。

[54] 前瞻产业研究院：《中国村镇银行市场前瞻与投资战略规划分析报告》，2019年6月。

[55] 邱洪涛：《从供需双视角看基层普惠金融》，《金融发展研究》2015年第2期。

[56] 曲锋：《乐陵市推进新型农村合作金融试点调查》，《山东经济战略研

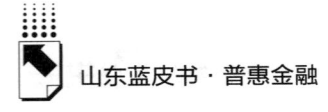

究》2015年第8期。

[57] 沈炳熙：《普惠金融：寻求政府与金融机构"合力"》，《当代金融家》2014年第2期。

[58] 宋秀峰、赵崇民：《商业银行深化互联网金融服务的探索与思考》，《金融发展研究》2014年第3期。

[59] 宋彦峰：《新型农村合作金融组织发展的制度研究》，《南方金融》2010年第3期。

[60] 宋玉颖：《关于数字金融助推商业银行发展普惠金融的研究》，《农村金融研究》2019年第8期。

[61] 孙国茂、安强身：《普惠金融组织与普惠金融发展研究——来自山东省的经验与案例》，中国金融出版社，2017。

[62] 孙国茂、胡俞越：《政策漂移、猪肉价格波动与结构性通货膨胀研究——基于TVP-VAR模型》，《东方论坛》2020年第4期。

[63] 孙国茂：《金融创新的本质、特征与路径选择——基于资本市场的视角》，《理论学刊》2013年第6期。

[64] 孙国茂：《尽快推进普惠金融制度体系建设》，《经济参考报》2017年3月3日。

[65] 孙国茂、李猛：《宏观审慎监管下的证券公司系统重要性评价体系研究》，《山东大学学报》（哲学社会科学版）2020年第5期。

[66] 孙国茂、李猛：《区块链信任机制与社会秩序——基于疫情隔离防控的分析》，《山东社会科学》2020年第4期。

[67] 孙国茂：《山东省互联网金融发展报告（2019）》，中国金融出版社，2019。

[68] 孙国茂：《山东省上市公司经营绩效及市值管理评价报告（2018）》，中国金融出版社，2018。

[69] 孙国茂：《山东省上市公司经营绩效及市值管理评价报告（2019）》，中国金融出版社，2019。

[70] 孙国茂：《提高上市公司质量　赋能我省高质量发展》，《山东经济战

略研究》2020 年第 12 期。

[71] 孙国茂、张辉、张运才:《宏观审慎监管与证券市场系统性风险测度研究》,《济南大学学报》2020 年第 6 期。

[72] 孙国茂: 《中国证券市场宏观审慎监管研究》,中国金融出版社,2020。

[73] 孙国茂主编《山东省普惠金融发展报告 (2019)》,社会科学文献出版社,2019。

[74] 孙国茂主编《山东省中小企业发展报告 (2019)》,社会科学文献出版社,2019。

[75] 孙国茂主编《中国证券公司竞争力研究报告 (2018)》,社会科学文献出版社,2018。

[76] 孙国茂主编《中国证券公司竞争力研究报告 (2019)》,社会科学文献出版社,2019。

[77] 孙国茂主编《中国证券公司竞争力研究报告 (2020)》,社会科学文献出版社,2021。

[78] 孙少妍:《从普惠性金融体系角度探索小额信贷的多元化发展模式》,《济南金融》2007 年第 8 期。

[79] 唐宁:《发展普惠金融的三部曲与三支撑》,《清华金融评论》2014 年第 7 期。

[80] 万联供应链金融研究院:《中国供应链金融白皮书 (2016)》,2016。

[81] 王曙光、郭欣:《农村合作金融制度变迁的调研分析》,《财经科学》2006 年第 6 期。

[82] 王曙光、王东宾:《双重二元金融结构、农户信贷需求与农村金融改革——基于 11 省 14 县市的田野调查》,《财贸经济》2011 年第 5 期。

[83] 王伟、田杰、李鹏:《我国金融排除度的空间差异及影响因素分析》,《西南金融》2011 年第 3 期。

[84] 王雪玉:《普而不惠何以称"普惠金融"?》,《金融科技时代》2014 年第 7 期。

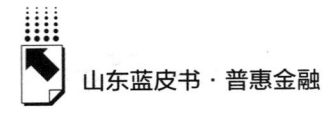

[85] 王兆茹：《普惠金融理念下我国小额信贷监管法律问题研究》，西南财经大学硕士学位论文，2014。

[86] 吴国华：《进一步完善中国农村普惠金融体系》，《经济社会体制比较》2013年第4期。

[87] 吴晓灵：《构建普惠金融体系，促进社会和谐发展》，《金融时报》2010年8月3日。

[88] 吴晓灵：《有关合作金融发展的认识与政策支持问题》，《金融研究》1997年第2期。

[89] 武锐、胡金焱：《小额贷款公司促进小微企业发展了吗？——基于山东省数据的研究》，《山东社会科学》2015年第3期。

[90] 武文全：《山西省小微金融机构发展普惠金融情况的探索与思考》，《时代金融》2015年第11期。

[91] 徐华：《把互联网金融和普惠金融更好融合起来》，《中国农村金融》2014年第9期。

[92] 徐沈：《中国新型农村金融组织发展研究》，中共中央党校博士学位论文，2012。

[93] 徐瑜青、杨露静、周吉帅：《小额贷款公司运营现状及问题》，《农村经济》2010年第1期。

[94] 杨畅：《我国中小银行金融科技创新与发展研究——以Z银行为例》，浙江大学硕士学位论文，2019。

[95] 杨凯生：《金融科技怎样才能支持普惠金融》，《第一财经日报》2019年10月30日。

[96] 张世春：《小额信贷目标偏离解构：粤赣两省证据》，《改革》2010年第9期。

[97] 张翔：《民间金融合约的信息机制：来自改革后温台地区民间金融市场的证据》，社会科学文献出版社，2016。

[98] 中国银监会合作部课题组：《普惠金融发展的国际经验及借鉴》，《国际金融》2014年第3期。

[99] 重庆市百年纵横企业管理顾问有限公司:《2020年度村镇银行调研报告》,2021年8月。

[100] 周逢民:《走近金融科技》,中国金融出版社,2019。

[101] 周立、陈桔:《探索社会金融理论促进普惠金融建设》,《银行家》2010年第11期。

[102] 周孟亮、李明贤、孙良顺:《基于普惠金融视角的小额贷款公司发展研究》,《西北农林科技大学学报》(社会科学版)2012年第4期。

[103] 周孟亮、王琛:《普惠金融与新型农村金融组织的目标重构》,《农村经济》2014年第10期。

[104] 周源:《互联网金融的普惠特征》,《中国金融》2014年第8期。

[105] 周兆函:《我国农村金融机构小额信贷供给绩效分析——基于普惠金融视角》,《金融发展研究》2010年第12期。

[106] Abraham, F., S. L. Schmukler, and J. Tessada, "Robo-advisors: Investing Through Machines", *World Bank Policy Research Working Paper*, 2019.

[107] Bartlett, R., A. Morse, R. Stanton, and N. Wallace, "Consumer-lending Discrimination in the Era of Fintech", *Working Paper*, 2018.

[108] Berg, T., V. Burg, A. Gombovi, and M. Puri, "On the Rise of Fintechs-Credit Scoring Using Digital Footprints", *Working Paper*, 2019.

[109] Bernardo Nicoletti, "The Future of Fintech, Integrating Finance and Technology in Financial Services", *Nature*, 2017.

[110] Buchak, G., G. Matvos, T. Piskorski, and A. Seru, "Fintech, Regulatory Arbitrage, and the Rise of Shadow Banks", *Journal of Financial Economics*, 2018, 130 (3): 453-483.

[111] Fuster, A., M. Plosser, P. Schnabl, and J. Vickery, "The Role of Technology in Mortgage Lending", *The Review of Financial Studies*, 2019, 32 (5): 1854-1899.

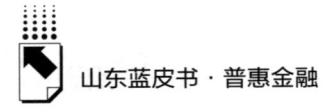

［112］Muhammad Yunus, "A World of Three Zeros: The New Economics of Zero Poverty, Zero Unemployment, and Zero Net Carbon Emissions", *Public Affairs*, 2017.

Abstract

2020 is the closing year of the "Promoting Inclusive Finance Development Plan (2016 – 2020)". my country's inclusive financial service center continues to sink, product innovation is more active, supply and demand are more effective, financial infrastructure is more sound, and digital Hui Finance continues to innovate, international exchanges and cooperation continue to deepen, and an inclusive financial service system that is compatible with building a moderately prosperous society has basically been established. As of the end of 2020, Shandong Province has nearly 12 million private economic market entities, and the role of the private economy as a macroeconomic reservoir and stabilizer is prominent. Industrial cluster rebuilding and industrial chain reconstruction represented by the "Four New" and "Four Modernizations" have brought unprecedented development opportunities to SMEs. Financial services to the real economy not only endow inclusive finance with new connotations, but also enable inclusive finance. Development has special meaning.

Facing the complicated situation of economic and financial operations at home and abroad, the banking financial institutions of Shandong Province have taken advantage of financial technology to give full play to the role of big data in credit support for the development of the real economy, and promote the formation of inclusive financial platforms as the main body and dual banking and financial institutions. A new development pattern that recycles and promotes each other. Small, medium and micro enterprises are the new force of economic development, and providing accurate and efficient services for small, medium and micro enterprises is an important task for the sustainable development of inclusive finance. In order to meet the needs of inclusive development of small and medium-sized enterprises at the current stage, many commercial banking institutions in Shandong Province have increased their financing support for key customer groups such as "specialized, special and new" by signing bank-government cooperation agreements and launching exclusive inclusive products to speed up the financing. Efficient integration of small, medium and micro enterprises and inclusive finance. Large state-owned commercial banks, city commercial banks, rural commercial banks, and village banks have become the main suppliers of inclusive financial services. Among them, as of the end of 2020, the number of village banks in Shandong Province has ranked first in the country for 6 consecutive years. Banking financial institutions continue to promote financial supply-side reforms and promote the high-quality development of inclusive finance.

The report adheres to the concepts of timely, effective, scientific, rigorous, objective and authoritative, and is divided into four parts: general report, sub-report, special report and case study. The general report elaborated on the current status of the financial industry in Shandong Province, the development of inclusive finance for small, medium and micro enterprises, the achievements of inclusive finance in Shandong Province, and the high-quality development of the inclusive financial system in Shandong Province. The sub-reports respectively introduced the development of inclusive finance of commercial banks in Shandong, the development of rural banks in Shandong, and the inclusive finance of rural commercial banks in Shandong. The special report is divided into 4 parts, covering the construction of inclusive business platform based on financial technology for small and medium-sized banks, the development index of inclusive finance in Shandong Province, the mitigation of digital inclusive finance and SME financing constraints, and external empowerment and endogenous motivation. : A detailed analysis of the topic of inclusive finance on the sustainability of the inclusive small and micro-credit loan business. Among them, the Shandong Province Inclusive Finance Development Index selects 13 indicators to measure the development of inclusive finance from the three dimensions of availability, usage, and service quality. It is found that the Shandong Province Inclusive Finance Development Index in 2020 is 103.58. This is an increase of 3.58% over 2019. The case study part selects two banks, Qingdao Bank Co., Ltd. and Qingdao Rural Commercial

Abstract

Bank Co. , Ltd. , and business models based on Luxin Microfinance Co. , Ltd. and Luxin Technology Co. , Ltd. on digital inclusive finance and small loans for farmers The research was introduced.

The report is rich in content and describes the development of inclusive finance in Shandong from multiple angles, and can provide references for commercial banking institutions, inclusive finance research scholars, financial industry practitioners or school students.

Keywords: Shandong Province; Inclusive Finance; Commercial Bank; Digital Inclusive Finance; Village Bank

Contents

I General Report

B.1 Overview of Inclusive Finance Development in
    Shandong Province (2020)   *Sun Guomao, Yao Liting* / 001
    1. Current situation of financial industry in Shandong   / 003
    2. Inclusive finance helps the development of small,
       medium and micro enterprises   / 015
    3. Remarkable achievements have been made in inclusive
       finance in Shandong   / 019
    4. High quality development of inclusive financial
       system in Shandong   / 023

Abstract: In 2020, the financial industry in Shandong Province will develop steadily, and the proportion of the added value of the financial industry in GDP will continue to rise. Shandong fully implements two national policies such as monetary policy tools that directly reach the real economy, precise drip irrigation to inclusive of small and micro enterprises, deferred debt and interest payments "should be extended as much as possible", inclusive small and micro loans continue to increase and expand, inclusive of small and micro businesses Both the loan balance and the number of loan households increased significantly over the previous year. The Jinan Branch of the People's Bank of China has implemented a corporate financial counselor system throughout the province, which has played a good role in epidemic prevention and control and serving economic and social development, and has injected new momentum of "financial counseling" into the development of the real economy. New breakthroughs were made in the reform of inclusive finance, and Linyi became the country's first pilot zone for inclusive financial services for rural revitalization. Shandong Province is in a critical period of conversion of new and old kinetic energy. Industrial cluster rebuilding and industrial chain reconstruction represented by the "four news" and "four modernizations" bring unprecedented development opportunities to small and medium −sized enterprises. Financial services to the real economy not only endow inclusive benefits The new connotation of finance also makes the development of inclusive finance of special significance.

Keywords: Shandong; Finance Industry; Inclusive Finance; Inclusive Finance Pilot Zone

Ⅱ Sup-reports

B.2 Report on Development Inclusive Financial of Commercial Banks in Shandong Province (2020) *Guo Wenjuan* / 033

Abstract: In 2020, the sudden new crown pneumonia epidemic has an unprecedented impact on China. Financial management departments such as the People's Bank of China insist on the guidance of Xi Jinping Thought on Socialism with Chinese Characteristics for a New Era, urge the implementation of financial support policies, and vigorously promote the development of inclusive finance. Small and micro enterprises are the new force of economic development, the main channel of employment, and an important source of innovation. Promoting the sustainable development of small and micro enterprises and the small and micro economy is related to the overall economic and social development. In 2020, the "Linyi City, Shandong Province Inclusive Financial Services Rural Revitalization Reform Pilot Area Overall Plan" was issued, and Linyi City became the country's first inclusive financial services rural revitalization reform pilot area. Many departments in Shandong have achieved remarkable results in promoting the reform and construction of inclusive financial services for rural revitalization by focusing on promoting the implementation of responsibilities, focusing on key reform tasks, and focusing on building service platforms. The Bank of China Shandong Branch took the Bank of China's "Fifteen Measures to Support the Modernization of Industrial Chain Supply Chains" as its action plan, focused on the advantageous industrial areas in Shandong Province, and provided upstream and downstream companies with domestic supply chain and cross - The multi-chain financial solution of the international supply chain supports Shandong's key industrial clusters to "extend the chain", "supplement the chain", "strong chain" and "fixed chain". ICBC Qingdao Branch focuses on "increment, expansion, quality improvement, and price reduction" and is committed to the high-quality development of inclusive financial services. Hui Financial Integrated Services Benchmark Bank". Facing the complicated situation of economic and financial operations at home and abroad, the banking industry in Shandong Province should take advantage of financial technology to give full play to the role of big data in credit support for the development of the real economy, and promote the formation of a dual cycle of inclusive financial platforms as the main body and banking and financial institutions. A new development pattern that promotes each other.

Keywords: Shandong; Commercial Bank; Inclusive Finance

B.3 Report on Development of Rural Banks in Shandong Province (2020) *Li Zongchao* / 058

Abstract: 2020 is the year when the goal of building a moderately prosperous society in all respects will be realized, and it will be the year when the fight against poverty is finally won in an all-round way. Financial institutions have played an important role in rural revitalization. As a new type of rural financial institution that is positioned to "support agriculture and small businesses", rural banks are an important part of providing inclusive financial services. As of the end of 2020, the number of rural banks in my country has reached more than 1,600, and the loan balance has exceeded 1 trillion yuan, of which 90% of the loan funds have been invested in rural households and small and micro enterprises, and rural banks have become a new force in the development of inclusive finance. The number of village banks in Shandong exceeded 120, ranking first among all provinces and cities in the country for 6 consecutive years. Among them, Rural Commercial Bank was the main institution that initiated the establishment of village banks. Compared with the national excellent rural banks, the overall scale of Shandong rural banks is weak, with unstable operations and large operating gaps between individuals. Qingnong Commercial Bank and Qilu Bank's rural banks have become excellent representatives of Shandong rural banks. At present, the degree of public recognition of rural banks is still not high, and there are still problems such as insufficient management capabilities, low operating efficiency, and low participation in financial technology. Technology and other aspects need to be further strengthened.

Keywords: Shandong; Rural Bank; Inclusive Finance

B.4 Inclusive Finance Report of Shandong Rural Commercial Bank (2020) *Shandong Rural Credit Union* / 097

Abstract: Shandong Rural Credit Union is a financial institution with the largest number of business outlets and employees, the widest range of services, and the largest capital scale in the province. In 2020, the Provincial Associated Press will strengthen the construction of financial infrastructure, promote the transformation and development of business outlets, and improve the financial service infrastructure; serve the revitalization of rural areas, help the "six stability" and "six guarantees", and adhere to the small market positioning of supporting agriculture and support; solidly promote financial support targeted poverty alleviation, the targeted poverty alleviation "Yinan Model" created by the provincial poverty alleviation and development leading group was promoted throughout the province; to prevent and control its own epidemic situation, to fully support the resumption of work and production of enterprises; to carry out cultivation activities and financial guidance, and to speed up the implementation of private and small businesses Enterprise loan support; establish a five-level linkage mechanism of provinces, cities, counties, townships, and villages to form a joint force to promote the construction of inclusive finance; enrich inclusive financial products and services to support the development of individual industrial and commercial households and farmers. In order to implement the requirements for inclusive financial services, the Provincial Associated Press has made efforts to enhance inclusive financial service capabilities in terms of strengthening policy transmission, upgrading credit products and services, developing green finance, and strengthening financial technology innovation.

Keywords: Rural Commercial Bank; Inclusive Finance; Finance Service

Ⅲ Special Reports

B.5 Construction of Inclusive Business Platform for Small and Medium-sized Banks Based on Financial Technology (2020)

Weihai City Commercial Bank Co., Ltd. / 131

Abstract: The integration of finance and technology is born with a gene of inclusiveness. The deep integration of inclusive finance and financial technology can effectively reduce service costs, expand service coverage, and make financial services more convenient, efficient, diversified, inclusive, safe and accessible. With the impact of the global epidemic and increased financial supervision, small and medium-sized banks are facing the unfavorable situation of restricted cross-regional operations, reduced asset quality, increased difficulty in attracting deposits on the debt side, and declining attractiveness of young customers. The application of financial technology to small and medium-sized banks Development is crucial. Small and medium-sized banks need to use financial technology to analyze the needs of local customers and continue to innovate products in order to maintain their regional advantages. Taking Weihai City Commercial Bank's technology-based small and micro enterprise inclusive financial business platform, housing E-loan business platform and community inclusive financial business platform as examples, the application of financial technology is analyzed in three aspects: customer acquisition, cost control, and experience improvement. Significantly supporting role. On this basis, the countermeasures for small and medium-sized banks to apply financial technology to realize the development of inclusive business platform in terms of products, technology, organization, data, ecology, etc. are put forward.

Keywords: Financial Technology; Inclusive Finance; Small and Medium Banks; Platformization; Big Data

B.6 Analysis on Inclusive Financial Development Index in Shandong Province (2020)   *Yan Xiaomin, Wang Dalei* / 162

Abstract: In 2020, facing the impact of the new crown epidemic on the economy and society, the focus of inclusive financial services across the country will continue to sink, basic services will be improved, and product supply will become more diverse. In order to coordinate the promotion of epidemic prevention and control and economic and social development, Shandong continues to deepen the reform of the supply-side structure. The province's inclusive small and micro enterprise loan extension rate and the proportion of credit loans are among the highest in the country. This report continues to use the indicator system of the "Shandong Inclusive Finance Development Report (2019)", and selects 13 indicators to measure the Shandong Inclusive Finance Development Index from the three dimensions of availability, usage, and service quality. We found that the Shandong Inclusive Finance Development Index in 2020 is 103.58, an increase of

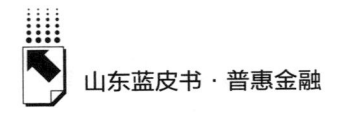

3.58% over 2019. The problems reflected by the Shandong Gray Financial Development Index are that the support of banking financial institutions to small and micro enterprises needs to be further strengthened, the digital financial service system needs to be further improved, and the local financial organization team needs to be further expanded. In response to these issues, it puts forward development suggestions for building a diversified inclusive financial institution system, optimizing the construction of a credit information system, standardizing the development of digital inclusive financial products and services, and accurately carrying out the popularization of inclusive financial knowledge.

Keywords: Shandong; Inclusive Finance; Development Index

B.7 Research on Digital Inclusive Finance to Alleviate the Financing Constraints of Small and Medium-sized Enterprises: A Case Study of Shandong Province (2020)

Feng Mei, Li Yongping, Dong Liwa, Ma Ming and Wang Lingling / 176

Abstract: Based on the cash-cash flow sensitivity model, this project will match the 17 prefecture-level digital financial inclusion index of Shandong Province from 2014 to 2018 with the data of Shandong Province's NEEQ listed companies, build a panel measurement model, and empirically test digital inclusion The effect of finance on alleviating the financing constraints of SMEs. The empirical results show that: SMEs in Shandong Province have obvious cash-cash flow sensitivity, that is, they face significant financing constraints; the higher the level of digital financial inclusion, the lower the company's cash-cash flow sensitivity and the degree of financing constraints The lower it is, it indicates that the development of digital financial inclusion has effectively alleviated the financing constraints of enterprises; through the analysis of heterogeneity, it can be seen that compared with state-owned enterprises, digital financial inclusion has a more significant effect on alleviating financing constraints of private enterprises.

Keywords: Digital Inclusive Finance; Small and Medium-sized Enterprises; Financing Constraints

B.8 External Empowerment and Endogenous Power: Research on the Sustainability of Pratt Whitney Small and Micro Credit Loan Business (2020)

The People's Bank of China Dezhou City Center Sub-branch / 210

Abstract: The long-standing pain point of financing for micro and small businesses (MSBs) financing is that MSBs generally lack collateral and urgently need to obtain unsecured loans, while banks rely heavily on mortgages and guarantees. There is a contradiction between supply and demand for unsecured inclusive MSB loans. By observing the development of inclusive small and micro businesses of banks since 2020, this paper found that under the support scheme for inclusive unsecured loans for MSBs, with the joint promotion of external empowerment such as the credit system construcion, the integration of fintech (financial technology), and the strengthening of regulatory incentives, unsecured loans showed a trend of increasing volume, expanding coverage, and falling interests, the mechanisms for inclusive unsecured loans, including "willing to lend", "able to lend", "will to lend", and "dare to lend" of banks have been gradually established, and the endogenous motivation for banks to issue unsecured loans was significantly enhanced. It has laid a foundation for the sustainable development of unsecured loans.

Keywords: Credit loan; Financial Technology; Small and Micro Enterprises

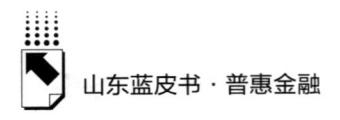

Ⅳ　Case Studies

B.9 Benefiting-agriculture Financial Report of
Bank of Qingdao (2020)　　*Bank of Qingdao Co., Ltd.* / 222

Abstract: Since 2011, the Central Committee of the Communist Party of China, the People's Bank of China, the China Banking and Insurance Regulatory Commission and other departments have issued a number of guiding policies to promote the development of financial services that benefit farmers. In order to show the current development status of the Bank of Qingdao's benefit-benefit financial business, this report takes 18 branches of the province that carry out benefit-bearing financial business as the key research objects, and reflects its benefits from the aspects of development status, development mode, risk prevention, and fulfillment of social responsibilities. Agricultural financial service capabilities. As the promotion and management department of the head office, the benefiting-agriculture Financial Business Department of Bank of Qingdao is closely following the implementation of policies, guiding all branches to provide key support in the field of benefiting agriculture, focusing on town and village residents, private economy, new agricultural entities, and small and micro enterprises. Target, to promote the strategy of financial services for rural revitalization, to serve the masses of entrepreneurship and innovation. Currently, branches across the province are beginning to build a financial service ecosystem with inclusive financial integrated service stations as the mainstay. In conjunction with the Micro Loan Center, it launched the online loan product "Village Revitalization Loan" to vigorously expand the retail business and continuously improve the customer experience.

Keywords: Bank of Qingdao; Benefiting-agriculture Finance; Rural Revitalization

B.10 Inclusive Financial Development Report of Qingdao Rural Commercial Bank (2020)

Qingdao Rural Commercial Bank Co., Ltd. / 232

Abstract: In November 2013, the Third Plenary Session of the 18th CPC Central Committee formally proposed the development of inclusive finance. On December 31, 2015, the State Council issued the "Plan for Promoting the Development of Inclusive Finance (2016 - 2020)", which determined the strategy for the development of inclusive finance at the national level. Since the establishment of the restructuring in 2012, Qingdao Rural Commercial Bank has actively leveraged the advantages of local corporate banking, adhered to its origins, strictly implemented the work arrangements of the provincial and municipal committees, adhered to its original aspirations, continued to adhere to the business philosophy of deepening the inclusive market, and positioned the inclusive financial business as the whole bank One of the development strategic goals is to comprehensively promote the offensive plan for rural revitalization, actively promote the establishment of institutional systems and outlets, deepen cooperation between various banking and government platforms, continue to innovate financial products, enrich service models, broaden service channels, and inclusive of small and micro loans The number of agriculture-related loans has ranked first among all commercial banks in the city for many years, which strongly supports local economic development.

Keywords: Rural Commercial Bank; Inclusive Finance; Local Corporate Bank; Rural Revitalization

B.11 Research on the Business Model of Digital Inclusive Finance and Small Loans Benefiting Farmers (2020)

Su Wenqiang, Ma Qingchao, Li Ning, Liu Xin and Wang Dapeng / 245

Abstract: The experience of the development of inclusive finance in various countries in the world shows that the adoption of digital technology and financial technology is an effective wayto develop inclusive finance in rural areas. The rural revitalization strategy being implemented in my country has created huge space and historical opportunities for the development of digital financial inclusion. This research analyzes the case of small loan companies that benefit farmers based on the digital inclusive financial platform, and explores the digital inclusive financial model. Through the comparison and analysis of small loan business models such as online and offline models, loan assistance and self-operated models, the problems and difficulties encountered in the practice of inclusive finance are summarized, and the innovation direction of rural inclusive finance is proposed. . The study believes that the small loan business for benefiting farmers should reduce the participation of lending agencies and other intermediaries, and focus on self-operation to ensure the authenticity of customer information; the small loan business model should be innovated, the brand of small loan companies should be created, and the rural credit investigation system should be established Efforts will be made to create a better living environment for small loan companies and enable them to play a greater role in rural revitalization.

Keywords: Inclusive Finance; Digital Inclusive Finance Platform; Small Loans for Farmers; Small Loan Companies

References / 260

社会科学文献出版社

皮 书

智库报告的主要形式
同一主题智库报告的聚合

❖ 皮书定义 ❖

皮书是对中国与世界发展状况和热点问题进行年度监测，以专业的角度、专家的视野和实证研究方法，针对某一领域或区域现状与发展态势展开分析和预测，具备前沿性、原创性、实证性、连续性、时效性等特点的公开出版物，由一系列权威研究报告组成。

❖ 皮书作者 ❖

皮书系列报告作者以国内外一流研究机构、知名高校等重点智库的研究人员为主，多为相关领域一流专家学者，他们的观点代表了当下学界对中国与世界的现实和未来最高水平的解读与分析。截至2021年，皮书研创机构有近千家，报告作者累计超过7万人。

❖ 皮书荣誉 ❖

皮书系列已成为社会科学文献出版社的著名图书品牌和中国社会科学院的知名学术品牌。2016年皮书系列正式列入"十三五"国家重点出版规划项目；2013~2021年，重点皮书列入中国社会科学院承担的国家哲学社会科学创新工程项目。

权威报告·一手数据·特色资源

皮书数据库
ANNUAL REPORT(YEARBOOK) DATABASE

分析解读当下中国发展变迁的高端智库平台

所获荣誉

- 2019年，入围国家新闻出版署数字出版精品遴选推荐计划项目
- 2016年，入选"'十三五'国家重点电子出版物出版规划骨干工程"
- 2015年，荣获"搜索中国正能量 点赞2015""创新中国科技创新奖"
- 2013年，荣获"中国出版政府奖·网络出版物奖"提名奖
- 连续多年荣获中国数字出版博览会"数字出版·优秀品牌"奖

成为会员

通过网址www.pishu.com.cn访问皮书数据库网站或下载皮书数据库APP，进行手机号码验证或邮箱验证即可成为皮书数据库会员。

会员福利

- 已注册用户购书后可免费获赠100元皮书数据库充值卡。刮开充值卡涂层获取充值密码，登录并进入"会员中心"—"在线充值"—"充值卡充值"，充值成功即可购买和查看数据库内容。
- 会员福利最终解释权归社会科学文献出版社所有。

卡号：361559251688
密码：

数据库服务热线：400-008-6695
数据库服务QQ：2475522410
数据库服务邮箱：database@ssap.cn
图书销售热线：010-59367070/7028
图书服务QQ：1265056568
图书服务邮箱：duzhe@ssap.cn

S 基本子库
SUB DATABASE

中国社会发展数据库（下设12个子库）

整合国内外中国社会发展研究成果，汇聚独家统计数据、深度分析报告，涉及社会、人口、政治、教育、法律等12个领域，为了解中国社会发展动态、跟踪社会核心热点、分析社会发展趋势提供一站式资源搜索和数据服务。

中国经济发展数据库（下设12个子库）

围绕国内外中国经济发展主题研究报告、学术资讯、基础数据等资料构建，内容涵盖宏观经济、农业经济、工业经济、产业经济等12个重点经济领域，为实时掌控经济运行态势、把握经济发展规律、洞察经济形势、进行经济决策提供参考和依据。

中国行业发展数据库（下设17个子库）

以中国国民经济行业分类为依据，覆盖金融业、旅游、医疗卫生、交通运输、能源矿产等100多个行业，跟踪分析国民经济相关行业市场运行状况和政策导向，汇集行业发展前沿资讯，为投资、从业及各种经济决策提供理论基础和实践指导。

中国区域发展数据库（下设6个子库）

对中国特定区域内的经济、社会、文化等领域现状与发展情况进行深度分析和预测，研究层级至县及县以下行政区，涉及省份、区域经济体、城市、农村等不同维度，为地方经济社会宏观态势研究、发展经验研究、案例分析提供数据服务。

中国文化传媒数据库（下设18个子库）

汇聚文化传媒领域专家观点、热点资讯，梳理国内外中国文化发展相关学术研究成果、一手统计数据，涵盖文化产业、新闻传播、电影娱乐、文学艺术、群众文化等18个重点研究领域。为文化传媒研究提供相关数据、研究报告和综合分析服务。

世界经济与国际关系数据库（下设6个子库）

立足"皮书系列"世界经济、国际关系相关学术资源，整合世界经济、国际政治、世界文化与科技、全球性问题、国际组织与国际法、区域研究6大领域研究成果，为世界经济与国际关系研究提供全方位数据分析，为决策和形势研判提供参考。

法律声明

"皮书系列"(含蓝皮书、绿皮书、黄皮书)之品牌由社会科学文献出版社最早使用并持续至今,现已被中国图书市场所熟知。"皮书系列"的相关商标已在中华人民共和国国家工商行政管理总局商标局注册,如LOGO( )、皮书、Pishu、经济蓝皮书、社会蓝皮书等。"皮书系列"图书的注册商标专用权及封面设计、版式设计的著作权均为社会科学文献出版社所有。未经社会科学文献出版社书面授权许可,任何使用与"皮书系列"图书注册商标、封面设计、版式设计相同或者近似的文字、图形或其组合的行为均系侵权行为。

经作者授权,本书的专有出版权及信息网络传播权等为社会科学文献出版社享有。未经社会科学文献出版社书面授权许可,任何就本书内容的复制、发行或以数字形式进行网络传播的行为均系侵权行为。

社会科学文献出版社将通过法律途径追究上述侵权行为的法律责任,维护自身合法权益。

欢迎社会各界人士对侵犯社会科学文献出版社上述权利的侵权行为进行举报。电话:010-59367121,电子邮箱:fawubu@ssap.cn。

社会科学文献出版社